W0184700

Stefan Vermeulen

HEMA

De onwaarschijnlijke ontsnapping van
een nationaal icoon

2018 Prometheus Amsterdam

De publicatie is tot stand gekomen met steun van het Fonds Bijzondere Journalistieke projecten.
www.fondsbjp.nl

FONDS Bijzondere
JOURNALISTIEKE PROJECTEN

© 2018 Stefan Vermeulen
Omslagontwerp Robbie Smits
Foto auteur Sacha de Boer
Lithografie afbeeldingen BFC, Bert van der Horst, Amersfoort
Zetwerk Mat-Zet bv, Soest
www.uitgeverijprometheus.nl
ISBN 978 90 446 3689 5

‘Wij zijn het lijdend voorwerp hier. Ik heb er ook niet voor gekozen in handen te komen van private equity.’

HEMA-directeur Ronald van Zetten (2011)[1]

Proloog

'Niet doen! Laat me los!'

Iedereen stormt in de richting van de ramen om te kijken waar het geschreeuw vandaan komt. Daar, beneden in het Atrium, zien ze een vrouw die door een van de beveiligers door de ruimte wordt gesleept. Ze kennen haar allemaal. De vrouw protesteert, maar de beveiliger trekt haar gedecideerd richting de uitgang. Haar geschreeuw galmt door de ruimte.

Tientallen mensen slaan het tafereel gade, vijf verdiepingen hoog druipt de schrik van de gezichten. Mensen slaan handen voor hun mond. De dame die naar buiten wordt gedirigeerd is een van de bekendste gezichten op het hoofdkantoor van HEMA in Amsterdam-Noord. Ze werkt er al meer dan vijftien jaar. Ze bekleedt een positie net onder de directie, ze houdt van het bedrijf. Typisch zo iemand van wie ze op het hoofdkantoor altijd zeiden: 'Die is nou echt HEMA.'

Nu wordt ze als een indringer naar buiten gesleurd, tussen de manshoge affiches van een rookworst en een kindertrui door.

Vanaf de directievloer op de derde verdieping ziet Ronald van Zetten het gebeuren. Dat deze februaridag in 2014 een zwarte dag voor HEMA zou worden, wist hij. De algemeen directeur heeft er zelfs zijn kleding op uitgekozen. Volledig in het zwart is hij vanochtend naar kantoor gereden.

Een uur eerder stond hij zelf in het Atrium, en stonden de zevenhonderd medewerkers van het hoofdkantoor tegenover hem. Hij heeft forse ingrepen aangekondigd. De hele organisatie gaat op de schop, honderden mensen moeten solliciteren op een nieuwe functie en zeventig mensen gaan er per direct uit. De bakkerijen in Haarlem en Winschoten gaan dicht. Het is hem niet gelukt om het droog te houden terwijl hij het vertelde.

Sindsdien is het een chaos. Niemand is meer aan het werk. Overal in het gebouw staan groepjes mensen met elkaar te praten. Iedereen is boos, veel mensen zijn verdrietig. De personeelsleden slaan armen om elkaar heen. Wie ontslagen wordt, moet zo snel mogelijk het pand verlaten. Er zijn meer mensen die dat weigeren. De beveiliging moet nog twee keer met zachte of minder zachte hand in actie komen.

Maar het gaat, hoe pijnlijk ook, niet alleen om die ontslagen en sollicitaties. Dat is niet waarom de woede en de wanhoop nu zo groot zijn. Het gaat erom dat het personeel, van hoofdkantoor tot winkelvloer, al tijden het gevoel heeft dat de druk binnen het bedrijf tot onmenselijke hoogte is opgelopen. Je een dag ziek melden is een heel gedoe, voor pauzes is bijna geen tijd meer. Keihard moeten ze werken om hun targets te halen, voortdurend gaat het over de kosten die verder omlaag moeten. De directie kondigt het ene na het andere vernieuwingsplan aan. Op verjaardagen gaat het niet meer over rookworsten, tompoezen of de reclame met het bekende fluitje. Vrienden vragen nu bezorgd of ze hun baan wel zeker zijn – HEMA maakt toch zo veel miljoenen verlies?

De tienduizend mensen op het hoofdkantoor en in de winkels werkten altijd voor een succesvol bedrijf. Een bedrijf waar heel Nederland trots op was. Een vriendelijke werkgever, waar ze wel tot aan hun pensioen wilden blijven. Maar deze HEMA, dat is eigenlijk hun HEMA niet meer.

Ronald van Zetten geeft het niet graag toe, hij zal het zeker nooit hardop zeggen, maar hij heeft het gevoel zelf ook. In de ogen van de buitenwereld is hij mister HEMA, het bevlogen uithangbord van het meest Nederlandse bedrijf dat er is. De verliezen, veroorzaakt door de grote bankschuld en bijbehorende rentelasten, heeft hij jarenlang verdedigd. Hij hield vol dat die schulden maar een boekhoudkundige werkelijkheid waren, dat het met de winkels zelf verder uitstekend ging.

Maar van binnen vreet de situatie hem op. De omzet loopt al tijden terug. Kinderpyjama's, handdoeken, onderbroeken, beha's, Jip en Janneke-laarsjes, beddengoed, lippenstift, wijn, wekkers, pennen: van de duizenden artikelen die in al die winkels liggen, kopen klanten elk jaar iets minder. Om daar iets aan te doen, is er geld nodig. Geld dat er niet is. Ook dat komt door de schuld die in de boeken staat: het geld dat wel binnenkomt, moet voor het grootste deel direct naar de banken. HEMA kan het zich ook helemaal niet veroorloven om het even wat minder te doen. De meeste mensen weten het nog niet, maar de banken staan op het punt hun vertrouwen in het bedrijf op te zeggen.

Zeven jaar zijn ze nu in handen van Lion Capital, denkt Van Zetten terwijl hij het Atrium in kijkt. Dat is veel langer dan de Britse eigenaar zich bij de overname in 2007 had voorgenomen. Verschillende keren heeft hij moeten dreigen met opstappen, om bij de financiële types uit Londen plannen erdoor te krijgen die overduidelijk in het belang van HEMA waren. Hij heeft er alles aan gedaan om de invloed van de eigenaar zo beperkt mogelijk te houden. Nu wordt hier een van zijn meest trouwe werknemers door het Atrium gesleept. Hij wrijft met zijn handen over zijn gezicht. Hoe heeft het in godsnaam zover kunnen komen?

En belangrijker: hoe komt HEMA hier ooit nog uit?

1

Eenheidsprijzen

Als Arthur Isaac vanuit het raam van zijn kantoor naar beneden kijkt, ziet hij een bruisende stad. De hele dag door tingelen de trams over het Damrak, via de Dam naar het Rokin, of juist de andere kant op, in de richting van het Centraal Station. Een onophoudelijke stroom fietsers en voetgangers beweegt zich door de straten. Melkboeren, groenteboeren en bierhandelaren zoeken hun weg met paard en wagen, schilders en timmerlieden gebruiken hun handkar. De eerste automobielen rijden door de straat, nog langzaam en vervaarlijk brommend.[1]

Op de straathoek staat een draaiorgel; heel regelmatig zwieren jonge stelletjes er samen even vrolijk mee met de muziek.

Het Amsterdam van 1926 is opgewekt, optimistisch, vol levenslust. De meeste straten liggen er keurig bij. De vermoeide, stinkende stad die Amsterdam tot diep in de negentiende eeuw was, met afbrokkelende kades en grachten die vergeven waren van stront en afval, is verdwenen. Overal klinkt nu het geklop en getimmer van werklieden die nieuwe woningen uit de grond stampen. Op belangrijke verbindingswegen als de Stadhouderskade en de Marnixstraat zijn de oude klinkers en keien vervangen door gloednieuw 'asphalt'. Sinds een paar jaar is er een vuilnisophaaldienst. Zelfs de Jordaan, de oude volksbuurt waar volgens schrijver Israël Querido 'de menschen in hun vunze hokjes en krotjes slapen, soms acht, tien bijeen', is wat opgeknapt.

De Eerste Wereldoorlog, die in 1918 eindigde en in de rest van Europa zo veel schade aanrichtte, is aan Nederland voorbijgegaan. Hier is de blik vooruit gericht, op de toekomst. Dat geldt voor de regering in Den Haag, die druk bezig is met een van de meest ambitieuze bouwprojecten ooit: de aanleg van de Afsluitdijk, die in januari 1927 moet beginnen. En het geldt zeker voor de Amsterdammers. Zowel ten zuiden als ten westen van de binnenstad, en aan de overkant van het IJ in Amsterdam-Noord, werken woningbouwverenigingen aan stadsuitbreiding. Arbeiderswijken voor de armsten, tuindorpen voor de middenklasse. Ten zuidwesten van de stad koopt het gemeentebestuur op 1 april 1926 een klein militair landingsterrein op. Het luistert naar de naam Schiphol en moet op termijn uitgroeien tot een echt vliegveld voor de voorzichtig opkomende burgerluchtvaart.[2]

Op straat is het optimisme voelbaar. In de Kalverstraat en op de Nieuwendijk, de populairste winkelstraten, ziet het op koopavonden tot sluitingstijd zwart van de mensen.[3] Aan de noordoever van het IJ, meteen achter het Centraal Station, wordt druk gebouwd aan de Sixhaven, de eerste haven speciaal voor recreatiebootjes. En als koningin Wilhelmina op 29 april met haar man, prins Hendrik, naar de stad toe komt, is het helemaal feest. Het koninklijk echtpaar reist per trein naar Amsterdam. Na hun aankomst rijden ze in een koets vanaf het station naar de Nieuwe Kerk, waar de tweehonderdvijftigste sterfdag van zeeheld Michiel de Ruyter zal worden gevierd. Aan het Damrak en op de Dam juicht 'een dichten drom mensen' het paar toe, zo noteert een verslaggever van het *Algemeen Handelsblad*. Rijendik staan de Amsterdammers langs het trottoir.[4]

In zijn werkkamer voelt Arthur Isaac de tijdgeest perfect aan. Hij weet dat de mensen grote dromen hebben. Daarom heeft hij in de etalage van de Bijenkorf onlangs een gloednieuwe Buick neergezet, een vijfpersoons sportmodel. De auto stond te glimmen voor een doek met palmbomen erop. Het winkelpubliek stond er ademloos naar te kijken.[5] Isaac – een man met een snor en strenge blik, altijd in driedelig kostuum – is zestig jaar oud, maar hij voelt er weinig voor om het rustiger aan te gaan doen. Hij staat al jaren aan het hoofd van het winkelmagazijn, maar hij zit nog vol ideeën. Hij wil met zijn bedrijf vooruit en geeft daarom opdracht voor het bouwen van twee nieuwe vestigingen van de Bijenkorf. Eén filiaal in Den Haag, één in Rotterdam. Maar Isaac ziet daarnaast nog een kans: het beginnen van een geheel nieuwe dochteronderneming. Een tweede soort warenhuis. Deze keer niet voor de rijken, zoals de Bijenkorf, maar voor het gewone volk. Een winkel met degelijke spullen, voor lage prijzen.

Op 12 juli 1926 laat hij de oprichting van deze nieuwe winkel officieel bekendmaken in de *Staatscourant*. Samen met zijn mededirecteur Leo Meyer roept hij de 'N.V. Hollandsche Eenheidsprijzen Maatschappij Amsterdam' in het leven, zo luidt het bericht. Kortweg: HEMA. De twee oprichters zullen de nieuwe vennootschap gaan besturen 'zowel voor zich, als in hunne hoedanigheid van directeuren-generaal der N.V. Magazijn de Bijenkorf'.[6]

Het is typerend voor Arthur Isaac dat juist hij met het idee voor dit nieuwe warenhuis op de proppen komt. Al zijn hele leven is hij een behendig zakenman, die oog heeft voor waar mensen behoefte aan hebben. Isaac is in 1866 geboren in een Joodse familie in het Limburgse Eijsden, vlak bij Maastricht. In zijn jonge jaren reisde hij heel Europa rond, als handelsreiziger voor een handschoenenfabrikant uit Keulen. Op zijn vijfentwintigste kwam hij naar Amsterdam om de leiding te nemen over kleding- en stoffenmagazijn 'de Bijenkorf' aan de Nieuwendijk, een klein zaakje dat ooit is opgezet door zijn oom en tante. In de loop der jaren wist Isaac het magazijn gestaag uit te bouwen. Daarbij huurde hij het ene na het andere naastgelegen pand, tot, in de woorden van historicus Roger Miellet, 'een weinig overzichtelijk geheel van afdelingen, met elkaar verbonden door een labyrint van gangen en opstapjes' ontstond.[7]

Isaac verplaatste de Bijenkorf daarom in 1914 naar een gloednieuw pand aan het Damrak. Om de bouw van dit enorme neoclassicistische complex te kunnen financieren, besloten hij en zijn medefirmant, zijn neef Alfred Goudsmit, om aandelen uit te geven.

Een deel van de aandelen kwam in handen van andere Joodse ondernemersfamilies, de rest werd voortaan verhandeld op de beurs aan het Damrak. Vanaf dat moment was de Bijenkorf officieel geen familiebedrijf meer, maar een beursgenoteerde onderneming.

Om de opening van het nieuwe winkelgebouw in goede banen te leiden, riep Isaac de hulp in van een internationaal gelouterde winkelondernemer: Leo Meyer, die werd geboren in Duitsland en al op jonge leeftijd de baas was geworden van het luxe Antwerpse warenhuis Tietz. De eveneens Joodse Meyer moest de Nederlanders de fijne kneepjes bijbrengen van wat in de detailhandel in die tijd 'uptrading' werd genoemd. Een chique winkel vol luxe artikelen, gericht op de klanten met de dikste portemonnee: in Nederland bestond dat nog niet. De vernieuwde Bijenkorf moest uitgroeien tot hét warenhuis voor de gegoede Amsterdammers. Voortaan waren er niet meer alleen modieuze kleding en hoeden te krijgen, maar ook meubelen, elektronica, schrijfwaren, speelgoed en kruidenierswaren. Op de tweede etage was een lunchroom met driehonderd zitplaatsen gebouwd. De verhuizing naar het Damrak bleek vanaf de allereerste dag een succes: 'De tweehonderd verkopers hadden hun handen vol om de klanten van dienst te zijn,' noteerde het *Algemeen Handelsblad* na die eerste verkoopdag.[8] Binnen een jaar bleek de winkelomzet meer dan verdubbeld.

In de jaren daarna heeft het succes van de Bijenkorf zich voortgezet. Het glanzende warenhuis aan het Damrak is daarmee een van de vele exponenten van de bloeiende Joodse ondernemerscultuur in Amsterdam. Kledingzaken, stoffenwinkels, juweliers, bioscopen, hotels en tientallen andersoortige winkelneringen: allemaal worden ze in deze jaren uitgebaat door Joodse ondernemers. Namen als Krasnapolsky, Tuschinski, Hirsch, Schiller en De la Mar sieren de gevels van de binnenstad. Bij de Bijenkorf is, net als bij veel andere zaken, zowel de bedrijfsleiding als een groot deel van het personeel van Joodse afkomst. De werknemers zijn trots op die achtergrond. Ze zijn een stuk minder stijf en hiërarchisch dan hun katholieke concurrent Vroom & Dreesmann, vinden ze. Bij hen mag gelachen worden. Op belangrijke momenten en feestdagen doen de personeelsleden vaak een vrolijk jiddisch dansje, zo weten oudgedienden uit het bedrijf vele jaren later te vertellen.

Begin twintigste eeuw is de zaak nog gesloten op zaterdagen vanwege de sabbat, maar die regel is tegen 1926 allang het raam uit. Tegen die tijd is de Bijenkorf een rijk bedrijf geworden, dat flinke winsten noteert en waar behoorlijk wat geld in kas zit. Binnen de bedrijfsleiding zijn de verhoudingen helder: Arthur Isaac is de man van de grootse ideeën, Leo Meyer is de man die op de centen past – intern heeft Meyer daarom de bijnaam *Der Finanzkontroller.*[9]

Het idee voor de HEMA, zo trots aangekondigd in de *Staatscourant*, is overigens niet helemaal origineel. Isaac en Meyer hebben het afgekeken in het buitenland. Het idee is geboren in de Verenigde Staten, waar de ondernemende broers Frank en Charles Woolworth uit New York sinds het begin van de twintigste eeuw grote successen boeken met hun zogeheten *nickel-and-dime stores*. In de VS en Canada hebben de broers Woolworth een hele reeks winkels geopend waarin elk product vijf dollarcent (een 'nickel') of tien cent (een 'dime') kost. In 1909 hebben de ondernemers hun imperium uitgebreid naar Groot-Brittannië, waar ze ook meteen een hele serie Woolworth's-winkels hebben neergezet. Ook daar lopen de mensen de deur plat.

In Duitsland roept het luxe warenhuisconcern Karstadt in de zomer van 1926 eveneens een veel goedkoper dochterbedrijf in het leven, de *Einheitspreis Aktiengesellschaft*, kortweg EPA. Deze nieuwe winkel richt zich uitsluitend op gewone klanten: niet straatarm, maar zeker niet rijk. Alle producten kosten 0,10 of 0,25 of 0,50 *Reichsmark*. Je kunt er vleeswaren en chocola krijgen, maar ook gordijnen en matrassen. Karstadt maakt al tijdens die eerste zomer bekend dat het van plan is om snel enkele tientallen filialen van EPA te openen, verspreid door heel Duitsland. In het openen van veel filialen in korte tijd schuilt deels het succes, denkt de Karstadt-directie: winkelketens die hun producten in grote aantallen inkopen, kunnen lagere prijzen bedingen. Zo kunnen de prijzen in de winkels ook laag blijven. En lage prijzen, die trekken veel klanten.

Dat een slimme ondernemer dit concept ook eens in Nederland zou willen uitproberen, was simpelweg een kwestie van tijd. Arthur Isaac en Leo Meyer zijn de eersten die het aandurven.

Op 4 november 1926, om halfdrie 's middags, is het zover. De eerste HEMA opent haar deuren aan de Kalverstraat, midden in het centrum van Amsterdam. Vanaf hun kantoor aan het Damrak lopen Isaac en Meyer er in vijf minuten heen. Op de gevel staan groot de vier letters die beroemd zullen worden, in een zwart-wit logo: HEMA. Daarnaast staat nog groter, in hoofdletters, wat zo uniek is aan deze nieuwe winkel: 'Eenheidsprijzen'. Alle producten in de zaak kosten 25 of 50 cent. Achter de ramen hangt een keurige vitrage, zodat ook huisvrouwen zich in de winkel meteen thuis zullen voelen.

'Het is verbazend te zien hoeveel dingen uit het dagelijksch leven een kwartje kosten: eetgerei, linnengoed, speelgoed, snuisterijen, wandelstokken en tal van andere zaken,' concludeert de verslaggever van dagblad *Het Volk* na een eerste inspectie. In de lunchroom vallen vooral 'de biefstuk met aardappelen voor vijftig cent' hem op.[10] De winkel blijkt behoorlijk volgepropt met spullen: in het midden een grote afdeling met snoep en kruidenierswaren, in een hoek de gordijnstoffen, in een andere het keukengerei, waar onder meer 'een echte Amerikaansche mixer' te krijgen is, om ijs mee te maken. Naast elk product zijn krijtbordjes neergezet waarop in grote letters de prijs staat. De luxe uitstraling die sommige mensen uit de Bijenkorf kennen, is ver te zoeken, tussen de schappen in staan de verkoopsters in hun vers gestreken zwart-witte uniformen, klaar om de klanten te bedienen. Het begrip 'verkoopster' is trouwens ook nieuw, want bij de Bijenkorf heten deze dames 'winkeljuffrouwen'. Dat klinkt chiquer.[11]

Arthur Isaac en Leo Meyer kunnen hun trots nauwelijks verbergen. 'Wij mogen zeker zonder eenige overdrijving zeggen dat dit betekent een groote ommekeer in den detailhandel,' pochen ze. 'Immers, in HEMA-winkels zullen duizenden massa-artikelen voor dagelijksch gebruik uitsluitend tegen eenheidsprijzen worden verkocht.' De directie belooft 'voor 25 en 50 ct. het beste [te] brengen dat voor zoo lage prijzen gefabriceerd kan worden. Hierin ligt HEMA's kracht.'[12] En die karige inrichting, die is volgens Isaac en Meyer juist de bedoeling. 'Bij de inrichting der winkels is elke verkwisting vermeden, alle artikelen zijn op bijzondere wijze gerangschikt, overzichtelijk tentoongesteld en van duidelijke prijzen voorzien. Men kan hierdoor gemakkelijk z'n keuze doen, direct betalen en de goederen in ontvangst nemen, zoodat als het ware de klant zichzelf bedient.'[13]

Al voor de opening hebben ze uitgerekend dat HEMA winstgevend moet kunnen worden met minimaal tien geopende filialen. Die winkels willen ze vestigen in steden met minimaal 50.000 inwoners, dan zijn er altijd genoeg potentiële klanten in de buurt. Het tweede filiaal, aan de Oude Hoogstraat in Amsterdam, gaat daarom nog diezelfde novembermaand van 1926 open. Binnen twee jaar volgen winkels in Haarlem, Rotterdam, Groningen, Eindhoven, Den Haag, Nijmegen, Tilburg en 's-Hertogenbosch.

De HEMA blijkt een gouden vondst. In 1929, drie jaar na de opening van de eerste winkel, bedraagt de totale omzet al 4,7 miljoen gulden. Het Nederlandse publiek blijkt grote behoefte te hebben aan al die goedkope spulletjes: wasmiddelen, handdoeken, wekkers, slagroomkloppers, chocola, enzovoort. 'HEMA bezocht, koopjes gekocht', luidt een van de eerste reclameslogans, en daaraan blijkt geen woord gelogen. Het gaat zelfs zo hard dat de bedrijfsleiders het al snel aandurven om ook artikelen van 75 cent en één gulden in de winkels te leggen. De HEMA-winkels maken voor veel Nederlanders dingen bereikbaar die ze anders nooit hadden kunnen betalen. 'Winkelen' is ineens niet meer alleen iets voor dure bontjassendames in de Bijenkorf. Relatief luxe zaken als speelgoed en sieraden zijn bij de HEMA plotseling verkrijgbaar voor een gulden of minder. In die eerste jaren laat het bedrijf ook veel Nederlanders voor het eerst kennismaken met het fenomeen 'restaurant'. De jaren twintig mogen dan een tijd vol optimisme zijn, uit eten gaan is nog vooral weggelegd voor de rijke elite. Maar nu is er ineens de HEMA, met in elk filiaal een 'lunchroom', waar klanten zelfs vriendelijk aan hun eigen tafel bediend worden. Een kop koffie kost 10 cent, een warme maaltijd 50 cent. Als koningen laten de klanten zich er die eerste jaren bedienen, ook al voelt het wat onwennig.[14]

Dat de komst van HEMA voor veel gewone Nederlanders een revolutie betekent, wil niet zeggen dat iederéén er blij mee is. In rijkere kringen is het not done om in een HEMA-filiaal gesignaleerd te worden. 'Er zijn twee winkels waar men niet komt: Jamin en de HEMA', zo vat *De Telegraaf* dat sentiment eens samen.[15]

In de betere kringen wordt geschamperd dat de afkorting HEMA staat voor 'Hele Emmers Met Afval'. Of, met het oog op de lunchrooms: 'Hier Eet Men Afval'. De meeste vestigingen beschikken in deze eerste jaren over een eigen bestelauto, om producten gratis bij klanten thuis te kunnen bezorgen. de Bijenkorf heeft ook van zulke auto's, waarop aan beide zijden trots de merknaam van de winkel geschilderd is. Het zijn rijdende reclamezuilen. Maar op de bestelwagens van HEMA is nergens een merknaam te bekennen: het is natuurlijk niet de bedoeling dat de buren kunnen zien dat een levering afkomstig is uit die ordinaire 'volkszaak'.[16]

Maar tegen het einde van de jaren twintig gebeurt er iets wat HEMA onverwacht populairder maakt onder alle lagen van de bevolking: er breekt een enorme economische crisis uit. De Grote Depressie, die in 1929 komt overwaaien uit Amerika. Aan de opgewekte jaren twintig komt met een klap een einde. Ook in Nederland verliezen duizenden mensen hun baan. Het geschamper over die 'volkszaak' verstomt. In alle grote steden van het land kun je ze ineens zien lopen: mensen die zich er tot voor kort veel te goed voor voelden, maar die zich nu genoodzaakt zien om een van de filialen te bezoeken voor de aanschaf van hun alledaagse spullen. Zeep, wasmiddel en sigaren hebben mensen toch nodig, en bij HEMA zijn ze nu eenmaal goedkoop. Juist in deze crisistijd blijkt HEMA te floreren. In het eerste volledige crisisjaar, 1930, stijgt de jaaromzet met meer dan dertig procent, naar 6,2 miljoen gulden. In 1931 stijgt de omzet opnieuw met dertig procent, naar 8,1 miljoen gulden. Binnen het bedrijf is het vanaf dat moment een ongeschreven wet: een economische crisis is helemaal niet slecht voor de resultaten.

Bij moederbedrijf de Bijenkorf is de situatie totaal anders. Door de crisis kopen mensen ineens veel minder luxegoederen. De glimmende warenhuizen in Amsterdam, Rotterdam en Den Haag blijven er massaal mee zitten. Tegen 1936, als de crisis al een paar jaar voortwoekert, leidt dat tot een bijzondere situatie. HEMA, nog maar tien jaar eerder opgericht als het goedkope dochterbedrijf, de onderneming die in veel lager aanzien staat, begint moederconcern de Bijenkorf aan alle kanten te overvleugelen. De Bijenkorf heeft in 1936 drie filialen, HEMA heeft er inmiddels 22. Van de nettowinst die het hele winkelconcern in 1936 noteert – 1,1 miljoen gulden – is veruit het grootste deel – 812.000 gulden – afkomstig van HEMA.[17]

Oprichter Arthur Isaac maakt dat niet meer mee. Hij komt in 1932 op 66-jarige leeftijd te overlijden. Zijn drie zoons Frits, Hugo en Hans Isaac nemen zijn rol in de concernleiding over. HEMA heeft op dat moment al een eigen directie gekregen, evenals een eigen kantoor, dat gevestigd is aan de Ruysdaelstraat in Amsterdam-Zuid. Behalve de directiekamer bevinden zich daar het magazijn en de inkoopafdeling. Het gebouw krijgt al snel de bijnaam 'de Centrale', omdat het de spil vormt in het netwerk van winkels door het hele land. Aan de overkant van de straat is een speciale garage voor de directieauto's – de bekende tv-kok Joop Braakhekke zal in deze ruimte jaren later zijn restaurant Le Garage vestigen. Formeel is HEMA nog altijd een dochteronderneming van de Bijenkorf: de bedrijfsleiding van het moederconcern, gevestigd aan het Damrak, heeft het laatste woord. Maar in de praktijk kan de HEMA-directie grotendeels haar eigen plan trekken.

De populariteit van HEMA onder het Nederlandse publiek krijgt nog een extra zetje dankzij de introductie van een paar lekkernijen die iconisch worden. Dankzij het vroege succes van de lunchrooms begint HEMA in 1932 met de losse verkoop van tompoezen. De taartjes met harde rand en slagroom binnenin zijn bij sommige bakkers al jaren in de etalage te vinden. Zodra HEMA ze in het assortiment opneemt, vliegen ze de deur uit. Hetzelfde geldt voor de rookworst. Ook die is bij veel slagers een vast onderdeel van het aanbod. HEMA verandert de worst in een landelijk populaire snack, bij voorkeur te eten uit het vuistje. Het is de filiaalhouder van de zaak op de Nieuwendijk in Amsterdam die in 1936 het ei van Columbus ontdekt: hij koopt op een dag per ongeluk te veel worsten in, besluit ze opgewarmd bij de voordeur te gaan aanbieden aan het langslopend winkelpubliek, en de rest is geschiedenis.

De eerste echte HEMA-directeur heet Adolf de Vries, een wat gebogen lopende man met een rond gezicht. Zijn stijl van leidinggeven is duidelijk, en voor die jaren volkomen gebruikelijk: De Vries vertelt zijn ondergeschikten graag wat ze moeten doen. Bij HEMA, een bedrijf waar veruit de meeste medewerkers vrouw zijn, leidt dat tot een soort onbeholpen paternalisme. Zo deelt De Vries onder nieuw aangenomen verkoopsters kaartjes uit met daarop de 'Tien Geboden van HEMA':

'Draagt zorg dat u er onberispelijk uitziet';

'Dat elk artikel van de juiste prijs voorzien is';

'Dat geen klant aan de toonbank staat te wachten'; enzovoort.

De verkoopsters draaien werkweken van soms wel vijfenzeventig uur, tegen een karig loon. Toch is vermoeidheid tonen streng verboden, zo verordonneert De Vries. 'U heeft een dagtaak, die eindigt om acht uur. Het komt natuurlijk wel eens voor dat tegen sluitingstijd een klant komt. Deze klant kan juist de weegschaal doen overslaan, dat op dien dag aan Uw omzet wordt verdiend. Blijft dus vriendelijk, ook al komt de klant laat op den dag bij U kopen en ook al had de klant eerder kunnen komen.' De Vries heeft ook de gewoonte om een winkel binnen te lopen en de aanwezige verkoopsters zijn vaste vraag te stellen: 'Wat is het geheim van uw succes?' De verkoopsters moeten dan gedwee het antwoord opdreunen: '*Het geheim van succes ligt daarin, de dagelijksche bezigheden ongewoon goed te doen.*' Wie het goed heeft, krijgt van De Vries een rijksdaalder. Alle verkoopsters zorgen ervoor dat ze de lijfspreuk van HEMA kennen.[18]

Maar voor veel medewerkers blijkt de bemoeizuchtige directeur al snel niet meer het grootste probleem. Aan de horizon doemt een heel andere kwestie op, steeds luider, onheilspellend. In het filiaal van moederbedrijf de Bijenkorf aan het Damrak wordt in 1937 een 'oproerkraaier' gearresteerd, die in een uniform van de Nationaalsocialistische Beweging (NSB) demonstratief over de cadeau-afdeling is gaan marcheren. Het nationaalsocialistische *Nationale Dagblad* publiceert tegelijkertijd 'onderzoeken' naar het grote aantal Joodse afdelingschefs binnen het concern, volgens de krant 'een stevig bolwerk van Jodenoverheersching'. De Joden zouden een 'zwaar drukkend juk' vormen voor de 'Nederlandsche krachten' binnen het bedrijf.[19] In Duitsland is in 1933 het naziregime van Adolf Hitler aan de macht gekomen, de gevolgen daarvan laten zich bij de Joodse onderneming duidelijk voelen. Ook op bedrijfsmatig vlak. De inkopers van HEMA haalden sinds de oprichting altijd een groot deel van het assortiment uit Duitsland. Dat gaat ineens niet meer, want veel Duitse leveranciers weigeren om nog langer spullen aan Joodse bedrijven te leveren. De inkopers moeten hun artikelen daarom elders in Europa gaan zoeken. Binnen het bedrijf leidt dat al snel tot problemen, want de kwaliteit van de producten is nu vaak slechter dan klanten van HEMA gewend zijn. Eén van de inkopers komt eens terug met '30.000 aardappelschilmesjes, welker staal dunner was en even buigzaam als de schillen die zij werden verwacht te produceren'.[20]

De inkoop is vaak ook simpelweg duurder dan vroeger. Ook dat is een groot probleem: HEMA hanteert eenheidsprijzen, dus de bekende artikelen gewoon iets duurder maken, is geen optie. Adolf de Vries en zijn directie komen daarom met een ingenieus idee: ze splitsen de artikelen op. Voortaan is het niet meer een paar schaatsen dat één gulden kost, maar is het één gulden per schaats. Kop en schotel zijn niet meer één product, maar krijgen allebei een aparte prijs. Het blauwe overhemd, dat altijd één gulden kostte, wordt ineens verkocht zonder de bijbehorende boord. Die moeten klanten er voor 25 cent apart bij kopen.

Op die manier proberen De Vries en zijn collega-directeuren grotere problemen te voorkomen. Dat lukt, grotendeels, tot aan de Duitse invasie van 10 mei 1940. De Tweede Wereldoorlog is met afstand de zwartste bladzijde uit de geschiedenis van het bedrijf. De Joodse bedrijfsleiding is kort voor het uitbreken van de oorlog voor de nazi's gevlucht, zo is medeoprichter Leo Meyer in 1939 naar de Verenigde Staten geëmigreerd. Hij zal nooit naar Nederland terugkeren. Adolf de Vries blijft aanvankelijk op zijn post, maar wordt al snel door de nazi's ontslagen en moet onderduiken. Tegen juli 1942 zijn alle Joodse werknemers van HEMA ontslagen en is het bedrijf volledig 'geariseerd'.[21]

Na de bevrijding in 1945 wordt de volle omvang van het leed maar heel langzaam duidelijk. Het duurt anderhalf jaar voordat de HEMA-top weer in staat is om een vergadering te beleggen. Op maandagochtend 11 november 1946 verzamelen vijfenveertig mannen zich in de vergaderzaal van het Park Hotel in Amsterdam, tegenover de ingang van het Vondelpark. Alle inkopers en filiaalchefs die nog in leven zijn, zijn aanwezig. Precies om halftien opent Jan Buchwaldt de bijeenkomst.[22] Na het ontslag van alle Joodse directieleden heeft Buchwaldt, voorheen filiaalhouder van de HEMA in Nijmegen, geprobeerd de onderneming draaiende te houden, zo goed en zo kwaad als dat ging. Volgens ooggetuigen deed hij er daarbij alles aan om ontslag en deportatie van Joodse medewerkers te voorkomen. Tijdens de hongerwinter regelde hij voedsel voor uitgehongerde HEMA-mensen.[23]

Buchwaldt begint de vergadering met het opsommen van de immense verliezen. Van de ruim 3000 mensen die voor de oorlog bij het Bijenkorf-concern werkten, zijn er 767 niet teruggekeerd; veruit de meesten zijn gestorven in de concentratiekampen. Van deze slachtoffers werkten er 201 bij HEMA. Voormalig directeur Adolf de Vries heeft de oorlog overleefd, maar zijn beide mededirecteuren zijn omgekomen. Zeven filiaalhouders zijn dood. Zes inkopers. Huisarchitect Dick Brouwer, die tot dan toe vrijwel alle HEMA-filialen heeft ontworpen, is gefusilleerd als lid van het verzet. (Alle slachtoffers worden tegenwoordig herdacht met een gedenksteen in het hoofdkantoor, waar de HEMA-directie elk jaar op 4 mei een krans legt.)[24]

Ook de materiële schade is enorm. 2 van de 23 filialen blijken volledig verwoest. De HEMA aan de Korte Hoogstraat in Rotterdam is bij het Duitse bombardement van 14 mei 1940 in de as gelegd. Ook het filiaal in Nijmegen is verdwenen: het is door een bom getroffen tijdens Operatie Market Garden, tegen het einde van de oorlog. Het filiaal in Arnhem kan herbouwd worden, maar de schade in het pand is volgens Buchwaldt 'met geen pen te beschrijven'. En dat geldt voor meer filialen. Soms komt de schade uit onverwachte hoek: in de Tilburgse HEMA hebben geallieerde soldaten tijdens de koude winter van '44-'45 de parketvloer eruit gesloopt en hem opgestookt. De omzet is tijdens de oorlog ingestort. Voor de oorlog uitbrak, verkocht HEMA jaarlijks voor 16,5 miljoen gulden aan artikelen. In 1945 is dat bedrag teruggelopen tot minder dan 6 miljoen. Over het jaar 1945 heeft het bedrijf een verlies geboekt van meer dan een miljoen gulden. Er zijn nog 735 medewerkers in dienst; begin 1940 waren dat er nog meer dan tweeduizend.[25]

De vijfenveertig mannen in het Park Hotel zouden zich er niet voor hoeven schamen als ze ter plekke besloten om er maar helemaal mee te stoppen. De vooruitzichten zijn het tegendeel van rooskleurig. Maar dat doen ze niet. Er is namelijk één troost: kort voordat de oorlog uitbrak, is de concernleiding erin geslaagd om een groot deel van het aanwezige kasgeld op dollarrekeningen bij een paar Amerikaanse banken te parkeren. Hierdoor is het bedrijfskapitaal grotendeels uit handen van de nazi's gebleven. Dankzij dit geld krijgt HEMA een kans om uit de as te herrijzen. Jan Buchwaldt is vastbesloten om die kans te grijpen. 'De oorlogstijd is nu voorbij, waarin wij eigenlijk gekocht hebben wat wij links en rechts konden grijpen,' zegt hij tijdens de bijeenkomst in het Park Hotel. 'Ook vanaf 5 mei 1945 tot heden hebben wij eigenlijk min of meer deze tactiek gevolgd. Wij meenen, dat nu het tijdstip gekomen is om de lijnen [...] wat strakker te trekken.'

Het opnieuw opbouwen van de onderneming blijkt nog niet makkelijk. Alle goederen zijn schaars, die eerste jaren na de bevrijding, waardoor de inkoopkosten de pan uit rijzen. HEMA blijft verliezen noteren. De naoorlogse directie heeft daarom geen andere keus dan het oude systeem van 'eenheidsprijzen' definitief los te laten: alleen op die manier kunnen stijgende inkoopkosten gecompenseerd worden door subtiele prijsverhogingen.

Dat HEMA de wederopbouwjaren overleeft, is vooral te danken aan het fenomeen dat het bedrijf ook door de Grote Depressie van de jaren dertig hielp. In crisistijd, wanneer mensen zuinig zijn, komen ze nog altijd graag bij HEMA voor hun noodzakelijke aankopen. Daar is het immers goedkoop. Er worden plotseling heel veel baby's geboren, dus de kinderkleding vliegt de winkel uit, net als de wasmiddelen. De meeste producten in de winkel dragen in deze jaren een merknaam die HEMA er zelf op plakt: zo gaan het wasmiddel en de zeep over de toonbank onder namen als HEMAX en Marein. Veel dames ontbreekt het eind jaren veertig aan geld voor dure make-up-merken; de lippenstift en mascara van HEMA's huismerk Miss Helen volstaan. Voor lingerie, verkrijgbaar onder het huismerk Josselyne, geldt hetzelfde. Mannelijke klanten tonen zich tevreden met de eau de cologne van Floridor – 25 cent voor een flesje van 20 centiliter.

Rond 1950 ligt de omzet weer boven de 10 miljoen gulden. Iedereen is weer aan het werk, de gehavende filialen worden stukje bij beetje opgelapt. Het voelt als overleven. Aan de verre toekomst, het openen van nieuwe filialen bijvoorbeeld, denkt in die eerste naoorlogse jaren nog niemand. Maar tegen het einde van de jaren vijftig komt daar verandering in. Op dat moment valt het de leiding van het Bijenkorf-concern op dat de omzetten in de HEMA-filialen hard stijgen. De Nederlandse economie draait zo langzamerhand weer heel behoorlijk, de jaren van moeizame wederopbouw zijn voorbij. Er is werk voor iedereen, de lonen stijgen, in het hele land krijgen mensen snel meer te besteden. En iedereen kan zien dat het einde van de economische groei nog lang niet in zicht is. De wet dat HEMA het in crisistijd juist goed doet, blijkt omgekeerd bovendien niet op te gaan: nu er in Nederland sprake is van een bloeiperiode, bloeit HEMA net zo hard mee.

De directie van het moederconcern, nog altijd gevestigd op de bovenste etage van de Bijenkorf aan het Damrak, besluit daarom in de zomer van 1958 om miljoenen guldens opzij te zetten voor een ambitieus 'expansieprogramma' voor HEMA.[26] De keten van 23 filialen moet snel uitgebreid worden. Om die operatie te gaan leiden stelt de concerndirectie een opvolger aan voor oorlogsdirecteur Jan Buchwaldt: de oud-militair Menno Weyer. Onder zijn leiding gaat het ineens hard. HEMA groeit uit tot hét symbool van de economische bloei in Nederland in de decennia na de oorlog. In elke middelgrote gemeente waar nog geen filiaal was, komt er een. Vanaf begin jaren zestig verspreidt het nieuwe fenomeen van de 'winkelcentra' zich rap over het land, ook die worden steevast voorzien van een HEMA-filiaal. 1958: Amsterdam-Slotermeer. 1959: Alkmaar. 1960: Zeist, Amstelveen. 1961: Roermond. 1962: Venlo en een tweede filiaal in Den Haag. 1963: Den Helder, Emmen, Ede, Amsterdam-Osdorp. 1964: Rijswijk. En zo gaat het door: binnen tien jaar is het aantal filialen meer dan verdubbeld, naar zestig winkels in totaal.[27]

Op de Centrale aan de Ruysdaelstraat gaat het Meyer en zijn directie zelfs niet snel genoeg. Ze willen ook graag uitbreiden naar kleinere Nederlandse plaatsen, van grofweg tussen de 10.000 en 30.000 inwoners. Ook daar ligt de omzet voor het oprapen. Maar omdat overal in het land al aan nieuwe winkels gebouwd wordt, ontbreekt het HEMA aan geld en personeel om de stap te kunnen zetten naar gemeenten als Roosendaal, Sneek en Oss. De directie verzint daarop een list. HEMA introduceert het fenomeen 'franchising' in Nederland, al wordt het in die eerste jaren nog niet zo genoemd. Zelfstandige ondernemers die op een centraal gelegen locatie in zo'n kleine plaats een kruidenierswinkel uitbaten, krijgen het aanbod om zich bij HEMA 'aan te sluiten'. Ze mogen dan de naam HEMA op de gevel zetten, moeten hun assortiment alleen bij HEMA inkopen en zich houden aan voorschriften rond de verkoopprijzen en de inrichting van de winkel. Voor veel ondernemers blijkt het een aanbod dat ze niet kunnen weigeren. Door zich bij de bekende winkelketen aan te sluiten, trekken ze meteen veel meer klanten. Ondernemers die hun eigen HEMA exploiteren, zwemmen binnen een paar jaar in het geld. Voor HEMA zelf blijkt de truc met de 'aangesloten bedrijven', zoals ze worden genoemd, een geweldige manier om de verkoop verder op te stuwen. Aan het eind van de jaren zestig zijn al 41 HEMA-winkels in handen van zelfstandige ondernemers.[28]

HEMA is in deze jaren een vriendelijk bedrijf, waar een uitgesproken familiaire sfeer hangt. De directie zorgt goed voor het personeel: er komt al snel een vijfdaagse werkweek 'met om de week een lang weekend' en een ondernemingsraad die echte inspraak krijgt.[29] Voor verkoopsters die de hele dag in de winkel moeten staan is contractueel vastgelegd dat ze regelmatig een pedicurebehandeling mogen nemen op kosten van de zaak. Mensen vinden het fijn om er te werken: een baan bij HEMA betekent meestal een baan voor het leven. In veel filialen is het doodnormaal dat er meerdere leden uit één gezin werken. Natuurlijk, het uitbaten van een winkel is hard werken, met tienduizenden artikelen en evenzoveel klanten, maar velen zullen later zeggen dat HEMA aanvoelt als één grote familie. Wat daarbij ook helpt is dat de bedrijfscultuur nogal informeel is: veel chefs laten zich gewoon bij hun voornaam aanspreken. Handelsgeest vindt de directie veel belangrijker dan hiërarchie. Een medewerkster die op eigen houtje een mand met paraplu's bij de deur zet als het begint te regenen, kan een compliment verwachten. De jonge assistent-verkoper die in een Amsterdams filiaal een kist voetballen bij de ingang zet op de dag dat Ajax speelt, ook. Volgens medewerkers uit die tijd is deze houding te danken aan de Joodse roots van HEMA. Alles draait om slim ondernemerschap. Strikte hiërarchie, dat is meer iets voor de katholieken van Vroom & Dreesmann. Daar kijkt iedereen bij HEMA op neer.

Op 17 september 1970 bereikt HEMA een historische mijlpaal: in een gloednieuw gebouwd winkelcentrum in Amsterdam-Noord gaat het honderdste filiaal open. De verkoopsters, die minimaal zestien jaar oud moeten zijn en in de maanden ervoor een spoedcursus hebben gevolgd in een ander filiaal, delen bij de ingang chocolade uit aan de eerste klanten. Zeven medewerksters vormen met grote letterborden het woord 'GEOPEND'.

Voor Menno Weyer en zijn directie valt er op dat moment een boel te vieren. De bedrijfsomzet loopt in de honderden miljoenen guldens, onder de streep blijven jaarlijks miljoenen guldens aan winst over. Een jaar eerder heeft een artikel voor het eerst de grens van honderd gulden bereikt: de elektrische boormachine van huismerk Reaktor. De kassa's waren niet eens op die verkoopprijs met drie cijfers berekend. Verkoopsters moesten eerst 99 gulden aanslaan en daarna apart nog één gulden afrekenen. HEMA is inmiddels onderdeel van een 'Koninklijk bedrijf'. Het moederconcern, dat officieel Bijenkorf Beheer heette, is omgedoopt in 'Koninklijke Bijenkorf Beheer', kortweg KBB. Binnen dit KBB-concern is HEMA de onbetwiste parel, en dat niet alleen: HEMA loopt ook ver vooruit op de concurrentie. Blokker beschikt over 28 filialen, waarvan de meeste in Amsterdam en omgeving.[30] Het veel oudere V&D, opgericht in 1887, heeft in totaal 59 filialen. V&D heeft meer werknemers en een grotere omzet, maar is veel minder winstgevend en kan daardoor veel minder snel groeien. HEMA kent in Nederland zijn gelijke niet.

Maar in dat succes zit ook een bedreiging besloten. Door de aanhoudende groei en het gebrek aan echte concurrentie is de scherpte uit het bedrijf verdwenen. Inkopers letten niet meer kritisch op wat ze aanschaffen: alles wat ze in de winkel leggen, kopen de mensen toch wel. Het assortiment verandert daardoor langzaam in een samenraapsel van allerlei goedkope spullen. 'Een soort bazaar,' zal een filiaalchef het later noemen. Kunstbloemen, suikerpothouders, alles is er te vinden, maar er zit weinig lijn meer in. Op de Centrale is niemand er echt kritisch op. De afdeling vormgeving, die op papier de inkopers moet controleren, bestaat uit twee mensen, onder wie de voormalige secretaresse van directeur Weyer. Binnen het bedrijf is het een slecht bewaard geheim dat zij op die post zit omdat ze zijn minnares is.

Aan de resultaten is het nog niet te zien, maar binnen de bedrijfstop van KBB groeit het gevoel dat HEMA toe is aan vernieuwing, als de keten ook in de jaren zeventig voorop wil blijven lopen. In 1971 haalt de KBB-top iemand binnen die iets aan de verzadiging moet doen. Een man die de HEMA-formule voorgoed zal veranderen.

2

De architect

In de jaren die komen zal Arie Maas door sommigen een bullebak en een potentaat genoemd worden, anderen zullen hem op handen dragen, maar van dat alles is nog geen sprake als hij op donderdag 1 april 1971 voor het eerst het hoofdkantoor aan de Ruysdaelstraat binnenwandelt. Op dat moment is Arie Maas vooral een vreemde eend in de bijt.

Een imposante verschijning is het: Maas is lang, breedgeschouderd, gezegend met een zware stem en een stevige bos donker haar. Hij is halverwege de dertig en kort daarvoor bij HEMA aangenomen als nieuwe directeur inkoop. Maas komt van buitenaf. Dat is in deze jaren zeer ongebruikelijk in de hele Nederlandse detailhandel. Normaal gesproken zijn de hoogste functies weggelegd voor mensen met jarenlange ervaring binnen het bedrijf. Bedrijfsleiders en directeuren zijn vrijwel zonder uitzondering ooit begonnen op de winkelvloer, waarna ze stap voor stap carrière hebben gemaakt.

Arie Maas is bepaald geen geboren HEMA-man. Hij is de zoon van een tandarts uit Rotterdam en studeerde vliegtuigbouwkunde in Delft. Na zijn studie is hij bij Unilever gaan werken: de vliegtuigbouw interesseerde hem wel, maar hij ambieerde ook een carrière in het zakenleven. Rond zijn dertigste werd hij directeur bij stoffenfabrikant Texoprint uit Enschede, een bedrijf dat deels eigendom was van Unilever. Maas kreeg er de leiding over ongeveer vijfhonderd werknemers en mocht meteen een forse reorganisatie doorvoeren. Hij bleek dat geen enkel probleem te vinden. Overbodig personeel ontslaan en de achterblijvers meekrijgen met een nieuwe, efficiëntere werkwijze: het bleek hem op het lijf geschreven. 'Hij heeft nogal wat mensen op de tenen getrapt. Maas wond er geen doekjes om als iets hem niet zinde,' zou een collega-directeur daar later over zeggen. 'Maar als je daar tegen kon, kon je vreselijk met hem lachen.'[1]

Maas is jong. Hij is een academicus. Hij heeft geen enkele ervaring in de detailhandel. Dat veel mensen op de Centrale zich afvragen wat hij in hemelsnaam bij HEMA komt zoeken, is niet zo vreemd. Maar die mensen weten niet hoe ambitieus Maas is, als hij op zijn eerste werkdag onder de rode bakstenen bogen van de Centrale door loopt. Hij is vastbesloten om van zijn missie bij HEMA een succes te maken.

Het rommelige assortiment, de inkopers die maar wat doen omdat het allemaal toch wel verkoopt: de directie van KBB heeft de buitenstaander Maas heel bewust aangetrokken om daar wat aan te doen. Niet meteen, natuurlijk; de nieuwe inkoopdirecteur moet zijn nieuwe werkgever eerst wat beter leren kennen. Arie Maas vult zijn eerste weken met een hele reeks bedrijfsbezoeken. Hij praat uitgebreid met verkoopsters, kassamedewerkers en winkelchefs. En hij wordt een paar maanden bedrijfsleider van de HEMA in de Utrechtse wijk Overvecht, waar hij de fijne kneepjes van de winkeloperatie in de vingers moet zien te krijgen.

Een paar maanden na zijn eerste werkdag roept Maas in een rokerig zaaltje op de Centrale de vijf groepsinkoopleiders van HEMA bijeen. Maas is hun directe baas; de inkoopleiders geven zelf weer leiding aan een stuk of 36 inkopers. Het is een bijzonder gezicht: een stel HEMA-mensen met jarenlange ervaring, vier mannen en één vrouw die de gangen van de Centrale door en door kennen, en die nu moeten luisteren naar de jonge directeur met zijn basstem. Maas komt meteen ter zake. 'Het is nu een rotzooi in de winkels en het is tijd dat we daar wat aan doen,' zegt hij. 'Het is echt tijd dat we meer orde gaan scheppen. Je kunt niet zomaar alles verkopen.'

Arie Maas blijkt een gedetailleerd plan te hebben uitgedokterd. Het kernpunt is: HEMA moet volgens Maas voortaan gaan werken met een 'beperkt assortiment'. Geen duizenden en duizenden goedkope spullen meer in de winkels, maar een strak assortiment van maximaal tienduizend verschillende producten. En elk product moet in een klein aantal varianten in de winkels komen te liggen. In een interview met *De Telegraaf* legt Maas korte tijd later zijn plan van aanpak uit: 'Je hebt bij ons géén keus uit vijf verschillende overhemden in hetzelfde genre naast elkaar, wij hebben er maar één. Ons specialisme is: een juiste keus maken voor de consument.' Het geheim, volgens Maas, is dat HEMA feilloos moet gaan aanvoelen waar de Nederlanders behoefte aan hebben, en daarop moet inspelen. 'Letterlijk staat in ons beleid, dat wij ons richten tot "de massa van de Nederlandse bevolking die geïnteresseerd is in het doen van scherp prijsgerichte bestedingen in artikelen van goede kwaliteit". Voor die groep brengen wij een beperkte keus, maar wij kennen die groep zó goed dat wij voor hen selecteren. Wij nemen voor hen een belangrijke beslissing: wij kiezen wat zij willen hebben!'[2]

De inkopers moeten zich volgens Maas veel meer gaan richten op artikelen waarin HEMA al een groot marktaandeel heeft, of zelfs marktleider is. De beha bijvoorbeeld: een op de vijf Nederlandse vrouwen draagt er al een van de HEMA. Of wekkers, of verf voor de snelgroeiende doe-het-zelfmarkt. Artikelen die mensen regelmatig nodig hebben, en waarbij ze meteen aan HEMA moeten denken. In de woorden van Maas: 'Wij richten ons niet op de avant-garde, op de mevrouw die een nieuw, modieus snufje wil – dat hebben wij niet. Wij richten ons op artikelen die massaal worden verkocht – en dat doen wij niet slecht.'

HEMA moet zich voortaan niet meer in de hoofden van Nederlanders nestelen als winkel vol goedkope spullen, maar als een winkel met een uitgekiend assortiment, met artikelen waar mensen echt behoefte aan hebben, en waarbij kwaliteit is gekoppeld aan een redelijke prijs. Dát is wat HEMA moet zijn. Om die reden, zegt Maas tegen de inkoopleiders aan de Ruysdaelstraat, moeten ze ook zo snel mogelijk afscheid nemen van de verzameling oude huismerken. Namen als Reaktor, Josselyne en Marein, dat moet afgelopen zijn. Voortaan moet het hele assortiment onder één merknaam verkocht worden: HEMA.

Geen van de aanwezigen kan bevroeden dat hier, in dit zaaltje, de moderne HEMA geboren wordt. De inkopers zijn vooral verbaasd over de stelligheid waarmee Maas zijn plannen weet te presenteren: officieel is hij slechts inkoopdirecteur en is Menno Weyer nog altijd de hoogste man. Maar nu, nog maar een paar maanden na zijn entree, lijkt het erop alsof de vliegtuigbouwkundige uit Rotterdam de hele boel al heeft overgenomen. Alsof hij alle ruimte krijgt om het bedrijf naar zijn hand te zetten.

Onvermoeibaar gaan Maas en zijn medewerkers in de maanden daarna aan de slag. De ruim honderd HEMA's in het land worden anders ingericht, stukken overzichtelijker. De kleding komt rechts naast de ingang, de 'hardwaren' (verf, gordijnen, schrijfwaren, wekkers, gereedschap, etc.) aan de linkerkant. De producten voor persoonlijke verzorging in het midden. De rookworsten, taarten en al het andere voedsel achter in het pand – dan loopt iedereen die wat komt eten eerst de hele winkel door, dat is goed voor de bijverkoop. Voortaan maakt het niet meer uit waar klanten een filiaal binnenlopen: ze lijken allemaal op elkaar.[3]

Om het assortiment te verbeteren laat Maas op de Centrale drie nieuwe afdelingen optuigen. De afdeling vormgeving kijkt voortaan niet meer alleen mee met wat de inkopers binnenbrengen; er komt een hele reeks stylisten te werken die elk artikel van de grond af gaat ontwerpen. Van handdoek tot blocnote, alles moet voortaan van een duidelijk HEMA-signatuur zijn voorzien. Daarnaast komt er een afdeling kwaliteitscontrole, die in de wandelgangen algauw 'het Lab' wordt genoemd. In witte jassen testen de laboranten de krimpbestendigheid van ondergoed, de smaak van vleeswaren, en of de lampen daadwerkelijk de beloofde achthonderd uur blijven branden. Ten derde, en misschien nog wel het belangrijkste, opent Maas een speciale afdeling marktonderzoek. Om die afdeling te leiden huurt hij een hoog aangeschreven marktonderzoeker in, die het vak heeft geleerd bij Philips en wasmiddelenfabrikant Henkel, en die decennialang een belangrijke rol bij HEMA zal spelen. In de plannen van Maas speelt het marktonderzoek namelijk een cruciale rol. Als HEMA de winkel wil zijn die precies verkoopt waar Nederlanders behoefte aan hebben, als ze durven 'kiezen wat klanten willen hebben', dan moeten ze die klanten wel eerst vragen wat dat precies is.

De sessies die de afdeling marktonderzoek vanaf dat moment met grote regelmaat organiseert, worden binnen het bedrijf legendarisch. Dan verzamelen zich in een zaaltje in Utrecht tien opgewekte vrouwen, typische HEMA-klanten die zich tijdens het winkelen vrijwillig hebben aangemeld, en die mogen uit een stapel producten op tafel hun favoriet kiezen. Dat kan van alles zijn: taarten, schrijfwaren, mannenondergoed. Het zijn vrolijke bijeenkomsten, maar het is ook *serious business*. Aan de geïnteresseerd meeschrijvende marktonderzoekers lichten de vrouwen hun keuzes toe. Op andere dagen kruipen de testklanten in een ander zaaltje over een rij tapijten op de grond, om hun favoriete kleed eruit te pikken. Het onderzoek levert de HEMA-mensen veel bruikbare informatie op: zo gaat HEMA augurken in potten mét zaadjes verkopen, in plaats van zonder; dat blijken de dames zo te kennen uit de supermarkt.

Niet alle personeelsleden zijn blij met de vernieuwingsdrang van Maas. De inkopers moeten er aanvankelijk maar weinig van hebben. Jarenlang hadden ze alle vrijheid; ze vlogen de wereld rond op zoek naar mooie spullen. Bij de kerstborrel pochten ze onder elkaar over hun glansrijke bijdrage aan het succes. Nu is hun rol ineens veel beperkter. Nu vliegen er vormgevers mee, die kijken of de vaste leveranciers waar HEMA mee werkt – in deze jaren vaak fabrieken in Israël, Turkije en Zuid-Korea – de producten wel volgens het juiste ontwerp maken. Komen de inkopers eenmaal met hun producten in Amsterdam terug, dan moeten ze meteen langs de laboranten van de afdeling kwaliteitscontrole.

Bovendien worden ze door Maas hard aangepakt tijdens het jaarlijkse diner met alle inkopers, aan het einde van het jaar. De nieuwe inkoopdirecteur treedt dan op als het typetje Miep Mopper, 'een echt Rotterdams zeikwijf'. Hij trekt tijdens het diner de aandacht van de inkopers door een hele stapel producten op een tafel te gooien, er zelf achter te gaan staan, en vervolgens de een na de ander op zijn sodemieter te geven.

'Kijk hier, een handschoen,' zegt Maas met zware Rotterdamse tongval. 'Mijn tante heeft hem laatst gekocht. Binnen een dag hingen de vingers los. Dat kán niet.' Dan, met een worp naar de verantwoordelijke inkoper: 'Beter doen, kerel!'

'En hier, deze onderbroek. Een kennis van mij kocht hem laatst. Na één keer wassen paste alleen zijn zoontje van twee hem nog. Wie was hier ook alweer verantwoordelijk voor?'

Sommigen vinden het optreden intimiderend, anderen kunnen er wel om lachen, die zien er de studentikoze houding in die Maas aan zijn jonge jaren in Delft heeft overgehouden. Het zijn natuurlijk ook waarschuwingen met een knipoog. Maar de inkopers begrijpen dat de onderliggende boodschap bloedserieus is: onder Maas gaat het er anders aan toe dan vroeger. Zoals hij het zelf eens formuleert: 'Om het duidelijk te stellen: we zijn in oorlog. We hebben een leger, dat op het juiste moment de juiste klap moet uitdelen. Dat leger moet wel gedisciplineerd werken. Deserteurs, daar hebben we niets aan.'[4]

Toch moeten ook de meest sceptische inkopers na verloop van tijd toegeven dat de nieuwe aanpak werkt. Op het moment dat Maas binnenkomt, bedraagt de omzet van het hele KBB-concern 825 miljoen gulden. Het merendeel daarvan, maar lang niet alles, komt van HEMA. In 1978 noteert HEMA alleen een omzet van 1,38 miljard gulden – het komt neer op een ruime verdubbeling in zeven jaar tijd. HEMA noteert jaarlijks honderden miljoenen guldens aan winst. Die enorme winsten gebruiken Arie Maas en zijn mededirecteuren deels om nieuwe winkels te blijven openen. Eind jaren zeventig is het aantal van 100 filialen al uitgebreid naar 160, ruim de helft daarvan wordt gerund door franchisers. Volgens de directie van moederbedrijf KBB is HEMA 'een van de best renderende winkelketens in Europa'.[5]

En precies zoals Maas wilde, is HEMA bij heel veel Nederlanders een ankerpunt geworden bij de aanschaf van specifieke producten. Eind jaren zeventig loopt niet meer een op de vijf Nederlands vrouwen in een HEMA-beha, maar een op de drie. Twee op de vijf mannen draagt HEMA-ondergoed. HEMA verkoopt 65 procent van alle rookworsten in Nederland, 30 procent van alle broodroosters, 30 procent van alle verf, 15 procent van alle lippenstift. Een kwart van de Nederlanders wordt 's ochtends wakker van een HEMA-wekker. De banketbakkerij produceert meer tompoezen, slagroomtaarten en appelkruimelvlaaien dan alle andere bakkers in het land bij elkaar.

De bezoekcijfers zijn ronduit angstaanjagend. In 1976, bij het vijftigjarig jubileum, winkelt volgens dagblad *Trouw* 87 procent van alle Nederlandse vrouwen regelmatig bij de HEMA. Meer dan 40 procent van alle vrouwen komt er zelfs minstens tien keer per maand.[6]

HEMA bepaalt in deze jaren mede het straatbeeld. De stylisten die op de Centrale werken, weten modetrends uit Parijs en New York precies op het juiste moment naar de gewone Nederlanders te vertalen. Midden jaren zeventig raakt de gebreide trui in de mode: dankzij het HEMA *Breiboek* loopt al snel heel Nederland in zelfgebreide creaties. Een hele reeks bekende Nederlanders laat zich maar wat graag in gebreide trui vastleggen op de cover van het *Breiboek*. Acteur Jeroen Krabbé, zangeres Willeke Alberti, komiek André van Duin en voetbalechtpaar Willem en Truus van Hanegem sieren het omslag. HEMA weet de breihype zo tot begin jaren tachtig te rekken.

Ook leert HEMA veel Nederlanders wijn drinken. In de jaren zeventig staan de kranten vol met advertenties voor wijnen, die HEMA 'zelf rechtstreeks importeert' uit Frankrijk, Italië, Spanje en Duitsland. 'Wij garanderen u dat u zo voordelig mogelijk echte kwaliteitswijn drinkt!' De gezaghebbende wijnkenner Hubrecht Duijker schrijft in 1978 in zijn column in *Het Parool* dat hij bij HEMA 'een reeks zeer menselijk geprijsde wijnen' heeft ontdekt. De HEMA-wijnen zijn volgens Duijker 'van verrassend goed niveau. Hier is duidelijk een inkoper aan het werk die het vak én de adressen uitstekend kent.'[7] De flessen blanc Anjou, sauvignon de Touraine en chablis Vaillons gaan daarna met honderdduizenden tegelijk over de toonbank. De verkoop van de appellation Buzet, een rode tafelwijn die door wijnexpert Ronald de Groot wordt omschreven als 'stevig van karakter, met wat fruit in geur en smaak, kersen, bramen, frambozen; in de mond redelijk stevig, zonder dat het zuur of bitter storend en hard wordt', overstijgt op een gegeven moment zelfs de drie miljoen stuks. In de loop van de jaren zeventig verdubbelt in heel Nederland de wijnconsumptie en HEMA speelt daarbij een belangrijke rol.

De populariteit van de wijn is tekenend voor wat HEMA vanaf de jaren zeventig een echt unieke winkel maakt. Intellectuelen schamen zich er allerminst voor om hun wijn bij de HEMA te halen, terwijl tegelijkertijd een moeder met een bijstandsuitkering er terecht kan omdat de kinderkleding er zo betaalbaar is. Iedereéén komt bij de HEMA, dat is het geheim. Arm en rijk, hoog- en laagopgeleid, stedelingen en plattelanders. Geen ander warenhuis bereikt zo veel verschillende Nederlanders. Blokker niet, V&D niet, de Bijenkorf al helemaal niet. Mensen komen nu eenmaal graag in die winkel: hij ziet er overal hetzelfde uit, is overzichtelijk ingericht, het aanbod is betrouwbaar en niet duur, de medewerkers zijn er vriendelijk, ze hebben er artikelen die iedereen nodig heeft. Een leven zonder de HEMA? Dat kan eigenlijk niemand zich meer voorstellen.

Arie Maas is de architect van het succes, op het hoofdkantoor is er niemand die daaraan twijfelt. Toch duurt het jaren voordat hij ook formeel de hoogste baas wordt. Tien jaar lang stippelt hij als inkoopdirecteur grotendeels het beleid uit, terwijl Menno Weyer op papier nog altijd algemeen directeur is. Als Weyer in 1982 met pensioen gaat, is Maas een logische opvolger. Als nieuwe algemeen directeur van HEMA komt hij ook in de raad van bestuur van moederbedrijf KBB. In die nieuwe positie duurt het niet lang voordat hij ontdekt waarin de grootste bedreiging voor de toekomst van HEMA zit: de financiële problemen binnen het moederconcern.

Dat HEMA onderdeel is van het Bijenkorf-concern, is in de loop der jaren steeds meer gaan knellen. Dat er meer HEMA-filialen zijn dan Bijenkorf-warenhuizen, dat was voor de Tweede Wereldoorlog al zo. Bij beide ketens werken duizenden mensen. Alleen: HEMA is stukken winstgevender dan de Bijenkorf. Sterker nog: de Bijenkorf maakt sinds de oorlog veel vaker verlies dan winst. De Bijenkorf wordt overeind gehouden dankzij de winsten van HEMA, zo simpel is het. Het personeel in de chique warenhuizen kijkt neer op de 'volkse' verkoopsters uit de HEMA-winkels, maar dat is volkomen onterecht. Zonder de HEMA was de Bijenkorf allang failliet geweest.

De directeur van het KBB-concern, de heer Jacques 'Jack' Bons, wil liever niet dat te veel mensen van dit pijnlijke feit op de hoogte zijn. In de jaarverslagen van KBB zijn daarom meestal wel de omzetten van de verschillende dochterondernemingen te vinden, maar nooit de aparte jaarwinsten. KBB publiceert alleen de jaarwinst van het gehele concern. Bons heeft ook liever niet dat werknemers van HEMA en de Bijenkorf contacten met elkaar onderhouden. Hij vreest voor een opstand van HEMA-werknemers. Die aanpak werkt maar matig: tijdens borrels grappen de HEMA-werknemers soms dat ze eigenlijk naar het Malieveld in Den Haag zouden moeten optrekken, om tegen het voortdurende wegvloeien van hun inkomsten richting de Bijenkorf te protesteren.

Jack Bons is sinds 1958 directeur-generaal bij KBB. Hij kwam ooit als een simpele accountant bij het bedrijf werken, maar in de loop der jaren heeft hij een machtige positie opgebouwd. Bons is klein van stuk, maar compenseert die tekortkoming ruimschoots met zijn ego: hij vergelijkt zichzelf maar wat graag met topmannen als Anton Dreesmann en Ab Heijn, de grote bazen bij concurrenten V&D en Albert Heijn. Anders dan Bons zijn die mannen ook grootaandeelhouder van hun bedrijf, maar dat weerhoudt hem niet van de vergelijking. Híj is de grote man bij het machtige KBB-concern, en dat mag iedereen weten.

Bons is geboren in de Amsterdamse wijk Betondorp, net als Johan Cruijff, en hij is een hartstochtelijk supporter van Ajax. Die liefde gaat zo diep dat Bons in de jaren zeventig meermaals de kas van KBB gebruikt om sterspelers bij Ajax te houden. In de zomer van 1971 helpt hij te voorkomen dat Johan Cruijff naar Barcelona vertrekt, door hem tot aan zijn vijfenzestigste verjaardag bij KBB op de loonlijst te zetten, voor 60.000 gulden per jaar (twee jaar later vertrekt Cruijff overigens alsnog naar Barcelona). Ook Piet Keizer en Jan Mulder komen zo op de loonlijst te staan. Formeel is het voor pr-werk, in werkelijkheid omdat ze meteen een zak geld krijgen die voorkomt dat ze bij een andere club tekenen.[8]

Medebestuurders, commissarissen en aandeelhouders van KBB klagen er nooit over. Net zomin als ze vraagtekens zetten bij andere uitgaven die Bons doet. En dat zijn er nogal wat, want Bons hanteert met KBB een ambitieuze groeistrategie. Hij breidt het concern uit door een reeks andere ketens over te nemen: de sportzaken van Perry Sport, warenhuisketen Galeries Modernes, het schoonmaakbedrijf Roemo. Hij waagt de stap naar het buitenland door in Amerika de keten Macks Stores te kopen, een soort variant op de HEMA met 99 filialen. En hij trekt miljoenen guldens uit voor de oprichting van drie nieuwe ketens: Praxis (doe-het-zelfwinkels), Maxis ('hypermarkten' naar Frans voorbeeld) en Mobell (woonwinkels).

Maar Bons blijkt ook meer buitenissige uitgaven te doen, zo ontdekt Maas als hij in de raad van bestuur van KBB komt. Onder zijn leiding investeert KBB miljoenen in de aanleg van een luxe watersportproject aan de Zuid-Franse kust, Club Coudalère, met 185 appartementen en 300 ligplaatsen voor jachten. In het Franse wintersportoord Avoriaz bouwt KBB 110 chalets, die gekocht moeten worden door Europese rijken.[9]

En dan is er het gigantische kantorencomplex dat Bons voor KBB laat neerzetten in de Amsterdamse Bijlmermeer. Een hoekig, blauw-wit complex is het, veertigduizend vierkante meter in totaal, met aparte vleugels voor elke dochteronderneming. De grootste vleugel is voor de raad van bestuur zelf. Het nieuwe hoofdkwartier gaat in 1982 open. In de wandelgangen wordt het bouwwerk al snel het 'Bonsoleum' genoemd. De bouw kost maar liefst 100 miljoen gulden, geld dat KBB leent bij verzekeraar Nationale-Nederlanden.

Lang gaat het goed. KBB blijft financieel gezond dankzij de jaarlijkse miljoenenwinsten van HEMA, en dankzij een zeer loyale huisbank: de AMRO Bank verstrekt KBB voor 135 miljoen gulden aan langlopende leningen. Maar in de loop van 1982 gaat het mis. Bovenop de schuldenberg, waarover KBB flinke rentes moet betalen, komt een zware economische recessie, waardoor mensen veel minder geld uitgeven aan nieuwe spullen. KBB stevent die zomer plotseling af op een lege kas, en op een jaarverlies van tientallen miljoenen guldens. Arie Maas krijgt, samen met de onlangs aangetreden financieel directeur Koos ten Hoonte, van de raad van commissarissen de opdracht om snel te onderzoeken wat eraan te doen is. De jonge directieleden moeten een ingrijpende reorganisatie gaan voorbereiden.

Aan het begin van 1983 wordt langzaamaan duidelijk hoe ernstig de situatie precies is. Financiers krijgen van Maas en Ten Hoonte te horen dat KBB de komende jaren geen rente op de uitstaande leningen kan betalen. Adviesbureau McKinsey, dat de directieleden bijstaat, adviseert om het hele concern gewoon te ontmantelen, alleen op die manier kunnen de gezonde delen overleven. KBB zou de Bijenkorf in een aparte vennootschap moeten onderbrengen, en tijdelijk overeind moeten houden via een overheidslening van 200 miljoen gulden. Alle andere ketens moeten ze verkopen. Maas en Ten Hoonte zouden verder moeten gaan met maar één winstgevend bedrijfsonderdeel: HEMA.

Het plan verdwijnt in de prullenbak. Kort daarna wacht een nieuwe verrassing: de grootste financier, de AMRO Bank, neemt vanwege de slechte financiële situatie alle bedrijfsvoorraden in onderpand. Op die manier probeert de bank zeker te stellen dat er nog iets terugkomt van de 135 miljoen gulden aan leningen, mocht KBB onverhoopt failliet gaan.

Begin februari 1983 tuigen de KBB-bestuurders naar Den Haag, waar ze de Tweede Kamer om een noodlening van 60 miljoen gulden vragen. Een faillissement is niet langer ondenkbaar, dit overheidsgeld zou het verlies van meer dan tienduizend banen moeten voorkomen.[10]

Het moet ergens in die maand zijn dat bij Arie Maas op zijn kantoor, in het gloednieuwe Bonsoleum, de telefoon gaat. Het is een van zijn medewerkers, die een verdieping lager zit. 'Arie, ik heb hier een directeur van de AMRO Bank staan. Hij komt het krediet opzeggen. Hij wil jou spreken, hij komt nu naar boven.'

Vanuit zijn deuropening ziet Maas even later de bankier zijn kant op lopen. De bankier, een jonge dertiger, stelt zich voor als Rijkman Groenink, directeur bijzondere kredieten van de AMRO Bank.

'Mijnheer Maas, ik heb hier een brief voor u. Wij komen het krediet van KBB opzeggen,' zegt de bankier.

Arie Maas weet wat dat betekent. Als KBB geen cent meer kan krijgen van de huisbank, kunnen er per direct geen spullen meer worden ingekocht. Alle rekeningen blijven meteen onbetaald. De hele onderneming loopt vast. KBB zal binnen een paar dagen failliet zijn.

Hij besluit zijn zwaarste stem op te zetten. 'Zo, dus jij komt mij een brief brengen? Nou, ik kan je vertellen: wij ontvangen hier alleen brieven per post. Alle andere brieven beschouwen wij als niet verzonden. Dus ik adviseer je om naar buiten te lopen, een brievenbus te zoeken, en de brief die je daar hebt rustig op de post te doen.'

De jonge Rijkman Groenink druipt verbijsterd af.

Maas weet daarna dat hij precies één dag de tijd heeft om een faillissement te voorkomen en de winkelketens in leven te houden. Samen met financieel directeur Ten Hoonte praat hij die dag als Brugman met alle betrokken partijen: schuldeisers, hypotheekverstrekkers, de grootste aandeelhouders, de vakbonden, de staatssecretaris van Economische Zaken, en natuurlijk Groenink en zijn collega-bankiers bij de AMRO Bank. Hij weet die dag iedereen zover te krijgen dat er iets van een reddingsplan in zicht komt, waarna Groenink inbindt en hem nog iets meer tijd gunt. Het winkelconcern gaat nog even niet failliet.

In de weken daarna weet Maas KBB zelfs helemaal van de ondergang te redden. De financiers schelden 80 miljoen gulden aan schuld vrij in ruil voor aandelen, een grote aandeelhouder stort 40 miljoen gulden, een aantal winkelketens zal worden verkocht en er wordt fors gesneden in het personeelsbestand. In totaal verliezen 1550 mensen hun baan, de achterblijvers leveren 4,6 procent van hun salaris in. De afslanking geldt tot in de directiekamer: drie van de vijf KBB-bestuurders gaan de laan uit. Onder hen is topman Jack Bons, in de ogen van velen verantwoordelijk voor de crisis. Voor de commissarissen bij KBB is het geen moeilijke vraag wie Bons moet opvolgen: Arie Maas. Samen met financiële man Koos ten Hoonte gaat hij een tweekoppige raad van bestuur vormen. Maas blijft tot 1985 nog de baas bij HEMA, maar is vanaf nu ook de machtigste man binnen heel KBB.

3

Nachtwacht

Wie in de vroege jaren negentig de HEMA-vleugel van het KBB-kantoor in Amsterdam-Zuidoost binnenloopt, krijgt onmiskenbaar de indruk dat het goed gaat met de winkelketen. Voor de deur staat een rijtje directieauto's geparkeerd. Binnen, in een rokerig kamertje, spelen de privéchauffeurs een potje biljart, of ze kijken tv. Een eind verderop staat een aantal inkopers aan de balie van het inpandige reisbureau. De een moet naar Hongkong, de ander naar Praag, een derde naar Istanbul. De twee reisagenten, in dienst van American Express, noteren rustig hun wensen. Op de bovenverdieping vergadert een groepje kledingontwerpers over de nieuwe collectie. Laboranten controleren de kwaliteit van de meest recente inkopen. De directie vergadert over de laatste kwartaalcijfers.

Na de redding van KBB is HEMA meer dan ooit de parel van het concern. Arie Maas weet KBB binnen een paar jaar terug in de zwarte cijfers te krijgen. Dat is te danken aan de opkrabbelende economie, maar meer nog aan de tweehonderd HEMA-filialen. Neem het jaar 1987: KBB noteert een winst van 78 miljoen gulden. Van dat bedrag is 51 miljoen gulden afkomstig van HEMA. Van de totale KBB-omzet, ruim 3,5 miljard gulden, komt 2,2 miljard voor rekening van HEMA. Het hele KBB-concern is afhankelijk van HEMA. Zozeer zelfs dat Maas zich op een gegeven moment laat ontvallen dat het 'van levensbelang' is om een paar nieuwe winkelketens erbij te kopen, om die afhankelijkheid te verminderen.[1]

Maar begin jaren negentig wordt ook de keerzijde van het succes langzaam zichtbaar. Vraag het betrokkenen uit die tijd, en ze lepelen zonder uitzondering de ene na de andere anekdote op over de verkwisting. De inkopers vliegen standaard met de *royal class* van KLM over de wereld, de klasse nog een stap boven de businessclass (KLM schafte deze klasse in 1993 af). Een inkoopster die naar Praag vliegt, laat alvast haar auto met privéchauffeur van Nederland naar de Tsjechische hoofdstad rijden. Die pikt haar bij aankomst op voor een ronde langs leveranciers. Een inkoper die Hongkong bezoekt, slaapt in een vijfsterrensuite van 1200 dollar per nacht met uitzicht op de Zuid-Chinese Zee. Bijna altijd vliegen met de inkopers een of twee assistenten mee – ook royal class. Op het hoofdkantoor lopen mensen rond die voor duizenden guldens aan reizen en diners declareren. Op het distributiecentrum in het Utrechtse Lage Weide is het een rommeltje: de pallets vol spullen staan kriskras door elkaar, hoog opgestapeld, er zit nauwelijks meer systeem in. Op een dag raakt er een pakket met 600.000 zonnebrillen zoek.

De tweehonderd filialen zijn al jaren niet meer echt vernieuwd. Er is wat geëxperimenteerd met grotere afdelingen voor verse voeding, met de verkoop van elektronica en de verhuur van videobanden, er kwam een eigen fotoservice, maar in grote lijnen zijn de HEMA-winkels al zeker twintig jaar hetzelfde. Achter veel winkels puilen de magazijnen uit van de overbodige artikelen, ook een gevolg van de chaos bij de distributie. Er zijn verkoopsters voor alleen het hoekje van de gordijnen, op de afdeling herenmode werken meerdere dames.

De concurrentie is in de loop der jaren fors toegenomen: na HEMA hebben ook de firma's Blokker en Zeeman verspreid over heel Nederland honderden filialen geopend. Maar op het hoofdkantoor neemt bijna niemand die bedrijven als concurrenten serieus: dan gaat het over de 'Blokkertjes' en de 'Zeemannetjes', die ordinair proberen te scoren met de verkoop van goedkope troep. Die zijn niet te vergelijken met de 'lage prijs, hoge kwaliteit'-formule en de vele artikelen onder eigen merknaam. En V&D, dat zijn de weinig winstgevende warenhuizen van een stelletje katholieken; daarvoor is al helemaal niemand bang.

HEMA is al die jaren zó winstgevend geweest dat het allemaal niets uitmaakte. Er was geen enkele reden om in te grijpen, om het iets efficiënter te doen. Maar in 1992 is het feest voorbij. De omzet stijgt niet meer en de kosten blijven maar de pan uit rijzen. Door alle inefficiënties is de winst in het jaar ervoor al teruggelopen richting het nulpunt. In het nieuwe jaar stevent HEMA af op een verlies van 23 miljoen gulden. Het is een historisch verlies: nooit eerder draaide het bedrijf zo slecht. HEMA zal zichzelf opnieuw moeten uitvinden, als het grotere problemen wil voorkomen.

Als topman van KBB heeft Arie Maas in sneltreinvaart de reputatie gekregen van een nietsontziende leider, een alleenheerser zelfs. Tijdens vergaderingen duldt hij nauwelijks tegenspraak. Voor instructies aan zijn secretaresse opent hij zijn kantoordeur niet, hij buldert ze gewoon dwars door de muur heen. Hij schoffeert een collega-directeur in het bijzijn van twee journalisten van NRC *Handelsblad*. Als de man met wat papieren schuift, moppert Maas: 'Doe dat niet. Ik probeer me te concentreren. Je kunt ook weggaan, maar als je blijft kun je nog wat leren.'[2]

Zijn privéchauffeur is het gemopper van Maas op een dag zelfs zo zat dat hij hem toebijt: 'Als je het zo goed weet, rijd je toch zelf?' Binnen het bedrijf gaat daarna jarenlang het verhaal rond dat zijn chauffeur vervolgens de autosleutels naar Maas heeft gegooid en is uitgestapt. Dat is niet waar, maar Maas neemt niet de moeite om het verhaal te weerleggen.

De KBB-directievoorzitter is niet alleen een bullebak. Hij heeft ook veel oog voor detail. Een oud-collega herinnert zich hoe Maas betoogt dat de walkman, die nog niet lang op de markt is, eigenlijk niet één koptelefoon zou moeten hebben, maar twee losse oortjes: dan kunnen jonge stelletjes samen naar muziek luisteren. In zijn HEMA-tijd hamert Maas er ook op dat beha's altijd exact dezelfde pasvorm moeten hebben: verschillen in maatvoering zijn volgens hem de grootste frustratie van klanten. Als KBB-baas houdt Maas bovendien een uitgesproken zwak voor de HEMA. Het heeft hem pijn gedaan dat bij de redding van KBB ook de mensen bij HEMA flink aan salaris moesten inleveren – volgens sommigen is het zelfs de reden dat hij zijn geldverkwistende opvolgers in de HEMA-directie jarenlang hun gang laat gaan. Terwijl bij KBB-dochters als de Bijenkorf, Maxis en Praxis regelmatig directeuren de laan uit vliegen, blijft het bij HEMA op dat vlak rustig.

Tot ingrijpen in februari 1992 noodzakelijk wordt. Dan gaat het ineens hard: Maas ontslaat de hele directie en stelt de bedrijvendokter Bas Vos aan als nieuwe HEMA-directeur. Die hanteert een al even masculiene leiderschapsstijl als Maas zelf. Vos kondigt al snel een forse reorganisatie aan: op het hoofdkantoor gaan zeker 200 van de 600 mensen de laan uit, elders in het bedrijf nog eens 150 man. Inkopers vliegen voortaan gewoon economyclass in Europa, en hooguit nog businessclass naar Azië. Elke gulden die ze uitgeven, moeten ze verantwoorden. De directiechauffeurs gaan nadat ze hun bazen hebben afgezet niet meer de hele dag biljarten, maar rijden mee op de HEMA-vrachtwagens. Vos geeft zichzelf als interim-directeur twee jaar de tijd om de kosten bij HEMA met miljoenen guldens omlaag te brengen.

Maar voor de toekomst van HEMA is dat nog niet eens de belangrijkste ingreep. Dat is de aanstelling van Bart Spoorenberg als nieuwe inkoopdirecteur. Spoorenberg is een creatieve geest die naar kantoor komt in de trendy, kleurrijke pakken die in de jaren negentig in de mode zijn, een vriendelijke man vol ideeën, die onder zijn collega's al snel populair wordt. Spoorenberg krijgt een belangrijke taak: het HEMA-assortiment aanpassen aan de nieuwe tijd. HEMA moet gaan passen bij de opgewekte, hoopvolle jaren negentig, en worden voorbereid op de komst van het nieuwe millennium. Simpeler gezegd: Vos moet de kosten drukken, Spoorenberg moet ervoor zorgen dat de omzet weer gaat stijgen.

Niet lang na zijn aanstelling loopt Spoorenberg met een collega door het HEMA-filiaal in Zeist. Hij wijst op een rij met korsetten, die HEMA nog altijd verkoopt. 'Kijk. We hebben 95 procent van de korsettenmarkt in handen. Maar moet je die vellen hier zien hangen!'

De nieuwe HEMA verkoopt geen korsetten meer, vindt Spoorenberg. Dat kost wat omzet, maar die winkelruimte is nuttiger te gebruiken. En zo verandert hij meer dingen. Het hele assortiment moet gaan bestaan uit een stuk of acht basiskleuren: dan stralen de winkels volgens hem meer eenheid uit. Felle kleuren, dat wel. Maar de belangrijkste verandering: HEMA moet voortaan ook een design-merk worden. Aan de formule van lage prijs, hoge kwaliteit voegt Spoorenberg een element toe: het assortiment moet er ook nog eens flitsend uitzien.

In oktober 1992 presenteert hij zijn plannen in een document dat in de directiekamer het 'bruine boekje' genoemd wordt. Dat boekje vormt de basis voor een volledig uitgeschreven 'Strategie' uit oktober 1994. Dit document, een niet al te dik grijs boekwerk, komt bekend te staan als de 'HEMA-bijbel': veel van de uitgangspunten die erin staan, gelden tot op de dag van vandaag.

Het boekje opent met een beginselverklaring. HEMA is 'een bij-de-tijdse winkel die bovenaan het boodschappenlijstje van onze klanten staat. Een kerngezonde onderneming waar je met plezier werkt', staat er. De HEMA-bijbel somt een aantal wetten op waar niet aan valt te tornen. 'HEMA ontwikkelt haar artikelen zélf en biedt ze uitsluitend onder HEMA-naam aan. [...] HEMA-artikelen zijn nooit alleen maar laag geprijsd. Voor onze klanten is duidelijk dat HEMA achter het artikel staat, er goed over heeft nagedacht, er 'iets' aan heeft toegevoegd en het artikel heeft getest op goede kwaliteit.'

De inkopers houden de laatste trends in de gaten, om erop in te kunnen spelen zodra ze echt groot worden. De bijbel: 'Wij zijn dus geen trendsetter, maar ons aanbod is steeds óp de trend. Wij nemen daarom alleen artikelen in ons aanbod op als wij er volume van kunnen verkopen.' HEMA biedt 'beperkte keuze per artikelgroep', 'alles voor dagelijks gebruik', klanten mogen 'nooit misgrijpen' en de winkels zijn 'eerlijk, sober en eenvoudig, maar goed en efficiënt'. Tot slot mag zo veel mogelijk winst maken alleen nooit het hoogste doel zijn: 'Wij streven naar een bedrijfsresultaat dat voldoende is om onze continuïteit te waarborgen en onze formule en organisatie scherp en actueel te houden.'

In de praktijk blijkt de grotere nadruk op design de belangrijkste vernieuwing van de jaren negentig. De mannelijke paspoppen in de winkels krijgen behalve een overhemd ook een zijden das om, waarna de verkoop van dassen omhoogschiet. Strak ontworpen wc-borstels en fluitketels krijgen een prominente plek in de winkel. Om de verkoop van kinderkleding en speelgoed aan te jagen, sluit HEMA een overeenkomst met Fiep Westendorp, tekenaar van Jip en Janneke: er komt een serie artikelen met de bekende kinderboekfiguren. Het duurt niet lang voordat overal in Nederland kinderen op Jip en Janneke-laarsjes lopen, uit Jip en Janneke-bekers drinken en onder een Jip en Janneke-dekbed slapen. Onder inkopers ontstaat in deze jaren een gevleugelde term: alle producten die ze zoeken moeten 'echt HEMA' zijn. Heel vaak kijken ze op het hoofdkantoor naar ontwerpen voor kinderpyjama's, dameskleding of nieuwe theedoeken, en ze vragen zich af: is dit echt HEMA? Past het bij de wetten van Spoorenberg, is dit wat onze klanten van ons verwachten? Een handige marketingdirecteur hoort de term op een gegeven moment zo vaak, en hij vindt hem zo accuraat, dat hij besluit er de nieuwe reclameslogan van te maken: 'Echt HEMA.'

Arie Maas beziet de vernieuwingen bij HEMA met instemming. Maar voor hemzelf doemt op dat moment wel een probleem op. Hij wordt in 1994 zestig jaar, volgens de statuten van KBB is het dan tijd om met pensioen te gaan. Maar een echte opvolger is er niet. Tien jaar lang heeft Maas het concern met harde hand geregeerd, niemand anders dan hij bepaalde het beleid. NRC *Handelsblad* noemt hem eens de 'Godfather van het concern.'[3] Nu zijn pensioen in zicht komt, begint die houding zich te wreken. Leiders als Maas stomen nooit een opvolger voor zichzelf klaar, simpelweg omdat ze zich niet kunnen voorstellen de touwtjes ooit uit handen te geven. Freddy Heineken liep daar ooit tegenaan bij zijn bierbrouwerij, Anton Dreesmann bij Vendex, Anton Philips bij Philips. Het is een bekend euvel: sterke leiders maken zichzelf niet graag misbaar.

In de directie van KBB zitten daarom geen toekomstige leiders.

Financieel directeur Koos ten Hoonte, die jarenlang een duo met Maas vormde, is in 1992 zelf met pensioen gegaan, tot verdriet van Maas trouwens. Voor hem zijn twee jongere directieleden in de plaats gekomen, Peter Dirks en Maarten van Seggelen. Maar die worden geenszins voorbereid op een leiderschapsrol: volgens een betrokkene uit die tijd behandelt Maas het duo min of meer als zijn jongste bedienden. Hier en daar polst hij in de loop van 1994 wel een paar mensen die hij als bestuurder hoog heeft zitten, maar die kunnen niet of willen niet.

Uiteindelijk komt Maas uit bij Theo Henselijn, daarvoor jarenlang directeur van de Bijenkorf. Die moet het gaan doen. Op 1 februari 1995 treedt Henselijn aan als de nieuwe bestuursvoorzitter van het KBB-concern. De HEMA-directeuren Bart Spoorenberg, Jaap Lagerweij en Jan Kessels trakteren hun vertrekkende baas, de man die HEMA mede grootmaakte, op een ludiek afscheid. Verbaasde tv-kijkers zien op een avond tijdens de STER-reclame ineens drie huilende mannen iemand uitzwaaien, tissues in de hand. De commercial eindigt met een bekend deuntje. Maar in plaats van 'Echt HEMA', klinkt het deze keer: 'Dag Arie!'

Het is een grappig filmpje, maar ook een beetje misleidend, want Maas is niet écht weg. Hij vertrekt voor een jaar en zal daarna plaatsnemen in de raad van commissarissen van KBB. Vanuit die positie gaat hij toezicht houden op het beleid van zijn opvolger. Dat maakt het lastiger voor Henselijn om zijn eigen stempel op het concern te drukken. Het is sowieso al de vraag of hij daar wel geschikt voor is: Theo Henselijn staat bekend als iemand met liefde voor de winkels, maar niet als een groot strateeg. 'Henselijn is een echte warenhuisman, aan de operationele kant', zo omschrijft een bekende hem eens in NRC *Handelsblad*. 'Hij stond bij de drie Dwaze Dagen [van de Bijenkorf] het liefst 's ochtends vroeg bij de ingang van de winkel om te kijken hoe de klanten toestroomden. Hij ging dan alle filialen af en stond overal een uur lang tussen het personeel truien te vouwen.'

Het regime van Henselijn blijkt geen succes. Modeketens MS Mode en Amici blijken zwaar verliesgevend, Henselijn krijgt ze niet uit het slop. De resultaten van KBB storten in. Het helpt daarbij ook niet dat de KBB-directie onder zijn leiding naar een groot nieuw kantoor aan het Museumplein in Amsterdam verhuist, in die jaren de duurste kantoorlocatie van Nederland. De winkelketens die onder KBB vallen, houden hun hoofdkwartier wel in Amsterdam-Zuidoost.

Ruim een jaar na zijn aantreden moet Henselijn voor het eerst een winstwaarschuwing afgeven aan beleggers: over de eerste helft van 1996 zal KBB nauwelijks winst noteren. Binnen een halfjaar volgen nog twee winstwaarschuwingen; KBB stevent af op een miljoenenverlies. In het voorjaar van 1997 trekt Henselijn zich terug in een huis op Corsica. Officieel luidt het bericht dat de bestuursvoorzitter 'ziek thuiszit', hij zou last hebben van zijn suikerziekte. Maar insiders weten dat hij overspannen raakt. Henselijn kan de rol van topman niet aan, zo lijkt het. Het is aan de raad van commissarissen om snel een oplossing te vinden.

President-commissaris Rob Hazelhoff, voormalig topman van ABN Amro, belt Maas die zomer op in zijn vakantiehuis aan de Vinkeveense Plassen. Hazelhoff heeft dan al een tijdje gezocht naar een nieuwe topman voor KBB, maar zonder succes.

'Arie, wat moeten we doen? Wie moet het oplossen?'

'Eerlijk gezegd zie ik geen andere optie dan dat ik het zelf ga doen,' antwoordt Maas.

Dat dacht Hazelhoff ook al.

De opdracht die Maas van de commissarissen krijgt, is helder. Hij keert slechts voor een beperkte tijd terug. Hij moet twee dingen gaan doen: reorganiseren en een goede opvolger zoeken.

Op 28 augustus 1997 gaat het persbericht naar buiten: de 62-jarige Arie Maas keert terug als topman van KBB. De oude raad van bestuur treedt af, Maas gaat het hele concern voorlopig in zijn eentje leiden. Hij kondigt meteen een forse sanering aan: 3000 van de in totaal 24.000 werknemers verliezen hun baan, de meerderheid daarvan werkt bij MS Mode. De modeketen sluit 181 winkels in Duitsland en Maas gaat ook kijken naar het afstoten van een paar andere ketens die weinig aan de winst bijdragen.

Tijdens een inderhaast belegde persconferentie aan het Museumplein zegt Maas dat hij blijft zitten tot het bedrijf weer uit het slop is gehaald. 'Dat kan zes maanden duren, maar het kan ook zes jaar zijn,' bromt Maas. 'Ik hoop van niet, want het leven is wel lang, maar niet oneindig.'[4]

Niet lang daarna dient zich voor Maas een onverwachte uitweg aan, een manier om KBB zo op het oog in veilige handen over te dragen. In het zakenleven van de jaren negentig regent het grote overnames: de banken ABN en AMRO zijn gefuseerd, evenals NMB en de Postbank. Ahold is in de Verenigde Staten op overnamepad. Bankiers en advocaten beleven gouden tijden met het begeleiden van de ene na de andere deal. Tegen die achtergrond krijgt Maas in het najaar van 1997 een telefoontje van Jan-Michiel Hessels, bestuursvoorzitter van Vendex International, moederbedrijf van grote concurrent V&D. Hessels heeft een brutaal voorstel: wat nou als Vendex KBB in zijn geheel overneemt? HEMA, de Bijenkorf en V&D, alle Nederlandse warenhuizen, onder één dak brengen – is dat geen goed idee?

Maas vraagt bedenktijd. Hij weet dat het een controversieel voorstel is. 'Laat me erover nadenken. Ik bel over drie weken terug.'[5]

Het telefoontje van Hessels komt niet helemaal uit de lucht vallen, want Vendex en KBB zitten al jaren in elkaars vaarwater. Anton Dreesmann, de grondlegger van het Vendex-concern, bouwde in de jaren zeventig stiekem een aandelenbelang in KBB op, dat opliep tot 40 procent van alle aandelen. Hij was ineens veruit de grootste aandeelhouder. Toen KBB-topman Jack Bons daarachter kwam, voelde hij zich naar eigen zeggen 'een beetje aangerand'. Dreesmann bezwoer dat hij niet uit was op een volledige overname: hij probeerde KBB juist te behoeden voor een overname door een buitenlands bedrijf, beweerde hij. Niemand bij KBB geloofde dat. De plotselinge macht van Dreesmann werd destijds geneutraliseerd door zijn aandelenpakket in een aparte stichting te stoppen, waar zowel Dreesmann als Bons bestuurder van werd. Die stichting kon alleen bij unanimiteit meestemmen op aandeelhoudersvergaderingen. Zo kon Dreesmann zich alleen met het KBB-beleid bemoeien als Bons het daarmee eens was.

De macht van Dreesmann werd weer groter bij de redding van KBB in 1983. In ruil voor een storting van 40 miljoen gulden kreeg Dreesmann zijn aandelenpakket terug, plus een plek in de raad van commissarissen van KBB. Hij hoefde er alleen voor te beloven nooit meer dan 50 procent van de aandelen te zullen verwerven. Sindsdien voelde de samenwerking als een ongemakkelijke houdgreep: Dreesmann had KBB mede gered, maar kon jarenlang onbeperkt meekijken in de keuken van zijn grootste concurrent – en hij werd er nog voor betaald ook. In 1994 heeft Maas al eens voorzichtig met de Vendex-top over een mogelijke fusie gesproken, maar tot een samengaan is het toen niet gekomen.

Zoals altijd houdt Arie Maas woord. Hij belt Jan-Michiel Hessels drie weken later terug: hij wil opnieuw praten over een fusie. En hij wil ook wel vertellen waarom.

Allereerst, zegt Maas, wil hij gezegd hebben dat de cultuurverschillen tussen Vendex en KBB natuurlijk groot zijn. KBB is van oorsprong een Joods bedrijf, waar mensen al snel je en jij tegen elkaar zeggen en waar het vrolijk werken is. Vendex is van oorsprong katholiek en daarmee wat meer paternalistisch: het is meneer voor en meneer na, iedereen doet wat de directie van bovenaf oplegt. KBB is een kleurrijker bedrijf. Kijk alleen al naar de hoofdkantoren: KBB resideert in die villa aan het Museumplein, met prachtige schilderijen aan de muur. Vendex huist in 'De Klencke', een afzichtelijk nieuwbouwkantoortje in de wijk Buitenveldert, net buiten de ringweg A10. Twee zó verschillende bedrijven samenvoegen, dat is volgens hem vragen om moeilijkheden.

Maar volgens Maas zijn er twee belangrijke redenen om toch over een fusie te gaan praten. Allereerst is de voorzitter van de raad van commissarissen, oud-bankier Rob Hazelhoff, er een groot voorstander van. Niet zo gek ook: Hazelhoff was zelf de grondlegger van de fusie tussen ABN en AMRO, die in zijn ogen een groot succes is. Hij ziet er grote voordelen als twee grote Nederlandse ondernemingen hun krachten samenbundelen, in een concurrentiestrijd die steeds internationaler wordt. Als president-commissaris heeft Hazelhoff een belangrijke stem bij KBB.

Ten tweede is er nog altijd niet echt iemand in beeld die het zelfstandige KBB zou kunnen gaan leiden. Volgens Maas is er geen opvolger te vinden binnen KBB, lopen er geen geschikte figuren rond in de Nederlandse detailhandel, en een buitenlander de baas maken over het moederconcern van de oer-Hollandse HEMA en Bijenkorf is ook een slecht plan. En Maas mag dan tijdens zijn laatste persconferentie hebben gezegd dat hij desnoods nog zes jaar blijft zitten, zijn eigen huisarts heeft hem dat ernstig afgeraden. Maas wil liever niet dat de buitenwereld het weet, maar hij kampt met een pijnlijke hernia. Nog jarenlang een miljardenconcern leiden, met alle stress die daarbij komt kijken, is voor hem simpelweg niet haalbaar. Door KBB met Vendex te laten fuseren, kan Maas het slepende probleem van zijn eigen opvolging in één klap oplossen. Dat moeten ze maar eens verder gaan onderzoeken.

In alle stilte werken teams van beide bedrijven vanaf eind 1997 aan de mogelijke fusie, geholpen door een batterij financieel experts en advocaten. Ze onderzoeken welke voordelen eraan kunnen zitten. Bij de inkoop bijvoorbeeld: HEMA, de Bijenkorf en V&D zouden bepaalde artikelen samen kunnen gaan inkopen, dat scheelt fors in de kosten. Als alle Nederlandse warenhuizen één eigenaar hebben, hoeven ze elkaar niet meer te beconcurreren. Dat scheelt in de marketingkosten. Met een gezamenlijke omzet van 10 miljard gulden zou het fusiebedrijf bovendien groot genoeg worden om in andere Europese landen de concurrentie aan te gaan met Duitse en Franse winkelconcerns.

In de directiekamer van KBB krijgt de operatie de codenaam 'Lizard', door Arie Maas zelf vernoemd naar 'een plezierig eilandje voor de kust van Australië waar het goed toeven is' – Maas is een groot liefhebber van de Australische natuur. Bij Vendex heet de operatie ‘Nachtwacht’, naar de locatie van het KBB-hoofdkantoor tegenover het Rijksmuseum.

Op een avond rijdt Arie Maas samen met zijn vrouw Angelique naar de woning van Jan-Michiel Hessels in Wassenaar. De fusieplannen lijken steeds serieuzer te worden, en voor Maas is de tijd rijp om het belangrijkste onderwerp te bespreken: de toekomstige leiding over KBB. Hij mag dan overwegen het bedrijf samen met Vendex in één concern te schuiven, hij wil wel zeker weten dat dat concern goed geleid wordt. Hij ziet de toekomstige baas van het fusiebedrijf in zekere zin nog steeds als zijn opvolger. Even later zitten Maas en Hessels met een glas wijn in de Wassenaarse woonkamer. Hun echtgenotes zitten een kamer verderop.

‘We moeten het over de leiding gaan hebben,’ zegt Maas. ‘Wat zijn jouw plannen na de fusie? Blijf je zitten? En wat gebeurt er als jij plotseling omvalt, wie gaat het dan doen? Voor zover ik weet heb jij bij Vendex ook niemand klaarzitten die het bedrijf kan gaan leiden.’

Hessels kijkt Maas kalm aan. ‘Maak je geen zorgen,’ zegt hij. ‘Ik zal er in elk geval de eerste jaren in blijven zitten. Ik ga het voorlopig zelf doen.’

Maas is enigszins gerustgesteld. In Hessels heeft hij vertrouwen. Die heeft bij Vendex allang laten zien dat hij capabel is. Toch dringt hij erop aan een lijstje schaduwkandidaten door te nemen – kijken wie er allemaal zijn, voor het geval dat. Hessels vindt dat geen probleem. Ze lopen een aantal directieleden van Vendex langs, en een reeks directeuren van hun beider winkelketens. Al snel valt daarbij de naam van Ed Hamming, groepsdirecteur van V&D. Hessels en Maas zijn het erover eens: die is niet geschikt voor het leiden van een groot concern. Kort daarop rijden Maas en zijn vrouw weer terug naar huis in Amsterdam.

Op 9 februari 1998 maken Arie Maas en Jan-Michiel Hessels tijdens een persconferentie in het World Trade Center in Amsterdam bekend dat KBB en Vendex op korte termijn zullen fuseren. Althans, officieel noemen ze het een ‘fusie op basis van gelijkwaardigheid’;

in de praktijk neemt Vendex gewoon KBB over. Een imposante reeks bekende winkelketens komt plotseling in één concern samen: HEMA, V&D en de Bijenkorf, de modeketens MS Mode, Kreymborg en Amici, Praxis, Perry Sport, Prénatal, Hunkemöller, Claudia Sträter, Kijkshop, Dixons en nog een aantal andere merken. Vendex betaalt in totaal 1,7 miljard gulden voor alle aandelen KBB, de raad van bestuur van het fusiebedrijf zal bestaan uit drie Vendex-mensen en slechts één KBB-man. Als een reporter van het *Financieele Dagblad* ernaar vraagt, laat Maas zich ontglippen dat er bij KBB simpelweg geen goede bestuurders voorhanden waren: 'Wat moet ik dan? Ik kan niet omwille van de gelijkwaardigheid zomaar iemand van KBB naar voren schuiven.'[6]

Hij zegt er grappend achteraan dat er door het overschot aan Vendex-bestuurders in elk geval geen 'bloedgroepenstrijd' hoeft te ontstaan. Dat is een misrekening, want intern blijken de cultuurverschillen enorm. De eerste Vendex-managers die een kijkje nemen op het KBB-hoofdkantoor aan het Museumplein, vergapen zich aan de chique locatie en het feit dat 'aan elke wand een schilderij' hangt, zoals een van hen later zal zeggen.

Ook bij de presentatie van de fusie aan het personeel van de twee hoofdkantoren, gehouden op De Klencke, botst het. Terwijl de Vendex-medewerkers rustig aan koffie en een stuk taart zitten, begint een aantal KBB'ers aan een klezmerdansje. De mensen van Vendex, zo veel vrolijkheid niet gewend, kijken eerst wat ongemakkelijk toe. Na een tijdje bewegen ze aarzelend wat mee.

Formeel komt de fusie in november 1998 helemaal rond. Arie Maas is een paar maanden eerder vertrokken als baas van KBB. Hij is nu echt met pensioen. Hij is ervan overtuigd dat de fusie voor de toekomst van KBB het beste is: samen met Vendex ontstaat er een stevig winkelbastion, groot genoeg om de concurrentie aan te kunnen met Europese concurrenten. Ook zijn geliefde HEMA heeft een veilig onderkomen in het nieuwe fusiebedrijf.

Niemand weet op dat moment dat het heel anders zal lopen. In plaats van een sterk bastion, hebben Maas en Hessels een ideale prooi gecreëerd. Een lekker hapje voor een geheel nieuw type jagers.

4
Een vervelend briefje

Normaal gesproken zijn er best wat HEMA-filialen die op zondag dicht zijn, maar op zondag 28 oktober 2001 zitten alle 250 winkels in Nederland en België stampvol. Niet met klanten, maar met uitgelaten personeelsleden. Overal zijn medewerkers op deze dag naar hun filiaal gekomen voor een speciale champagnebrunch. Een glaasje bubbels, lekkere broodjes, salades, fruit: het team dat het feestmaal voor alle HEMA's heeft voorbereid, heeft zich niet ingehouden. Ook op het hoofdkantoor in Amsterdam-Zuidoost zitten de medewerkers al vroeg aan de Moët met een broodje zalm. Vandaag draait het voor één keer niet om de klanten, vandaag draait het om hen. Vandaag bestaan ze 75 jaar.

Nou ja, HEMA bestaat 75 jaar natuurlijk, maar dat is bijna hetzelfde. Eigenlijk is het al anderhalve maand feest. In de Beurs van Berlage in Amsterdam draait sinds september de tentoonstelling 'Tussen trend en tompoes', waarin 75 gedenkwaardige artikelen uit de HEMA-historie van een verhaal zijn voorzien. In de winkels is een fotowedstrijd van start gegaan, waar klanten mooie prijzen kunnen winnen. Er is een speciale jubileumfolder rondgestuurd, er is een speciaal jubileumboek uitgegeven: *75 jaar echt HEMA*. Klanten kunnen het boek voor 7,50 gulden kopen, maar achter in het boek zit een waardebon van 7,50, dus zolang ze maar HEMA-klant zijn is het in feite gratis.

Maar het absolute hoogtepunt, voor de tienduizend medewerkers althans, vindt vanmiddag plaats in het Gelredome. Bij elk filiaal staat een bus klaar om de medewerkers na het ontbijt naar het stadion in Arnhem te vervoeren. Als je ze allemaal achter elkaar zet, rijdt er vandaag vijf kilometer aan bussen uit alle hoeken van de Benelux richting het Gelredome. In veel bussen is het al meteen na vertrek oud-Hollands gezellig: mensen kletsen, lachen, zingen, hier en daar gaan al stiekem wat biertjes rond.

Natuurlijk is de sfeer goed. Het gaat uitstekend met HEMA. In het eerste halfjaar van 2001 is de omzet weer flink gestegen, zoals altijd eigenlijk. Ze verkopen nu zo veel tompoezen dat het weinig scheelt of elke Nederlander eet één tompoes per jaar. 'HEMA is hot,' in de woorden van directeur Dirk Goeminne, een Vlaming die in 1997 de HEMA-directie is binnengekomen.[1] De werknemers zijn er zelfs achter gekomen dat Nederland misschien iets té veel van HEMA houdt. Vanwege het 75-jarig jubileum is er al in het voorjaar een spaaractie gestart: bij elke vijftien gulden aan boodschappen krijgen klanten een zegel. Bij twaalf zegels is de bijbehorende spaarkaart vol, en krijgen klanten vijf gulden korting op hun volgende aankopen. Maar de klanten zijn zo veel spaarboekjes vol gaan plakken, dat HEMA miljoenen guldens op de actie begon te verliezen. De actie is daarom noodgedwongen eerder stopgezet. Het hielp ook niet dat klanten de kans kregen om hun spaarboekjes tot na 1 januari 2002 te bewaren, om dan in plaats van vijf gulden, vijf euro korting te ontvangen (na oudjaar wordt de nieuwe munt ingevoerd). Hierdoor hadden klanten mogelijk voor 10 miljoen euro aan korting op hun keukentafels liggen.

Het Gelredome blijkt helemaal vol te liggen met rood-wit-blauwe ballonnen, 90.000 stuks om precies te zijn. Op de stoelen liggen feestlichtjes met batterijen ernaast, die de medewerkers er zelf nog even in moeten doen. Niet veel later, het is inmiddels donker, is het hele stadion gevuld met meer dan tienduizend lichtjes. Wat zich de rest van de avond afspeelt is, in de woorden van een van de aanwezigen, 'het feest der feesten'. Angela Groothuizen presenteert. Guus Meeuwis treedt op, Lee Towers, René Froger – PSV, Feyenoord en Ajax bij elkaar, wie doet dat HEMA na? Het grootste applaus klinkt misschien wel als Karin Bloemen het podium betreedt. Ze is gekleed in de jurk waarin ze ook in het jubileumboek heeft geposeerd: een rood-wit-blauwe jurk, gemaakt van plastic HEMA-tasjes. Het wordt een feest om nooit te vergeten. Letterlijk: omdat er zo veel lyrische reacties binnenkomen, besluit de organisatie na afloop om de speciaal opgenomen compilatievideo naar alle medewerkers op te sturen.

Na de fusie tussen Vendex en KBB is voor de meeste HEMA-werknemers niet veel veranderd. Hier en daar heeft de nieuwe hoofddirectie wel geprobeerd om HEMA, de Bijenkorf en V&D vaker gezamenlijk spullen te laten inkopen, zodat ze kosten konden besparen, maar in de praktijk is daar weinig van terecht gekomen. Net als vroeger is HEMA een grotendeels zelfstandig opererend bedrijf gebleven.

Eén frustratie is ook gebleven: de jaarwinsten van HEMA worden door de hoofddirectie deels gebruikt om elders in het concern gaten op te vullen. Hielden ze vroeger voornamelijk de Bijenkorf overeind, sinds de fusie profiteert met name het al jaren kwakkelende V&D van de winstgevendheid van het nieuwe zusterbedrijf. Veel van het geld dat bij HEMA overblijft, gebruikt de Vendex KBB-directie voor het vernieuwen van de V&D-warenhuizen. Niet dat de bijna 11.000 werknemers van HEMA zich daar echt druk over maken trouwens, want ze hebben het goed. Ze werken onder een goudgerande cao: volgens directeur Goeminne verdienen mensen bij HEMA 15 tot 20 procent beter dan hun collega's bij Blokker of Kruidvat. Ze delen mee in het succes, zo simpel is het. Ook in de eerste jaren van het nieuwe millennium blijven daarom veel mensen lang bij HEMA werken: het aantal 'zilverlingen', mensen die vijfentwintig jaar in dienst zijn, neemt elk jaar toe. Voor deze mensen organiseert de directie jaarlijks een festijn, een reünie waar ook alle gepensioneerde zilverlingen mogen komen. Net als in het Gelredome zijn dat feesten met vrolijke optredens van bekende artiesten, met eten in overvloed. En drinken ook. De gratis treinkaartjes die de gasten krijgen, zodat ze met het openbaar vervoer naar huis kunnen, zijn bepaald geen overbodige luxe.

Maar zo goed als het met HEMA gaat, zo moeizaam draait het nieuwe fusieconcern Vendex KBB. Beleggers blijken maar weinig vertrouwen in het bedrijf te hebben, waardoor de beurskoers al kort na de fusie in een vrije val is geraakt. In het jaar 2000 daalde de koers van 26 naar 14 euro per aandeel. Begin 2001 is Vendex KBB uit de AEX-index van belangrijkste Nederlandse bedrijven gehaald, wat voor de bedrijfstop een vernederende ervaring is. Vendex KBB behoort officieel niet meer tot het rijtje van nationale bakens als Philips, Shell, Unilever of Heineken.[2] Beleggers blijken de toegevoegde waarde van het samengaan van Vendex en KBB nauwelijks in te zien. Het is een samenraapsel van 25 verschillende winkelketens waar maar weinig onderlinge samenhang in zit. En V&D, het bedrijf dat min of meer de naamgever van het nieuwe concern is en door de buitenwereld nog altijd als hét uithangbord wordt gezien, draait dramatisch. Beleggers lijken wel eens te vergeten dat het concern buiten V&D eigenlijk best waardevol is – kijk maar naar HEMA.

Het is ook steeds meer de vraag of beleggers wel vertrouwen hebben in de mannen die Vendex KBB besturen. Dat blijkt wel tijdens de jaarlijkse aandeelhoudersvergadering, die een halfjaar na het feest in het Gelredome plaatsvindt.

Op 15 mei 2002, precies om halfelf in de ochtend, zitten tientallen aandeelhouders, journalisten en fotografen klaar in Hotel Okura in Amsterdam-Zuid voor de jaarvergadering van Vendex KBB. Het is toevallig de dag van misschien wel de meest beladen Tweede Kamerverkiezingen in de geschiedenis. Negen dagen eerder is op het Mediapark in Hilversum LPF-lijsttrekker Pim Fortuyn vermoord.

Het fusieconcern wordt nu geleid door het duo Ed Hamming en Marcel Smits. Hamming heeft het roer bij Vendex KBB bijna twee jaar eerder overgenomen van Jan-Michiel Hessels. Die hield het kort na de fusie, ondanks zijn eerdere beloftes, toch voor gezien. Hessels vond dat zijn werk erop zat, Hamming nam de voorzittershamer maar wat graag van hem over. Hij kende het bedrijf door en door, werkte op De Klencke al tien jaar als rechterhand van Hessels. Als ergens in het bedrijf stevig gereorganiseerd moest worden, dan stuurde Hessels altijd zijn mededirectielid Hamming erheen. Hamming saneerde dochterbedrijven als postorderbedrijf Keurkoop en het Nederlands Talen Instituut, en begin jaren negentig wist hij de warenhuizen van V&D weer winstgevend te krijgen.

Hamming is veel minder een *old boy* dan zijn voorganger. Hij komt uit Nijverdal, groeide op boven de winkel van zijn vader en maakte daarna carrière binnen de detailhandel. Hij snapt hoe een winkel eruit moet zien, hoe je de boel voor klanten aantrekkelijk maakt, hij is een echte winkelman. Hij is minder, zoals Hessels, een strateeg. Het financiële spel van bedrijven kopen en verkopen, samenvoegen, dat ligt hem niet. Hij voelt zich ook veel minder op zijn gemak in de spotlights. Van publieke optredens krijgt hij pijn in zijn buik. Hij leest zijn spreekbeurten voor van briefjes, geeft nauwelijks antwoord op vragen van journalisten en zijn Engels is niet om over naar huis te schrijven. Een journalist fluistert na een persconferentie zelfs eens tegen de persvoorlichter dat hij medelijden heeft met Hamming.

Hamming is een beetje een man van de oude stempel. Hij komt nog wel eens in blauwe double-breasted pakken naar zijn werk, wat hem intern de bijnaam Captain Iglo oplevert. Zijn werkkamer staat blauw van de rook, op drie plekken staan asbakken, al zegt hij zelf altijd sussend dat hij zijn sigaretten maar half oprookt.

Financieel directeur Marcel Smits is de tegenpool van de nieuwe bestuursvoorzitter. Smits voelt zich veel meer op zijn gemak tijdens spreekbeurten, en hij voelt zich thuis in de financiële wereld. Na zijn studies economie en bedrijfsrecht reisde Smits jarenlang de wereld rond als marketeer en financieel expert bij Unilever. In die rollen heeft hij zich volop bewezen. Hij is begin veertig en heeft de kennis, ervaring, sociale vaardigheden én het netwerk om succesvol te kunnen zijn binnen de bestuurskamer van een groot concern.

Als Smits en Hamming de zaal in kijken, kort voordat de jaarvergadering begint, weten ze dat het een onstuimige middag kan worden. Ook Harrie Langman weet dat, de president-commissaris van Vendex KBB en voormalig minister van Economische Zaken. Ze weten dat dit geen gewone vergadering wordt.

Een kleine maand eerder is op De Klencke namelijk een vervelend briefje in de bus gevallen. Het schrijfsel was gericht aan de top van Vendex KBB en bleek opgesteld door de Amerikaanse belegger Guy Wyser-Pratte. Al sinds een halfjaar, zo schreef hij vanuit New York, was hij bezig met het kopen van aandelen Vendex KBB. Wyser-Pratte bezat inmiddels zo'n 2 miljoen stuks, iets meer dan 2 procent van het totaal. Volgens hem was het aandeel Vendex KBB zwaar ondergewaardeerd, en dat was de schuld van het bedrijf zelf. Om precies te zijn, zo schreef Wyser-Pratte, kwam het door de idiote beschermingsconstructie die een derde van alle Nederlandse beursbedrijven heeft tegen vijandige overnames. Alle aandelen Vendex KBB zijn ondergebracht in een zogeheten Stichting Administratiekantoor, formeel kopen beleggers slechts certificaten op de aandelen zelf. Zo kunnen de beleggers wel geld in Vendex KBB steken en speculeren op een koersstijging, maar in ruil daarvoor krijgen ze geen enkele zeggenschap: het stemrecht tijdens aandeelhoudersvergaderingen ligt bij het bestuur van de Stichting Administratiekantoor.

Het zal best een succesvolle manier zijn om een vijandige overname te voorkomen, schreef Wyser-Pratte, maar volgens hem schrikt het ook beleggers af. Buitenlandse beleggers begrijpen er sowieso niks van. Zonder die constructie zou de koers van Vendex KBB zeker twintig procent hoger liggen. Oftewel: als aandeelhouder werd hij benadeeld. Die constructie moest worden opgeheven, schreef hij in zijn brief. En waarom dat is, dat zou hij tijdens de jaarvergadering van 15 mei hoogstpersoonlijk komen toelichten.

Wyser-Pratte is, zoals ze dat noemen, een '*corporate raider*'. Zulke ondernemers kopen aandelen van bedrijven die kampen met een lage beurskoers, maken daarover zo veel mogelijk herrie, zetten de bestuurders onder druk om besluiten te nemen die de koers snel doen opdrijven, en proberen de aandelen daarna weer met winst te verkopen. In Amerika is het al sinds de jaren tachtig een bekend fenomeen, maar in Nederland zijn zulke corporate raiders vrijwel onbekend. In de jaren tachtig heeft een Noorse raider eens geprobeerd om onrust te stoken bij Nedlloyd, maar dat mislukte. Nederlanders kennen dit soort praktijken eigenlijk alleen uit de film *Wall Street* uit 1987, waarin hoofdrolspeler Gordon Gekko (gespeeld door Michael Douglas) tijdens een aandeelhoudersvergadering betoogt dat bedrijven zo veel mogelijk winst voor de aandeelhouders moeten creëren, onder het motto '*greed is good*'.

Maar de tijden lijken te veranderen. Precies een jaar voor de brief van Wyser-Pratte, in het voorjaar van 2001, heeft een club anonieme buitenlandse investeerders geprobeerd om de beschermingsconstructie bij het beursgenoteerde familieconcern Heineken op te blazen. Freddy Heineken zette die club vakkundig buitenspel, door tijdens de aandeelhoudersvergadering eerst een hele reeks aandeelhouders het woord te geven die niets dan lof voor het bierconcern overhadden.

Nu is Vendex KBB kennelijk aan de beurt. Na een uur waarin bestuursvoorzitter Ed Hamming de resultaten over 2001 toelicht, krijgt Guy Wyser-Pratte de microfoon. De aanwezigen zien een lange man in een ruimzittend pak, met achterovergekamd grijs haar en een stevig Amerikaans accent. Precies het type dat ze verwacht hadden, eigenlijk.

'*Ladies and gentlemen*. Op de dag waarop de Nederlanders een nieuw parlement kiezen, kunnen wij als aandeelhouders niet stemmen op deze vergadering,' zegt Wyser-Pratte. 'Ik voel me alsof ik hier in Beijing ben, in plaats van in Amsterdam. Met het opheffen van deze constructie, een uniek Nederlands anachronisme, maakt het aandeel een sprong van twintig procent. Buitenlandse beleggers noemen dit *the Dutch discount*. Ik noem het de *social tax* die Vendex KBB haar aandeelhouders laat betalen.' Hij roept de bedrijfstop op om ter plekke de aandeelhouders meer stemrecht te geven: 'Mijn advocaten zeggen dat dit kan.'

President-commissaris Harrie Langman, die zoals gebruikelijk de vergadering voorzit, neemt het woord. Hij doet wat alle Nederlandse topmannen in deze jaren zouden doen: hij wijst het voorstel vriendelijk af en is niet van plan om er uitvoerig op in te gaan. 'Het Vendex-concern is op deze manier zeven jaar geleden naar de effectenbeurs gegaan,' zegt Langman. 'Verklaring twee is dat we de constructie een nuttige constructie vinden en ten slotte voelen we ons er prima bij. Er ligt op dit moment een wetsvoorstel rond de certificering van aandelen in de Tweede Kamer. Ik stel voor dat we de behandeling daarvan afwachten. Wie kan ik nu het woord geven?'

Maar Langman blijkt daar niet zo makkelijk mee weg te komen. 'Nee, u moet niet wegkruipen onder de rokken van politici,' antwoordt de Amerikaan. 'Wie weet wat die zullen besluiten, en wanneer? De aandeelhouders zijn de enige betrokkenen bij bedrijven die niet worden beschermd door een contract. Ze zijn dus geheel op u aangewezen, zeker als ze geen stemrecht hebben.'

En dan gebeurt er iets opmerkelijks: Wyser-Pratte blijkt uit alle hoeken steun te krijgen. Een groot aantal beleggers eist ineens dat Vendex KBB zich veel meer gaat richten op de financiële belangen van de aandeelhouders, in plaats van zich druk te maken om bescherming tegen een overname. 'De meeste pensioenfondsen hebben Vendex KBB al verlaten vanwege die certificering,' zegt de afgevaardigde van pensioenfonds ABP. 'U zegt net met een glimlach dat als over het voorstel van de heer Wyse-Pratte zou worden gestemd, alle vingers hier omhoog zouden gaan. Maar u gaat er niet op in,' valt de voorzitter van de Vereniging van Effectenbezitters (VEB) hem bij. 'Mijn vraag is: wat voor redenen kunt u hebben die certificering niet af te schaffen?'

Naast Wyser-Pratte staan steeds meer aandeelhouders op. Achter de tafel blijft Langman verbijsterd uitleggen dat het bij Vendex KBB niet alléén om de aandeelhouders draait. Ed Hamming en Marcel Smits zien de discussie zwijgend aan. Tegen twee uur 's middags heeft Langman het gehad. Hij merkt cynisch op dat de vergadering, als het zo doorgaat, straks geschorst moet worden 'om van de avondmaaltijd gebruik te maken.'

Kort daarna is de vergadering afgelopen. Harrie Langman laat nog één keer merken hoezeer de on-Nederlandse aanval de bedrijfstop geraakt heeft: 'Ik wil hier toch wel de indruk wegnemen dat we met deze directie te maken hebben met klungels,' zegt hij als hij de vergadering afsluit. ‘Ze hebben het afgelopen jaar keihard gewerkt. Ik begin echt genoeg te krijgen van het gemopper van enkele vervelende mensen. Het is ook nooit goed. Het is maar goed dat ik volgend jaar wegga uit de raad van commissarissen.’

In het zaaltje in het Okura zijn op dat moment een paar dingen duidelijk geworden. Eén: veel aandeelhouders zijn ontevreden met de prestaties van het nieuwe fusieconcern. Twee: Vendex KBB heeft onverwacht de interesse gewekt van buitenlandse investeerders die geld zien in de lage beurskoers. En drie: de bedrijfstop heeft geen idee hoe ze daarmee moet omgaan.[3]

5

KKR

Wat tijdens de tumultueuze jaarvergadering in het Hotel Okura bijna niemand weet, is dat financieel directeur Marcel Smits al een halfjaar eerder aan tafel heeft gezeten met een partij die nog veel beruchter is dan Guy Wyser-Pratte.

Het is september 2001 als Smits voor het eerst het Solow Building aan West 57th Street in Manhattan binnenloopt. De zwart-witte wolkenkrabber kijkt aan de ene kant uit over Central Park, aan de andere kant is de Trump Tower van Donald Trump te zien, in die jaren nog een bekende vastgoedondernemer. Het voelt heel gek om in New York te zijn, een week na de aanslagen van 11 september. Het lijkt banaal om nu met New Yorkers te gaan praten over de prestaties en vooruitzichten van een Nederlands winkelconcern. Maar de *roadshow* langs een aantal aandeelhouders en analisten van Vendex KBB stond nu eenmaal in de agenda, dus Smits is naar New York gegaan.

Op de 42ste verdieping stapt Smits uit de lift. Hier bevindt zich het kantoor van Kohlberg Kravis Roberts & Co., kortweg KKR. Smits heeft er een afspraak met Todd Fisher, een begindertiger en een van de ambitieuze en aanstormende partners bij KKR. Een man met kortgeknipt donker haar en een sikje, die tijdens het praten vaak een wat nerveuze indruk maakt. Volgens sommigen lijkt hij een beetje op Robert De Niro in de misdaadklassieker *Heat*. Fisher geeft normaal gesproken leiding aan het Londense kantoor van

KKR, dat drie jaar eerder geopend is, en overziet sindsdien de investeringen van KKR in Europa.

Want dat is wat KKR doet: met geld van investeerders bedrijven opkopen en die een paar jaar later weer met winst doorverkopen.

Het hele kantoor straalt een kalm soort luxe uit. Marmeren vloeren, Perzische kleden, mahoniehouten deuren en bureaus, met goud beslagen deurknoppen. Aan de muur hangen schilderijen met bordjes waarop de kunstenaar en het jaartal vermeld staan, als in een museum. Er hangt een Monet, een Renoir.

Fisher neemt Smits mee naar zijn kantoor. Een paar weken eerder heeft Fisher de financieel directeur van Vendex KBB vanuit Londen opgebeld, en hij wil graag uitleggen waarom. De afgelopen jaren heeft KKR in Groot-Brittannië een aantal bedrijfsovernames gedaan, en volgens Fisher is de tijd rijp om uit te breiden naar het Europese vasteland. Samen met een paar collega's heeft hij een analyse gemaakt van Europese bedrijven waar veel potentiële waarde in zit, maar waarvan de beurskoers relatief laag staat. Zulke bedrijven zouden voor KKR een interessante overnameprooi kunnen zijn.

'Vendex KBB is op onze radar gekomen,' zegt Fisher. 'Jullie zijn beursgenoteerd en de koers is laag.'

Marcel Smits is niet verbaasd. Dat weet hij zelf ook wel. Smits weet ook dat dit precies is wat KKR al jaren doet. Bestuurders van grote beursgenoteerde bedrijven proberen te verleiden tot een overname, daarna in zo kort mogelijke tijd de waarde opkrikken en weer doorverkopen. In de financiële sector is het een tak van sport die eind jaren zeventig vanuit het niets is opgekomen. KKR, het bedrijf waar hij nu mee aan tafel zit, is er zelf de uitvinder van.

Het is allemaal begonnen met de overname van het conglomeraat Houdaille Industries uit Florida, in het voorjaar van 1979. De directie van Houdaille heeft het dat jaar lastig. Een aantal bedrijven uit het conglomeraat draait verlies. De directievoorzitter staat na jaren op het punt van vertrekken en de toekomst is onzeker. Beleggers speculeren erop dat er grote veranderingen aanstaande zijn: de beurskoers schiet op en neer.

Op dat moment melden de jonge zakenbankiers Henry Kravis en George Roberts zich aan de poort. Een paar jaar eerder zijn ze samen met de veel oudere Jerome Kohlberg een bedrijf begonnen op Wall Street, dat ze KKR hebben genoemd. De interne verhoudingen liggen zo dat de flamboyante New Yorker Kravis het land doorstruint op zoek naar mogelijke deals, met Jan en alleman gesprekjes en onderhandelingen voert, en dat George Roberts de financiële kant van de zaak doet. Kohlberg opereert meer op de achtergrond. De Houdaille-directie ontvangt een kort briefje: of Houdaille misschien interesse heeft in een, zoals Kravis en Roberts het dan nog noemen, '*leveraged buyout*'. Vrij vertaald: een 'overname met geleend geld'.

Niet veel later vliegt het duo naar Florida om de directie hun plannetje uit te leggen. KKR zal, samen met de directie van Houdaille, alle aandelen van het bedrijf overnemen – ze halen Houdaille daarmee van de beurs. Ze zullen voor de aandelen meer dan twee keer de huidige koers betalen, dus geen aandeelhouder zal over hun aanbod twijfelen. De Houdaille-directie mag daarna gewoon blijven zitten, met één verschil: ze zijn verlost van de druk van de beurskoers.

Het overgrote deel van het geld dat ze voor die actie nodig hebben, lenen ze bij banken, vertelt Kravis. Dat levert uiteraard een schuld op, die moet worden terugbetaald. De schuld komt voor rekening van het overgenomen bedrijf: de bankleningen komen als schuld in de boeken van Houdaille te staan.

De directie vraagt of dat niet gevaarlijk is voor het bedrijf: Houdaille zal na de buy-out miljoenen dollars aan aflossingen en rentelasten aan de bank moeten betalen. Kravis en Roberts hebben daarop hun antwoord klaar: die rentelasten zijn namelijk aftrekbaar voor de belasting. Het is een boekhoudkundige truc, leggen ze uit. Aan de voorkant komt er straks evenveel geld binnen als altijd. Houdaille noteert nu aan het eind van het jaar een winst van enkele miljoenen, en betaalt daarover 34 procent winstbelasting. Maar na de buy-out zal Houdaille diezelfde winst gebruiken om de rentelasten te betalen en de bankschuld in rap tempo omlaag te brengen. Op papier blijft daardoor vrijwel geen winst meer over, zodat Houdaille ook geen winstbelasting meer hoeft te betalen. 'Oftewel: dezelfde stroom bedrijfsinkomsten zou ineens goed zijn voor een extra 30 tot 40 procent aan cash, die Houdaille in staat zou stellen om de massieve schuld aan te pakken – met dank aan de Amerikaanse fiscus,' zo vat *The Washington Post* de truc later samen.[1]

Na een jaar of vier, vijf zullen ze Houdaille weer verkopen, zeggen Kravis en Roberts. Stel dat het bedrijf dan nog exact evenveel waard is als de prijs waarvoor ze het nu kopen. Door het aflossen van de bankschuld blijft dan ineens een flink bedrag aan cash over. Dat geld is de winst voor KKR en de Houdaille-directie. Ze kunnen binnen een paar jaar miljoenen dollars verdienen, rekenen ze voor. '*You can have your cake and eat it, too*,' zegt Henry Kravis.

Kort daarop haalt KKR samen met de directie het Houdaille-concern van de beurs, voor 390 miljoen dollar. Vrijwel al het benodigde geld lenen ze van banken.

De overname van Houdaille blijkt het startschot voor een financiële hausse die de wereld niet eerder gezien heeft. Wall Street, het financiële hart van de VS, stort zich in de jaren daarna massaal op het nieuwe fenomeen van de leveraged buyout. 'De documenten rond die deal werden opgepikt door elk bedrijf op Wall Street,' zegt een zakenbankier later. 'We zeiden allemaal: "*Holy shit*, moet je nou eens kijken!"'[2]

In de loop van de jaren tachtig wordt het ene na het andere Amerikaanse bedrijf van de beurs gehaald. Aan het eind van het decennium zijn in totaal 2.597 buy-outs volbracht. Met die deals zijn vele honderden miljarden dollars gemoeid. De helft van álle beursgenoteerde bedrijven in de VS ondervindt in de jaren tachtig een overnamepoging door zakenbankiers die samen optrekken met de zittende directie. Vaak gaat het om heel grote concerns: van de vijfhonderd allergrootste bedrijven die in 1980 samen de Fortune 500 vormen, is tien jaar later een kwart van de beurs gehaald.[3]

De overnamehausse heeft zo veel impact op de Amerikaanse economie dat onderzoekers later zullen concluderen dat hiermee een einde komt aan de afnemende ongelijkheid in de vs sinds de Tweede Wereldoorlog.[4] Een klein clubje snelle jongens op Wall Street vergaart ineens vermogens van honderden miljoenen dollars, in hun kielzog nemen ze duizenden zakenbankiers, advocaten en bedrijfsbestuurders mee. Iedereen die bij de overnames betrokken is wordt steenrijk. En dat is precies het doel, zegt een Nederlandse zakenbankier later: 'Zakenbankieren draaide om zo veel mogelijk geld verdienen. Wat er gebeurde met de werknemers van overgenomen bedrijven die opgesplitst of doorverkocht werden, interesseerde niemand.'[5]

Het is zoals de Dire Straits in 1985 zingt: *Money for nothing, and the chicks for free.* En Jerome Kohlberg, Henry Kravis en George Roberts zijn de grootsten, met afstand. Aan het eind van de jaren tachtig heeft KKR een imperium opgebouwd van 35 miljardenbedrijven. Samen zijn ze 59 miljard dollar waard.[6] 'Als je op de vingers van één hand de mensen zou moeten noemen die de grootste invloed hebben gehad op het Amerikaanse kapitalisme in de tweede helft van de twintigste eeuw, dan zitten deze drie erbij,' zegt de investeringschef van een groot pensioenfonds in die tijd.[7]

In 1989 staan ze ook alle drie op de *Forbes* 400-lijst van rijkste Amerikanen. Hun geschatte privévermogen bedraagt 1,1 miljard dollar. En met name Henry Kravis is niet bang om die rijkdom te laten zien. Hij koopt een appartement van 5 miljoen dollar aan Park Avenue, en zeker vier buitenhuizen. Hij loopt in zijn vrije tijd in kasjmieren sweaters van 825 dollar per stuk. Hij paradeert als een koning op feestjes van de New Yorkse jetset, wat hem – ook vanwege zijn geringe lengte – de bijnaam '*the lil' king*' oplevert. Hij laat het KKR-kantoor en zijn eigen appartement in New York volhangen met achttiende-eeuwse schilderijen. Om het grootste schilderij, een werk van 1 miljoen dollar door portretschilder John Singer Sargent, zijn huis in te krijgen, moet Park Avenue een tijdje worden afgezet. Het schilderij moet met een kraan via het raam naar binnen getakeld, want het past niet door de deur.[8]

De aanpak die de mannen van KKR bij hun buy-outs hanteren, is altijd dezelfde. Alles begint met het meekrijgen van het zittende management: dat moet het idee krijgen dat de buy-out een heel goed idee is. Jullie zijn onze partners in dit proces, zeggen Henry Kravis en George Roberts dan. Ze benadrukken dat de directie na de overname alle vrijheid behoudt om het bedrijf te leiden. 'Onze houding is: jullie runnen de business, wij helpen met de financiering,' legt Kravis eens uit. 'Wij weten niet hoe je een bedrijf moet runnen. We zouden het alleen maar verkloten als we het zouden proberen.'[9]

Eén ding is bij elke overname cruciaal: de financiering van de deal. Het merendeel van het benodigde geld, grofweg twee derde van het totaal, haalt KKR op bij banken. De rest legt KKR zelf in. Althans: dit geld komt uit het investeringsfonds van KKR. Het overgrote deel van het geld in dat fonds is niet van Kohlberg, Kravis en Roberts zelf, maar komt van investeerders die hun geld aan ze toevertrouwen, in de hoop dat zij er méér geld van zullen maken. Deze investeerders kunnen rijkelui zijn, maar in de vroege jaren tachtig ontdekken Kravis en Roberts ook een andere, bijna oneindige bron van investeringsgeld: pensioenfondsen. Die groeien al snel uit tot de belangrijkste financiers van KKR. Ambtenarenpensioenfondsen van staten als Oregon, Michigan en Washington leggen miljarden dollars in de fondsen die KKR mag gebruiken om andere bedrijven mee over te nemen. KKR noemt deze investeerders de *limited partners*. Ze hebben geen enkele zeggenschap over de bedrijven die KKR koopt en verkoopt, maar profiteren wel mee bij goede deals.

Dat KKR al die overnames voor het overgrote deel financiert met geld van anderen, leidt ertoe dat *other people's money* op Wall Street een gevleugeld begrip wordt. Iedereen kan heel snel rijk worden – met behulp van andermans geld. Journalist George Anders, die een boek over KKR schreef, formuleerde dat zo: 'Kravis, Roberts en Kohlberg linkten simpelweg andermans geld met andermans management. Als handelaren in schuld konden ze de controle krijgen over de aandelen van een gigantisch bedrijf, en een fors deel van de uiteindelijke winsten pakken, bijna zonder zelf enige kosten te maken. Het enige wat ze nodig hadden was de onbeschaamdheid om deze combinaties van geleend geld en geleend management voor te stellen en uit te voeren.'[10]

Na de overname van een bedrijf draait alles om het binnenhalen van zo veel mogelijk inkomsten. Hoe groter de cashflow, hoe meer geld er beschikbaar is om snel de bankschulden mee af te betalen – en hoe meer geld er voor KKR overblijft bij de verkoop. Kravis en Roberts sturen daarom na een overname hun jonge medewerkers naar het bedrijf, om uit te vinden waar snel geld te vinden is. Zijn er verlieslatende afdelingen die gesloten kunnen worden? Is er een succesvol dochterbedrijf dat kan worden doorverkocht? Is er vastgoed in bezit? Moet het hele bedrijf misschien worden opgeknipt en in delen doorverkocht? Alles is mogelijk, benadrukken Kravis en Roberts altijd. Zelfs als het oude bedrijf helemaal verdwijnt, is dat geen probleem. 'Je moet nooit ergens verliefd op worden, behalve op je vrouw en kinderen,' zegt Roberts daarover.

De mannen van KKR vertrouwen erop dat de directies precies doen wat zij willen, dat de directie er ook alles aan doet om de cashflow zo hoog mogelijk op te krikken. De directieleden hebben daar zelf groot belang bij, want ze hebben bij de overname zelf ook steevast een aandelenpakket gekregen. Kravis en Roberts doen dat heel bewust. 'Als een manager zijn eigen geld geïnvesteerd heeft, als het zíjn bedrijf is, dan komt hij 's ochtends iets eerder binnen,' zegt Kravis daarover. 'Hij denkt iets harder na over de uitgaven. Heeft hij die limousine en dat vliegtuig van de zaak echt nodig?'[11]

Elke leveraged buyout eindigt, als het goed is, met de doorverkoop van het bedrijf. Of zoals de mannen van KKR het noemen: de exit. Het is nooit de bedoeling om bedrijven heel lang in bezit te houden. 'Hoe langer je ze vasthoudt, des te lager je rendement wordt,' zegt Kravis in een interview.[12] Binnen vijf tot maximaal zeven jaar moet het overgenomen bedrijf weer zijn verkocht. Meestal lukt dat.

Op het moment dat Marcel Smits in New York zijn tweede kop koffie krijgt ingeschonken, is KKR aan een opmerkelijke comeback bezig. Meer dan tien jaar lang heeft de markt voor leveraged buyouts zo goed als stilgelegen. De hype is begin jaren negentig weer net zo snel verdwenen als hij gekomen was.

Voor een deel zijn de mannen van KKR daar persoonlijk schuldig aan. De grootste overname die ze in de jaren tachtig uitvoeren, leidt tot publieke walging. In het najaar van 1988 halen ze RJR Nabisco van de beurs, een miljardenconcern dat voedingsmiddelen en sigaretten produceert. Het concern is onder meer eigenaar van de razend populaire Oreo-koekjes en sigarettenmerk Camel. KKR koopt RJR Nabisco voor ruim 25 miljard dollar, op dat moment met afstand de grootste bedrijfsovername in de geschiedenis. De manier waarop KKR een reeks andere kapers aftroeft, wordt wekenlang breed uitgemeten in de Amerikaanse pers. De overname maakt opnieuw veel indruk op Wall Street, maar het gewone Amerikaanse publiek vindt het een obscene actie. Het publiek heeft langzaam maar zeker de indruk gekregen dat een reeks snelle Wall Street-types puur voor eigen gewin allerlei bedrijven aan het opkopen is – en nu doen die types dat met een bedrijf waar zij toevallig van houden. Dat is ook de strekking van de bestseller die twee onderzoeksjournalisten kort daarna over de buy-out van RJR Nabisco schrijven, met de titel *Barbarians at the Gate.* Financiële barbaren, uit op eigen gewin, dreigend aan de poorten van een prima functionerend bedrijf – dat is na de overname het imago van KKR.

Directeuren van grote concerns laten zich daarna ineens niet meer zo snel verleiden tot een overname. Ze zijn bang voor een publieke steniging. 'Als je ze vroeg om een keer met George Roberts of Henry Kravis te gaan praten, was het alsof je vroeg of ze hun hand in een hete oven wilden steken,' zou een KKR-medewerker later zeggen.[13]

En er is nog een reden dat de Amerikaanse markt voor leveraged buyouts begin jaren negentig verdwijnt: er wordt steeds meer bekend over de negatieve gevolgen voor de bedrijven zelf. Veel bedrijven blijken door de enorme schuld in de financiële problemen te raken – als de markt of de economie ook maar even tegenzit, veranderen de miljoenen dollars aan rentelasten en aflossingen meteen in een strop om de nek. En voor werknemers blijkt het leven na de buy-out heftig. Om de kosten te drukken worden werknemers met duizenden tegelijk ontslagen, op de achterblijvers ligt een grote druk om namens het bedrijf snel méér geld te verdienen. In 1990 publiceert *The Wall Street Journal* een geruchtmakend verhaal over de ervaringen van werknemers na de overname van supermarktketen Safeway door KKR voor 4,1 miljard dollar, vier jaar eerder. Het leven van een voormalig topmanager blijkt na zijn plotselinge ontslag geruïneerd, een ontslagen bakker leeft nu op straat. Een trucker die voor Safeway werkte, blijkt zelfmoord te hebben gepleegd.

Ook de Amerikaanse politiek is niet blij met de leveraged buyouts die het bedrijfsleven op zijn kop zetten, zo blijkt tijdens een reeks hoorzittingen in het Amerikaanse Congres. 'Dit zijn mensen die zo snel mogelijk zo veel mogelijk geld willen verdienen. Ze maken dingen kapot, in plaats van ze op te bouwen,' zegt een democratisch Congreslid. Zelfs de republikeinse minister van Financiën Nicholas Brady – onderdeel van de regering-Reagan, die uitgesproken probedrijfsleven is – onderkent het probleem. 'Wat je in essentie doet wanneer je een leveraged buyout in elkaar zet, is de 34 procent aan uitgaven elimineren die eerst naar de federale overheid gingen, in de vorm van belasting.' Later voegt hij daaraan toe: 'Door sommige overnames zitten een heleboel mensen zonder werk, die nog een baan hadden gehad als hun bedrijf niet zo vol met schulden had gezeten. Als je tachtig procent van de waarde uit een bedrijf haalt en vervangt door schuld, dan heb je nog maar een heel kleine marge om fouten te maken.'[14]

In Amerika, zo schrijft journalist George Anders in zijn boek over KKR, komen de bedrijfsovernames rond 1990 bekend te staan als '*the unacceptable face of capitalism.*'

Anno 2001 is alles anders. Inmiddels hebben KKR en hun collega's op Wall Street weer geld om te investeren in overvloed. Het financiële spel waar tien jaar eerder niemand meer iets mee te maken wilde hebben, hebben ze op magische wijze opnieuw uitgevonden. Sinds het einde van de jaren negentig weten ze weer heel veel geld bij de banken op te halen. Dat lukt vooral doordat de Amerikaanse regering in 1999 een aantal belangrijke bankregels heeft versoepeld, waardoor het voor banken lucratiever is geworden om spaargeld van gewone consumenten te gebruiken bij risicovolle investeringen. Het helpt ook dat de pensioenfondsen weer interesse in het spelletje hebben gekregen: de aandelenbeurs is door de internethausse eind jaren negentig eerst ontploft en daarna ingestort, waardoor beleggen in aandelen een riskante bezigheid is gebleken. Het pensioengeld in bedrijfsovernames steken lijkt ineens best weer een goed idee.

Maar de belangrijkste reden voor de plotselinge comeback is de ronduit briljante make-over die de bedrijvenkopers zichzelf hebben gegeven. Ze hebben de besmette term leveraged buyout afgezworen en hun eigen sector van een spiksplinternieuwe naam voorzien: private equity. Het vermogen ('equity') waarmee ze de bedrijven overnemen, komt immers van private investeerders. Private equity klinkt vele malen netter. Het is wat meer alsof KKR en vergelijkbare firma's iets nobels doen: een prettige bestemming zoeken voor het geld van hun investeerders. Ook al doen ze in werkelijkheid nog exact hetzelfde als vroeger. 'Het ging van leveraged buyout naar management buy-out naar private equity. Het was gewoon een marketingconcept,' verklapt een Amerikaanse zakenbankier later.[15]

Een paar jaar voor de ontmoeting tussen Marcel Smits en Todd Fisher in New York hebben de bedrijvenhandelaren, die zich nu dus private equity noemen, een nieuwe kans ontdekt: het buitenland. Want Amerika mag dan al hardhandig kennis hebben gemaakt met de gevolgen van zulke bedrijfsovernames, in de rest van de wereld is het een vrijwel onbekend fenomeen.

Vijf van de grootste Amerikaanse private-equityclubs openen daarom tussen 1997 en 1999 een dependance in Londen. Uiteraard is KKR daarbij. Todd Fisher, die niet lang daarvoor dertig jaar is geworden, is een van de pioniers. Na een reeks succesvolle overnames in Groot-Brittannië, is rond de millenniumwisseling de tijd rijp om ook naar de rest van Europa te kijken. Zodoende is bij

Fisher en zijn collega's al snel Nederland in beeld gekomen. Hier zijn de overheidsregels relatief soepel en zijn drempels voor internationaal zakendoen vrijwel afwezig, zo hebben ze bij KKR ontdekt. Op het Londense kantoor van Fisher ligt daarom een lijstje met een aantal interessante prooien. Er staat een grote uitgeverij op, er staan concerns als Philips en AkzoNobel op, die mogelijk winstgevende divisies kunnen afstoten. En er staat één bedrijf met stip bovenaan: Vendex KBB.

Aan West 57th Street in Manhattan, op de 42ste verdieping, laat Fisher een assistent binnenkomen die Smits een aantal modellen laat zien. De mensen van KKR hebben uitgerekend dat het heel zinvol zou zijn om Vendex KBB van de beurs te halen. Met een paar simpele ingrepen kunnen ze, zoals ze dat noemen, waarde creëren. Ze zullen de zittende aandeelhouders bovendien een flinke premie betalen, dus bij zo'n overname zou iedereen winnen.

Marcel Smits blijft vriendelijk, maar hij is ook sceptisch. De financieel directeur van Vendex KBB weet dat het in zijn eigen land een schok zou zijn als de Amerikanen het grootste Nederlandse winkelconcern plotseling van de beurs zouden halen. Hij kiest zijn woorden zorgvuldig, vertelt Fisher niets wat hij niet ook uit de kwartaalverslagen had kunnen halen.

Maar Smits wijst Fisher ook niet af. Voordat hij weer naar buiten loopt, zeggen ze allebei: 'Laten we contact houden.'

Echt rustig wordt het nooit meer voor de bestuurders van Vendex KBB. Op een dag in september 2003 wandelen twee bankiers van de zakenbank Petercam het hoofdkantoor aan De Klencke binnen. Een Belg en een Nederlander. Binnen treffen ze Ed Hamming, Marcel Smits en de bestuurssecretaris van Vendex KBB. Ed Hamming zit te roken, dat zal hij het hele gesprek blijven doen. Hij maakt een nerveuze indruk.

De aanleiding voor het gesprek is ook niet vriendelijk. De zakenbankiers van Petercam zijn ingehuurd door Kamran Farid, de steenrijke eigenaar van de Amerikaanse investeringsmaatschappij K Capital. Vanwege de voortdurende lage beurskoers heeft ook Farid een belang in Vendex KBB opgebouwd, hij denkt net als Guy Wyser-Pratte dat daaraan flink te verdienen valt. Hij heeft inmiddels zo'n 10 procent van de aandelen in handen. Nu eist hij dat de directie van Vendex KBB snel maatregelen neemt om de koers te verhogen.

'We hebben jullie situatie bestudeerd, en we willen daarover graag met jullie van gedachten wisselen,' begint een van de zakenbankiers het gesprek. 'Begrijpen jullie dat?'

Hamming en Smits zeggen vriendelijk dat ze de interesse in hun bedrijf waarderen, maar dat ze zelf niet zoveel te vertellen hebben. Aan hun lichaamshouding is de weerstand af te lezen. Maar K Capital is nu eenmaal een grote aandeelhouder, daar hoor je mee te praten.

De bankiers van Petercam hebben een rapport opgesteld waarin ze drie strategische opties voor Vendex KBB presenteren. Geduldig leggen ze de informatie aan Smits en Hamming voor. De eerste optie ligt het meest voor de hand: stop per direct met V&D. De afgelopen jaren is de ene na de andere reorganisatie uitgevoerd, maar de warenhuisketen is nog altijd zwaar verliesgevend. In het jaar ervoor maakte V&D weer 11 miljoen euro verlies. Het is een bodemloze put – stoppen. Ten tweede zou de directie moeten nadenken over het afstoten van een aantal andere formules. En ten derde zou Vendex KBB de grote hoeveelheid vastgoed die het in bezit heeft, voor een fors bedrag kunnen verkopen. De winkelpanden kunnen ze dan meteen terughuren (een zogeheten *sale and lease back*-constructie). Daarmee speelt Vendex KBB in één klap honderden miljoenen euro's vrij. Dat is waarde die veel beleggers nu niet zien, want veel winkelpanden staan voor een laag bedrag in de boeken. Dat komt omdat ze al decennia in eigen bezit zijn. De directie zou met de opbrengst investeringen kunnen doen en tegelijk een superdividend kunnen uitkeren. Dat zou alle klagende aandeelhouders voorlopig wel de mond snoeren.

Voor Smits en Hamming zijn het geen onbekende scenario's. Het is ook niet de eerste keer dat een belegger met deze punten komt aanzetten. Maar frustrerend is het wel. Ze hebben er onder druk van de klagende aandeelhouders alles aan gedaan om de koers van Vendex KBB op te krikken. Ze hebben de Amerikaanse winkelketen FAO Schwartz verkocht. Ze hebben voor bijna 400 miljoen euro zes winkelketens aan investeerder CVC verkocht: Perry Sport, Prénatal, Scapino, Hans Anders, Siebel en Kijkshop. Ze hebben de oude directie van V&D eruit gegooid, en er een nieuwe leiding op gezet. Niets heeft geholpen. Het aandeel Vendex KBB, dat bij de millenniumwisseling nog meer dan 27 euro waard was, ligt inmiddels rond de 9 euro. De beurswaarde van het machtige winkelconcern is onder de 1 miljard euro gedoken. Het lijkt wel alsof beleggers denken dat Vendex KBB een besmettelijke ziekte heeft.

Tijdens de jaarvergadering in mei 2003 heeft de Amerikaanse belegger Guy Wyser-Pratte opnieuw hard lopen schreeuwen over de 'absurd' lage beurskoers. De klachten van K Capital zijn daar in de zomer bij gekomen. Een paar weken voor het gesprek op De Klencke heeft een woordvoerder namens K Capital al in de krant geroepen dat Smits en Hamming zo snel mogelijk een financieel adviseur in de arm zouden moeten nemen.[16]

De zakenbankiers van Petercam weten hoezeer Smits en de rokende Hamming onder druk van de beleggers staan. Voorafgaand aan de bespreking op De Klencke hebben ze een belronde gemaakt langs de grote aandeelhouders, volgens hun berekeningen moet het percentage ontevreden beleggers tegen de 40 procent lopen. Maar de bankiers weten ook iets anders. Voor de top van Vendex KBB zou er wel eens een andere uitweg kunnen lonken. In de wereld van het private equity zitten verschillende partijen op Vendex KBB te azen.

Omdat die geruchten in de financiële wereld al een tijdje rondgaan, heeft een van de Petercam-bankiers tijdens de zomer bezoeken gebracht aan verschillende private-equityinvesteerders. In Londen, want daar houden ze allemaal kantoor. Daar heeft de bankier ontdekt dat één partij heel serieus aan een overname denkt: KKR. Todd Fisher van KKR blijkt al twee jaar lang elk kwartaal op De Klencke langs te komen. Bij KKR hebben ze allang uitgerekend dat de overname van Vendex KBB een lucratieve investering zou zijn. 'Wij willen Vendex KBB van de beurs halen,' heeft Fisher onomwonden tegen de bankier gezegd. 'Het enige waar ik nog over twijfel is V&D. Dat is een *bleeder*, waar we mogelijk veel op kunnen verliezen.'

Als de bankiers daarom aan Smits en Hamming vragen of het van de beurs halen van Vendex KBB aan de orde is, geven ze geen antwoord. 'Dat is koersgevoelige informatie,' zegt Smits.

In de weken na de ontmoeting met de bankiers wordt de situatie voor Hamming en Smits niet veel beter. Kort na het gesprek presenteert de Vendex KBB-top een ingrijpend reorganisatieplan voor V&D, waar 2300 banen zullen verdwijnen. Maar het structurele probleem, dat de beleggers het niet in hun concern zien zitten, blijken ze daar niet mee op te lossen. De beurskoers blijft laag. In de loop van het najaar van 2003 zwellen de geruchten aan dat er private-equitybedrijven in de markt zouden zijn om het hele concern van de beurs te halen. Als zakenblad *Quote* bestuursvoorzitter Ed Hamming daarnaar vraagt, zegt hij: 'Je moet ermee leren leven dat er af en toe op de deur wordt geklopt. We leven in een vrije wereld, iedereen mag zeggen wat-ie wil.'[17]

Hamming vertelt er niet bij dat hij al een jaar eerder zelf met Todd Fisher van KKR heeft gepraat. 'Ik heb Vendex KBB toen formeel benaderd met het oog op een overname,' verklaart Fisher daar later over. 'Maar het was nog niet het juiste moment.'[18]

Kennelijk is het nu wel het juiste moment. In december 2003 ploft bij Vendex KBB een brief van KKR op de mat. Hij is gericht aan Floris Maljers, de voormalige Unilever-baas, die kort ervoor is aangetreden als nieuwe president-commissaris van Vendex KBB. 'Wij volgen deze situatie al twee jaar,' schrijft Fisher aan Maljers. 'Wij vinden het bedrijf ondergewaardeerd. Het zou beter zijn als Vendex KBB in alle rust, zonder publieke notering, zou kunnen werken aan een betere toekomst. Wij denken dat wij wellicht een bedrag van 15 euro per aandeel zouden kunnen bieden om dat mogelijk te maken.'

Tussen de directie en de raad van commissarissen wordt die dag druk overlegd. 15 euro per aandeel, dat ligt fors boven de huidige koers. Ze kunnen de brief niet negeren, vinden ze. Stel dat de koers over een jaar op 5 euro staat, en het zou uitlekken dat KKR een jaar eerder een veelvoud wilde bieden om het bedrijf over te nemen. Dan kunnen ze van de huidige aandeelhouders een stapel miljoenenclaims verwachten. De brief is wat ze in de financiële wereld een *bear hug letter* noemen: een omhelzing die je niet kunt ontlopen.

Maar het is volgens de bedrijfstop ook een kans. Als Vendex KBB zich door KKR van de beurs laat halen, is het voor altijd verlost van gedoe met de klagende aandeelhouders. Het bedrijf zou een nieuwe start kunnen maken.

Nog voor de kerst zitten de Amerikanen Todd Fisher en Henry Kravis in Amsterdam aan tafel tegenover president-commissaris Floris Maljers. De mannen van KKR hebben sterk de indruk dat Maljers wel trek heeft in een deal.

6

Heel veel sterretjes

Zijn werkkamer is zo ongeveer de lelijkste ruimte van het hele voormalige KBB-kantoor in Amsterdam-Zuidoost, een bedompt hok in een toch al gedateerd pand. Maar als Ronald van Zetten er in de middag van 5 december 2003 binnenwandelt, maakt hem dat even helemaal niets uit. Zijn humeur is vandaag niet stuk te krijgen, en dat is niet eens omdat hij straks sinterklaas gaat vieren. Onder zijn arm heeft hij de laatste editie van *Het Parool*. Hij legt de krant op zijn bureau. Daar staat-ie, pontificaal op de voorpagina: een enorme foto van prinses Máxima op een roltrap in de Bijenkorf. Grote witte sjaal om, hand op haar hoogzwangere buik. Direct achter de prinses loert een beveiliger met een flinke snor om zich heen.

De winkelende Máxima is voorpaginanieuws. Ze was al sinds Prinsjesdag niet meer in het openbaar gesignaleerd, en dat terwijl ze zwanger is van haar eerste kind, de toekomstige troonopvolger. Haar afwezigheid voedde allerlei geruchten, met name in de roddelpers: ze zou zwanger zijn van een tweeling, last hebben van een te hoge bloeddruk, of misschien zelfs al bevallen zijn. De foto is het bewijs dat daar allemaal niets van klopt.

Maar dat is niet waarom Ronald van Zetten zo tevreden is met de foto, die zelfs in de internationale pers is afgedrukt. Vóór Máxima op de roltrap staat haar moeder, met in haar rechterhand een witte plastic tas. Daarop prijkt, overduidelijk en voor niemand te missen, het HEMA-logo. 'Maxima doet de inkopen nog zelf', staat eronder. 'De prinses liep gisteravond met haar moeder Maria Zorreguieta rustig te winkelen in de Haagse Bijenkorf, na eerst de HEMA te hebben bezocht.'

Van Zetten zegt altijd graag dat zijn bedrijf van iedereen is. Dit is eigenlijk het ultieme bewijs: zelfs Máxima komt er winkelen. Bovendien: zo veel gratis reclame midden in de belangrijke decembermaand, dat is onbetaalbaar. Een geweldig cadeau. Van Zetten loopt zijn kamer uit om een schaar te zoeken waarmee hij de foto kan uitknippen. Die gaat aan de muur.[1]

Een paar maanden eerder is Ronald van Zetten aangetreden als nieuwe algemeen directeur van HEMA, als opvolger van de Belg Dirk Goeminne. Hij is net 41 jaar geworden, relatief jong voor de leider van een bedrijf met een omzet van 1 miljard euro. Maar in de hoofddirectie van het moederconcern Vendex KBB is iedereen het erover eens geweest dat Van Zetten de ideale kandidaat was om het Nederlandse winkelicoon te gaan leiden. Hij had, in de woorden van bestuursvoorzitter Ed Hamming, 'heel veel sterretjes achter zijn naam'. Van Zetten, zo menen de bovenbazen, is geboren voor het winkelvak.[2]

Zijn weg naar de hoogste positie bij HEMA is niet makkelijk geweest. Van Zetten heeft zich stap voor stap omhoog moeten knokken. Al op zijn zestiende is hij van school gegaan. Hij had toen de mavo afgerond en werd vakkenvuller in een supermarkt in Soest. Daar leerde hij al snel dat hij, als hij iets wilde bereiken in het leven, twee dingen moest doen. Eén: toch iets meer studeren. Twee: altijd een stap harder werken dan anderen. Hij begon buiten werktijd om diploma's te stapelen. Een praktijkopleiding detailhandel, de marketingopleidingen NIMA A, B en C, en daarna een hbo-opleiding commerciële bedrijfskunde. Het waren avondstudies, want overdag bouwde hij met evenveel bevlogenheid aan zijn carrière. In de supermarkt in Soest schopte hij het al snel tot bedrijfsleider. Het supermarktconcern Unigro pikte hem op en maakte hem adviseur van een aantal filialen van de winkelketen Super in de regio rond

Veenendaal. 'Ik mocht supermarktondernemers in die regio adviseren hoe ze hun winkel moesten runnen. Dat was spannend, ik was 23, jonger dan iedereen. En dan kwam ik ondernemers die zichzelf al hadden bewezen even vertellen hoe het moest,' vertelt Van Zetten later. 'Maar ik dacht dat ik er wel iets van wist. En dat was ook zo, want ik was redelijk succesvol. Zo succesvol dat ze zeiden: jouw aanpak gaan we landelijk invoeren.' Op zijn initiatief komen de Super-winkels er strakker uit te zien, volgens een helder concept waar elke supermarkt zich aan moet houden. Als marketingstunt introduceert hij kleine poppetjes van David de Kabouter, waarvan Super er in korte tijd vier miljoen verkoopt.[3]

Het gevoel voor wat een winkel een góede winkel maakt, waar klanten graag komen en ook nog eens wat kopen, dat kenmerkt Van Zetten. 'Een echt winkeldier,' noemt zijn toenmalige baas Ted van der Lee hem. 'Voor het vernieuwen van die Super-winkels was hij toen echt de aangewezen persoon. Een zeer gedreven persoonlijkheid. Hij kan niet stilzitten.'

Van Zetten is een echte ondernemer. Hij moet zijn handen vol hebben, plannetjes maken, met allerlei nieuwe dingen tegelijk bezig zijn. Dan is hij op zijn best. Midden jaren negentig haalde directielid Jaap Lagerweij, die hem ook nog kende van Unigro, hem naar HEMA. Hij was begin dertig en werd als 'winkelgroepmanager' verantwoordelijk voor de kleinste filialen, de zogeheten A-winkels. In die rol zat hij één stap onder de directie. Binnen het toenmalige KBB-concern werd zijn talent herkend: Van Zetten kwam al snel in een clubje van vier managers te zitten die in opdracht van de raad van bestuur op zoek mochten naar overnamekansen voor KBB in het buitenland.

Op die manier raakte hij ook betrokken bij de uitbreiding van HEMA naar België. Al sinds de jaren tachtig bestonden er vier filialen ten zuiden van de grens, maar die waren allerminst een succes te noemen. Ze waren opgezet door Nederlandse franchisers, en die misten het gevoel voor wat buitenlandse klanten van HEMA zouden kunnen verwachten. De Belgen, gewend aan hun eigen heerlijke patisserie, haalden hun neus op voor het Hollandse gebak. Ook de rookworsten lieten ze goeddeels links liggen, net als de rest van het assortiment. Het hielp bepaald niet mee dat de winkels vol lagen met dezelfde spullen als in Nederland: zo werden er agenda's verkocht waarin Nederlandse feestdagen stonden, plus de verjaardagen van leden van het Nederlandse Koninklijk Huis. Ook de fietsbanden bleven in het schap liggen – Belgen fietsen niet.

Op het moment dat Van Zetten en zijn team de opdracht kregen om een overnamekans in België te onderzoeken, noteerden de HEMA-filialen daar grote verliezen. Van Zetten moest zich gaan verdiepen in Sarma, een winkelketen met meer dan twintig panden op centraal gelegen locaties in zowel Vlaanderen als Wallonië. Hij reisde naar de winkels, bracht de klantstromen in kaart, bekeek hoe de winkelstraten erbij lagen, sprak met Belgisch winkelpubliek. Hij concludeerde al snel dat het een uitstekend idee zou zijn als KBB die keten zou overnemen en de panden zouden ombouwen tot Belgische HEMA's. Maar dan wel slimmer dan vroeger, met een op de Belgen aangepast assortiment.

Op een zomerdag in 1996 reden Van Zetten en Jaap Lagerweij, HEMA-directielid en zijn toenmalige baas, naar Brussel om de overname van Sarma uit te onderhandelen. Allebei dachten ze dat de deal wel binnen een paar uur rond zou zijn: ze zouden een keurige prijs bieden en met de buit achter in de auto terugrijden. Voor de volgende ochtend hadden ze allebei gewoon afspraken gemaakt in Amsterdam. Dat was meteen een belangrijke les in internationaal zakendoen geweest: in sommige landen gaan dit soort onderhandelingen niet zo direct als in Nederland. Pas na acht maanden kennismaken, praten, dineren en voorzichtig onderhandelen was de overname van de Sarma-winkels een feit. Dat het langer duurde was een tegenvaller, maar Van Zetten had het goed gezien: de Belgische HEMA-tak groeide binnen twee jaar uit tot een winstgevende onderneming.

Toen hij kort na het België-avontuur de kans kreeg om directielid te worden bij Praxis, een zusterbedrijf binnen het Vendex KBB-concern, besloot Van Zetten die te pakken. Hij werd bij Praxis inkoopdirecteur. In die rol presenteerde hij zich als een typische selfmade man. Altijd bevlogen en vol energie, barstensvol nieuwe ideeën. Maar hij bleek ook eigenzinnig. De inkoopdirecteuren van alle Vendex KBB-dochters vergaderden eens in de zoveel tijd over mogelijke kostenbesparingen. Iedereen meldde zich daar altijd keurig op tijd, behalve Van Zetten: die kwam doodgemoedereerd een halfuur later binnenwandelen, of hij kwam helemaal niet. Omdat de gebaande paden nooit voor hem klaar hadden gelegen, vertrouwde hij het liefst op zichzelf.

Na drie jaar werd hij door Ahold weggekaapt bij Praxis: Van Zetten werd gevraagd om operationeel directeur van Albert Heijn te worden, waar hij onder de codenaam Project Blauw het Nederlandse publiek weer warm moest zien te maken voor de Zaanse grootgrutter. Het was een rol die hij als voormalig vakkenvuller niet kon laten lopen. Toch was er voor hem maar één echte droombaan: ooit terugkeren naar HEMA als hoogste baas. Toen HEMA-directeur Dirk Goeminne hem in 2002 eens voorzichtig polste met de vraag of Van Zetten interesse had om naar zijn oude werkgever terug te keren als nieuwe inkoopdirecteur, antwoordde Van Zetten: 'Ik wil best terugkomen bij HEMA. Maar dan alleen op jouw plek.'

Nu het anderhalf jaar later zover is, blijkt dat Van Zetten inderdaad als geen ander bij HEMA past. In zijn eerste maanden als hoogste baas is hij een ideaal uithangbord gebleken. Op het oog ís hij de gemiddelde Nederlander die bij HEMA klant is. In interviews belijdt hij uitgebreid zijn liefde voor het bedrijf. Als *De Telegraaf* hem kort na zijn aantreden interviewt, vertelt hij trots dat hij in een overhemd, sokken en zelfs een onderbroek van HEMA loopt. Zijn eerste rookworst at hij toen hij zes jaar was, in het filiaal in Amersfoort, vertelt hij erbij.[4]

Hij demonstreert graag hoe je het beste een tompoes kunt eten – de harde bovenkant eerst eraf halen en die onderop plakken. Hij vindt het ook geen probleem als hij live op Radio 1 wordt gevraagd om een smaaktest te doen: de tompoes en rookworst van HEMA pikt hij er zonder moeite uit. 'Dat proef je gelijk.'[5] Van Zetten is er onverholen trots op dat hij de baas is van een bedrijf dat in Nederland zo populair is. Als hij op een dag met een collega in een restaurant in Leiden zit om te praten over de mogelijke introductie van mobiele HEMA-telefoons, stapt hij vrolijk op twee dames af die een paar tafeltjes verderop zitten. 'Hoi, ik ben Ronald, directeur van de HEMA. Zeg, wat zouden jullie ervan vinden als wij met een HEMA-telefoon zouden komen?'

Als directeur bewaart Van Zetten veel minder afstand tot de werkvloer dan bestuurders die na een academische opleiding ergens op kantoor zijn begonnen. Voor de tienduizend HEMA-werknemers is hij extreem toegankelijk. Hij is een winkelman, iemand van de vloer. Als hij in een filiaal op bezoek is waar de onderbroeken scheef hangen, hangt hij ze recht. Als het begint te regenen terwijl hij binnen is, zet hij snel een bak paraplu's bij de deur. Tijdens een vergadering met de ondernemingsraad klaagt in die eerste maanden iemand dat in sommige filialen na drie uur 's middags nauwelijks meer gebak te krijgen is. Van Zetten belt na afloop meteen zelf met de bakkerij om het probleem op te lossen. Op het hoofdkantoor vinden sommigen dat hij dat soort dingen niet meer moet doen. Hij is nu de hoogste baas, dit soort beslommeringen zijn voor mensen die lager in de organisatie zitten. Maar hij kan het niet laten.

In directievergaderingen heeft hij soms moeite zijn enthousiasme te onderdrukken, dan barst hij uit in monologen die nooit meer lijken te eindigen. Hij kan collega's midden in een presentatie onderbreken, om te beginnen aan een gedetailleerde uitleg over hoe de kwestie volgens hem in elkaar zit. Collega's vinden hem een charmante bemoeial, iemand met een groot hart voor de zaak, al meent een enkeling dat Van Zetten een beetje een bord voor zijn kop heeft. Als een journalist van NRC *Handelsblad* hem na zijn aantreden als nieuwe HEMA-directeur vraagt of hij misschien ook managementkwaliteiten mist, antwoordt hij monter: 'Nee! Daar hoor ik nooit wat negatiefs over.'[6]

Op het moment dat Van Zetten op zijn werkkamer de krantenfoto met Máxima uitknipt gaat het goed met HEMA, maar niet super.

Zijn voorganger Goeminne heeft HEMA aardig op koers gekregen na jaren waarin de onderneming met wat distributieproblemen kampte. Het Nederlandse publiek bezoekt nog altijd trouw de voormalige eenheidsprijzenmaatschappij, maar echt hard groeien doet HEMA niet meer. Het kabbelt wat. Daarin zit een gevaar besloten, want in de jaren ervoor is de concurrentie fors toegenomen. Blokker heeft onder leiding van de broers Jaap en Ab Blokker het aantal filialen flink uitgebreid, er zijn inmiddels zelfs meer Blokkers dan HEMA's in Nederland. De goedkope winkelketens Zeeman en Wibra concurreren serieus met HEMA op de markt voor kinderkleding en ondergoed. De van oorsprong Zweedse keten Hennes & Mauritz (H&M) begint de Nederlandse winkelstraten te veroveren met betaalbare, modieuze kleding. De competitie komt ineens van alle kanten.

Daar komt bij dat de buitenlandse expansie, die Van Zetten in de jaren negentig zelf in gang heeft gezet, nog bepaald geen succes is gebleken. Na het succes van de winkels in België heeft Goeminne in 2002 trots aangekondigd dat HEMA serieus over de grens wil gaan kijken: 'We denken dat onze mix van prijs en kwaliteit zal aanslaan in Europa,' zei hij in een interview met NRC *Handelsblad*. 'HEMA heeft de potentie voor 300 winkels in Duitsland en Frankrijk en 60 vestigingen in zowel Denemarken, Zweden, Zwitserland als Oostenrijk.'[7] Maar in de praktijk loopt het nog helemaal niet. In het Roergebied in Duitsland zijn onder Goeminne drie filialen geopend, maar die lopen voor geen meter. Gezamenlijk verliezen de Duitse winkels vijf miljoen euro per jaar. Dat verlies kan HEMA wel lijden, maar een probleem is het wel. De retailwereld wordt in sneltreinvaart internationaler, dat bewijst de snelle opkomst van H&M wel. Een jaar eerder is de euro ingevoerd, waardoor Europese bedrijven verlost zijn van de moeilijkheden met al die verschillende valuta. De wereld verandert snel, nieuwe internationale concurrenten ontdekken ook de Nederlandse markt. HEMA heeft een groot winkelnetwerk en loyale klanten, maar het is niet vanzelfsprekend dat dat voor altijd zo zal blijven.

Van Zetten heeft daarom al bij zijn aanstelling besloten dat er maar één juiste weg is: de vlucht naar voren. Als HEMA ook in de eenentwintigste eeuw een toonaangevende winkel wil blijven, dan moet het bedrijf ambitieus vernieuwd worden. Het programma daarvoor heeft hij inmiddels uitgedokterd. Het rust op drie pijlers. Allereerst heeft hij een plan om de Nederlandse thuismarkt in een steviger houdgreep te nemen: het openen van veel kleinere winkels dan HEMA nu heeft. De kleinste winkels, de zogeheten A-winkels van ongeveer 450 vierkante meter, zijn gevestigd in plaatsen met rond de 45.000 inwoners. Maar mensen willen het liefst zo dicht mogelijk bij huis winkelen, meent Van Zetten, dus moeten er ook filialen komen in veel kleinere plaatsen. Die zijn er nu soms wel, maar ze zijn altijd in handen van een lokale franchiser. Van Zetten wil een nieuw soort filiaal gaan openen, de AA-winkel, kleine winkeltjes die met twee personeelsleden tegelijk te runnen zijn, en die in plaatsen moeten komen als Elspeet of Wijk bij Duurstede. Op die manier kan HEMA in eigen land nog groeien en voorkomt Van Zetten bovendien dat mensen naar de concurrerende winkels gaan. De HEMA moet in Nederland simpelweg onvermijdelijk zijn.

Daarnaast vindt Van Zetten het hoog tijd dat HEMA zich online gaat begeven. Op internet is een toekomstige markt te veroveren. HEMA moet daarom snel een serieuze webwinkel gaan opbouwen, als aanvulling op de stenen winkels. Hij heeft daarom een team aan het werk gezet dat het digitale verkoopkanaal moet opzetten, en dat in de loop van 2004 live moet gaan. Vanaf dat moment moeten klanten taarten, kleding en wijn online kunnen bestellen, en moeten ze digitaal hun foto's kunnen laten afdrukken.

En ten derde wil hij een veel betere poging doen om de expansie naar het buitenland te doen slagen. Kort na zijn aanstelling is hij met een paar collega-directieleden een kijkje gaan nemen in de Duitse filialen, en hij schrok van wat hij daar aantrof. Er zat weinig lijn in de winkels. Hij had bovendien de stellige indruk dat de andere directieleden er nog nooit geweest waren. Dat moet veel beter kunnen. In België is HEMA inmiddels een succes, daar moet het bedrijf kunnen groeien van 34 winkels in 2003 naar 53 winkels in 2006, zo blijkt uit een strategisch plan uit die tijd. Daarnaast wil hij de stap wagen naar nieuwe landen. In 2005 moet de eerste HEMA in Luxemburg opengaan, een jaar later de eerste vestiging in Frankrijk. Dankzij de filialen in België zijn de verpakkingen al in het Frans opgesteld. In elk geval, vindt Van Zetten, zal het in het buitenland sneller moeten. Zo is HEMA immers ooit groot geworden: snel veel filialen openen die allemaal een klein beetje winst maken, dan heb je als geheel een florerend bedrijf.

Natuurlijk is er voor deze plannen geld nodig. Veel geld. Gelukkig is dat niet het grootste probleem: HEMA maakt elk jaar opnieuw miljoenen aan winst, dus kapitaal om te investeren is er genoeg. Eigenlijk is er niets te bedenken wat zijn vernieuwingsplan in de weg kan zitten.

7

Lachen kost niets

De ruimte waar de tachtig hoogstgeplaatste managers van Vendex KBB zich op 6 februari 2004 moeten melden, ziet eruit als een collegezaal. Het is een zaaltje in het World Trade Center in Amsterdam-Zuid, waar de directie, zo is vooraf aangekondigd, belangrijk nieuws zal toelichten. De voltallige directie van HEMA is er, net als die van V&D, de Bijenkorf, Praxis en al die andere ketens. Voor in de zaal staat bestuursvoorzitter Ed Hamming.

Een dag eerder is het persbericht eruit gegaan. Vendex KBB is momenteel in gesprek met een aantal 'gerenommeerde, internationale investeringsmaatschappijen' die het winkelconcern graag van de beurs zouden willen halen. 'Het is allemaal heel recent,' heeft de woordvoerder tegen persbureau ANP gezegd. 'De eersten kwamen in januari. Het is echt nog in het beginstadium.'[1] Dat het allemaal begon met de brief van KKR in december en dat de Amerikanen al meer dan twee jaar serieus op Vendex KBB zitten te azen, hoeft de buitenwereld niet te weten.

Met zijn handen op de lessenaar legt Hamming aan zijn tachtig managers uit waarom het beter is om met Vendex KBB van de beurs af te gaan. 'Zoals u allen weet hebben wij de intentie om te groeien, maar het is lastig, lastig. De aandeelhouders zijn remmende factoren. Nu zijn er enkele partijen, partijen met *deep pockets*, waarmee het anders zou gaan. Ik kan u vertellen dat we in gesprek zijn met drie partijen. We noemen ze Appel, Kiwi en Peer.'

Volgens Hamming kunnen de managers zich erop voorbereiden dat dit echt gaat gebeuren. 'We zijn ver met die gesprekken.' Maar, voegt Hamming eraan toe, dat betekent niet dat er ineens van alles zal veranderen. 'Het is een belangrijke voorwaarde dat een eventuele koper onze strategie onderschrijft. Dat betekent dat onze bedrijven bij elkaar blijven.' Om zijn boodschap te benadrukken leunt hij voorover op de lessenaar en zwaait met zijn wijsvinger in de lucht. 'Ze móeten onze strategie onderschrijven.'

Het duurt daarna nog een paar maanden voordat de deal rond is. Begin juli 2004 gaat Kiwi er met de prijs vandoor: KKR haalt Vendex KBB van de beurs (samen met een aantal kleinere geldschieters). De Amerikanen betalen in totaal 1,4 miljard euro voor alle aandelen en nemen voor 1 miljard euro aan schulden over.

Dat KKR zou winnen was vooraf niet helemaal een uitgemaakte zaak. Na ontvangst van de bear hug letter in december heeft financieel directeur Marcel Smits een serieus biedingsproces op gang gebracht. Stel dat een andere investeerder méér geld zou willen bieden dan KKR, of betere ideeën zou hebben voor de toekomst van het winkelconcern, dan zouden ze met een ander in zee kunnen. De biedingen die daarop binnenkwamen van de codenamen Peer en Appel (investeerders uit de VS en Frankrijk) heeft de directie serieus bekeken, maar uiteindelijk is KKR de meest interessante koper gebleken.

De vraag óf Vendex KBB eigenlijk wel van de beurs moest gaan, of dat wel het beste is voor de toekomst van het bedrijf, lag tijdens het hele proces geen moment meer op tafel. De directie zou verlost worden van de klagende aandeelhouders. Door de verkoop aan KKR te ondertekenen, toucheerde Ed Hamming bovendien een bedrag van 1,8 miljoen euro – geld dat hij zonder de deal niet gekregen zou hebben.[2] En wat ook hielp, is het feit dat de banken die de Vendex KBB-directie adviseerden, ABN Amro en Citigroup, tegelijkertijd optraden als financiers van de overname. Alle betrokkenen, kortom, hebben er financieel belang bij dat Vendex KBB van de beurs gaat. Op 3 augustus 2004 vertrekt Vendex KBB officieel van de beurs aan het Damrak. Voor de mannen van KKR is het hun grootste overname sinds 1989. Hun comeback is compleet.

De belofte van Ed Hamming, dat de koper de bestaande strategie zou moeten onderschrijven, blijkt loos. Vanaf dag één gaat de hele bedrijfsvoering bij Vendex KBB op de schop. 'We wilden beginnen met veranderen op het moment dat we aan boord kwamen,' zou Todd Fisher daar later over zeggen.[3] Hamming blijft aan als bestuursvoorzitter, maar in de praktijk heeft hij niets meer te zeggen – de investeerders zullen later verklappen dat ze al vanaf de eerste dag op zoek zijn naar een nieuwe leider. Financieel directeur Marcel Smits vertrekt nog voor de overname helemaal rond is naar KPN, via de nieuwe eigenaren komt Ronald van der Mark aan boord als zijn opvolger.

Meteen na de overname komt er een team binnen van een stuk of honderd financieel experts, afkomstig van het eigen consultancybureau dat KKR voor dit soort situaties heeft: Capstone. Deze experts hebben maar één taak: zoeken waar binnen het bedrijf kosten bespaard kunnen worden. Inkopers van de verschillende winkelketens worden bijeengeroepen om uit te leggen waarom ze de plastic boodschappentasjes niet gezamenlijk inkopen, want dat bespaart geld. De inkoper van V&D krijgt de vraag waarom hij een hoger bedrag betaalt voor de inkoop van een handdoek dan zijn collega bij HEMA. De producent van de reclamefolder krijgt te horen dat ze bij de herfstcampagne best het fotomateriaal van vorig jaar nog een keer kan gebruiken. Overal kunnen de uitgaven omlaag.

'Voor ons was het een complete cultuurshock,' vertelt een inkoopdirecteur later. 'Er was geen overgangsperiode. Niks wennen aan de nieuwe eigenaar. Bij KKR trokken ze gewoon hun vaste format uit de kast en rolden dat bij ons uit. Ze besprongen het bedrijf als een groep sprinkhanen.'

Volgens betrokkenen uit die tijd is dat niet helemaal een overbodige luxe, want Vendex KBB is een bijzonder inefficiënt geleid concern. Hoewel HEMA, V&D en de Bijenkorf voor een deel dezelfde producten in het assortiment hebben, kopen ze deze nooit samen in. Hetzelfde geldt voor de bouwmarkten Praxis, Formido en Brico. Elke winkelketen werkt met zijn eigen computersystemen, waardoor de directie nauwelijks inzicht heeft in de totale uitgaven. Directievergaderingen duren vaak twee dagen, omdat de directie alle dertien ketens apart moet bespreken. KKR maakt aan die praktijken binnen een paar maanden een einde. Binnen een jaar heeft Vendex KBB al 50 miljoen euro aan kosten bespaard.[4]

Dat de nieuwe eigenaar zich bij het besparen weinig gelegen laat liggen aan de bestaande Nederlandse verhoudingen, is ook vanaf het begin duidelijk. 'Een van de eerste dingen die gebeurden, was dat het sociaal plan werd opgezegd,' zegt bestuurder Geert Rijzinga van vakbond CNV kort na de overname. 'We hadden daar een keurige standaardregeling voor, met een sollicatiecode.' Bovendien wil KKR dat winkelmedewerkers met elkaar gaan concurreren om wie het meeste verkoopt. 'De directie wil prestatiebeloning bij verkopers invoeren. Daar zijn wij altijd tegenstander van geweest. Zo ga je niet met elkaar om.'[5]

Niet alleen de 40.000 medewerkers van Vendex KBB moeten harder werken, ook de leveranciers voelen de gevolgen van de overname meteen. Kort na de binnenkomst van KKR gaat de vaste betalingstermijn van openstaande rekeningen van 30 naar 60 dagen. Hiermee bespaart Vendex KBB eenmalig 100 miljoen euro.

Ook de leden van de HEMA-directie merken dat Vendex KBB een andere eigenaar heeft. Kort na de overname moeten alle directieleden een assessment ondergaan bij een consultancybureau dat in opdracht van KKR hun managementkwaliteiten onder de loep neemt. Wie een slecht cijfer krijgt, mag vertrekken – de zittende financieel directeur van HEMA wordt om die reden aan de kant gezet en vervangen. De rest mag blijven en krijgt meteen een interessant aanbod: ze kunnen een pakket aandelen in Vendex KBB krijgen. Die kopen ze van KKR, en leveren geld op wanneer er onderdelen van het bedrijf, of heel Vendex KBB, aan een andere eigenaar worden verkocht.

Voor de rest betekent de overname vooral dat de HEMA-directie voortaan elk kwartaal een ritje moet maken van het eigen hoofdkantoor in Amsterdam-Zuidoost naar De Klencke, een paar kilometer verderop, om zich daar tegenover de financieel experts van KKR te verantwoorden. Het zijn sessies om tegen op te zien: terwijl jongere medewerkers van KKR op hun Blackberry's zitten mee te tikken met wat er gezegd wordt, leggen Ronald van Zetten en zijn team aan de eigenaar uit waarom ze bepaalde uitgaven hebben gedaan, hoe de winkeloperatie loopt. 'We hoopten dan altijd dat we met een niet al te grote tas huiswerk weer naar buiten zouden lopen,' vertelt een directielid later.

Tijdens deze bijeenkomsten valt collega's één kwaliteit van Van Zetten op die ze nog niet kenden: hij blijkt er goed in om de Amerikanen een beetje op afstand te houden. Hij kan zijn eigen plannen met HEMA helder uitleggen en is niet zo onder de indruk van de financiële mensen aan de overkant van de tafel. De grootste verandering die direct onder invloed van KKR tot stand komt, is dat de inkoop van het HEMA-assortiment voor een belangrijk deel naar China wordt verplaatst. Met die besparingsmaatregel zijn Van Zetten en zijn team het volledig eens.

Een klein jaar na de overname komt een nieuwe topman bij Vendex KBB binnen. Het is de Brit Tony DeNunzio, die door KKR is weggeplukt bij supermarktconcern Asda. De Britse pers is nogal verbaasd over die overstap, want Asda is, gemeten in omzet, vijf keer zo groot als Vendex KBB. Maar, zegt DeNunzio tegen *The Guardian*: 'De kans om een van de grootste leveraged buyouts in de Europese retail ooit te gaan leiden, is uniek.'[6]

Al op zijn eerste werkdag blijkt DeNunzio een doorpakker. In het filiaal van de Bijenkorf in Amstelveen is een fotoshoot voor hem gepland, want de afdeling communicatie wil graag foto's van hem hebben voor op de website en in de persmap. Als hij de kantine binnenloopt, ziet hij daar een paar mensen roken. 'Heeft dit bedrijf eigenlijk een rookbeleid?' vraagt hij aan een medewerker. Dat blijkt er niet te zijn. 'Dan voeren we dat vanaf morgen in. Er wordt binnen dit bedrijf niet meer gerookt,' zegt DeNunzio.

De Britse topman ontpopt zich ook meteen als een grote motivator van het personeel. Hij deelt potloodjes uit waarop zijn bedrijfsfilosofie staat: '*Hope is not a strategy.*' Je moet niet hopen dat het beter zal worden, je moet het gewoon doen, vindt DeNunzio. '*Just do it,*' roept hij voortdurend tegen zijn managers. Hij zit overal bovenop: als hij ergens in het land een HEMA-filiaal binnenloopt en het sokkenschap is leeg, belt hij meteen een van de directieleden op: 'Doe er wat aan!'

Onder zijn leiding organiseert Vendex KBB twee keer per jaar een soort inspiratiedagen voor de top honderd van hoogste managers. Die zijn altijd op locaties buiten de deur, bijvoorbeeld in de Jaarbeurs in Utrecht. Daar komen dan sprekers van buitenaf gepassioneerde peptalks geven, er zijn jongleurs die onder opzwepende muziek een show opvoeren en daarna de ballen het publiek in gooien, zodat de managers ook naar elkaar kunnen overgooien – 'We doen het samen! We winnen samen!' roept DeNunzio op zulke bijeenkomsten graag.

Er zijn best wat mensen bij HEMA die het allemaal maar overdreven Amerikaans gedoe vinden, ook al is de nieuwe topman dan een Brit. Maar andersom heeft DeNunzio wel een zwak voor de HEMA. Het concept van kwaliteit voor relatief weinig geld bevalt hem, en hij ontwikkelt snel een goede band met directeur Van Zetten. Hij steunt diens plan om op termijn naar Frankrijk te willen uitbreiden, en hij ziet het nut in van het openen van een reeks nieuwe, kleine Nederlandse filialen.

Een halfjaar na de binnenkomst van DeNunzio blijkt dat de analyses van KKR voorafgaand aan de overname uitstekend klopten: er zit inderdaad veel verborgen waarde in het Vendex KBB-concern. In november 2005 verkoopt KKR in één klap een groot deel van de vastgoedportefeuille. In totaal gaat het om 72 panden: vijf filialen van de Bijenkorf, zeven V&D's en maar liefst zestig HEMA-filialen.

Om de verkoopprijs van deze panden op te drijven hebben de mannen van KKR een briljante truc bedacht. Winkelpanden zijn meer geld waard als er een vaste huurder in zit, die gegarandeerd nog een aantal jaar de huur zal betalen. Dan is een koper jarenlang verzekerd van inkomsten. Alle winkelpanden die Fisher en zijn team verkopen, huurt Vendex KBB meteen weer terug. Normaal gesproken hebben winkelpanden huurcontracten die tien jaar lopen. Maar vlak voor de verkoop van deze 72 panden sluit KKR voor elk pand een huurcontract af met een looptijd van dertig jaar. De maandelijkse huurprijs gaat bovendien flink omhoog: waar filialen eerder bijvoorbeeld 1000 euro per vierkante meter betaalden, wordt dat nu 1200 euro. Niemand protesteert, want de verhuurder en de huurder zijn dezelfde partij: Vendex KBB, eigendom van KKR.

Volgens de boeken van Vendex KBB is het vastgoed 700 miljoen euro waard. Maar een consortium bestaande uit Bouwfonds, PGGM en IEF Capital betaalt nu 1,4 miljard euro voor de winkelpanden.[7] Dankzij deze transactie heeft KKR anderhalf jaar na de overname zijn volledige investering in Vendex KBB al terugverdiend. Alles wat de Amerikanen er vanaf nu aan inkomsten uit weten te slepen, is pure winst.

De winkelketens betalen de prijs. HEMA is jaarlijks ineens 11 miljoen euro extra aan huurlasten kwijt.[8]

Tony DeNunzio toont zich in zijn eerste jaar als topman een trouw volger van de lijn van KKR: hij helpt flink mee met het snijden in de kosten. In zijn eerste jaar gaan er 1500 werknemers uit, voornamelijk bij V&D, en met de vakbonden begint hij een discussie over het verlagen van de salarissen voor alle tienduizenden werknemers met 8 procent.

Maar in het HEMA-filiaal in Hilversum is van spanning daaromtrent niets te merken, als DeNunzio er op woensdag 14 juni 2006 tompoezen komt uitdelen. Eerder die ochtend heeft hij bekendgemaakt dat Vendex KBB voortaan onder een nieuwe naam door het leven gaat: Maxeda. In het Hilversumse filiaal deelt DeNunzio samen met Ronald van Zetten stukjes van een gigantische tompoes uit, waarop de nieuwe bedrijfsnaam prijkt. De nieuwe naam Maxeda betekent niets, maar volgens de eigenaren is het een naam 'met een positieve klank'. Zoals DeNunzio een week later tegen *NRC Handelsblad* zegt: 'Een reden voor de naamsverandering is dat hierdoor gedrag bij personeel verandert. Het is verbazingwekkend: een dag nadat we ons Maxeda gingen noemen, zaten we met alle inkopers bij elkaar. Ik zag dat hun houding anders was. Ze hadden iets van: laten we delen. Laten we samen praten. Laten we samen winnen!'[9]

DeNunzio kondigt dezelfde dag ook aan dat Maxeda voortaan alleen nog mensen aanneemt 'met een natuurlijke houding om mensen te dienen'. Dat is voortaan ook het bedrijfsmotto: '*Passion to serve.*' Alle medewerkers, of ze nou bij HEMA werken, bij Hunkemöller of bij Formido, moeten aan hun klanten duidelijk laten zien hoeveel lol ze in hun werk hebben. 'Lachen kost niets', in de woorden van DeNunzio.

Vanwege de verkoop van het vastgoed, een paar maanden eerder, is onder veel vaste volgers van het bedrijf de indruk ontstaan dat KKR het concern misschien wel aan stukken wil scheuren. Het zou voor de hand liggen als de Amerikaanse eigenaar een aantal winstgevende onderdelen apart zou verkopen. De doe-het-zelf-groep bijvoorbeeld, met Praxis, Formido en Brico, zou voor KKR een interessante winst kunnen opleveren. Samenhang met de rest van de winkelketens binnen Maxeda is er niet. Hetzelfde geldt voor HEMA: zou het voor KKR niet lucratief kunnen zijn om de meest winstgevende parel uit het concern aan een ander te verkopen? Maar volgens DeNunzio zijn zulke geruchten onzin. 'Er zijn geen plannen om Maxeda te splitsen en in delen te verkopen,' zegt hij tegen NRC *Handelsblad*. 'Maxeda zal over drie jaar groter zijn.'[10]

Het vrolijke geluid van begroetingen en kletterende koffiekopjes valt stil zodra Ronald van Zetten het woord neemt. Het is oktober 2006 en de directievergadering vindt deze ochtend plaats op een andere plek dan het hoofdkantoor. Dat doen ze soms, het is goed om er even uit te zijn. 'Goedemorgen, allemaal,' zegt Van Zetten. Op de andere directieleden maakt hij een onverwacht plechtige indruk, veel plechtiger dan ze van hem gewend zijn.

Een paar minuten eerder zijn de leden van de HEMA-directie ontspannen het American Hotel aan het Leidseplein binnengelopen. Over het plein, de witte trap omhoog, via het restaurant en daarna naar beneden, naar een vergaderzaaltje met heel kleine ramen. Vier mannen, één vrouw. Eigenlijk dachten ze een kalme dag tegemoet te gaan. Er stonden een paar puntjes op de agenda, niet veel bijzonders. Maar nu vragen ze zich ineens af of ze zich zorgen moeten maken. Van Zetten wiebelt wat op zijn stoel, gaat staan, laat een lange stilte vallen. Het lijkt alsof hij de dramatiek van het moment extra probeert te benadrukken.

'Dit is geen bijeenkomst zoals anders,' zegt hij. 'Er gaat iets groots gebeuren.' Hij laat een stilte vallen. 'We gaan verkocht worden. Ik heb het zelf ook net gehoord. We komen op eigen benen te staan.' KKR gaat, alle beweringen van Tony DeNunzio ten spijt, het concern inderdaad aan stukken scheuren.

De andere directieleden kijken elkaar even aan. Verkócht? Ze vinden het meteen uitstekend nieuws. Marketingdirecteur René Repko, inkoopbaas Marian Lambert, verkoopdirecteur Vincent Bröring en financieel directeur Edwin Vermeulen: allemaal hebben ze het gevoel dat ze onder KKR al tijden keihard moeten werken. Wat ze doen is nooit goed genoeg. Altijd kunnen de kosten van hun afdeling nog iets verder naar beneden, kunnen ze dingetjes slimmer doen. Hun werk gaan doen onder een nieuwe eigenaar, zonder die voortdurende financiële controle van KKR, dat klinkt hun als muziek in de oren. Eigenlijk is dit het ultieme compliment voor hun harde werk. Kennelijk staat HEMA er nu zo goed voor dat KKR geld aan ze denkt te kunnen verdienen. Al die noeste arbeid is niet voor niets geweest.

De rest van de ochtend gaat het alleen nog maar over de aanstaande verkoop. De directieleden moeten allerlei informatie gaan verzamelen, hun eigen afdelingen tot in detail binnenstebuiten keren. Hoe loopt elk artikel, wat zijn de financiële projecties voor de komende tijd, hoe zit het met alle werknemerscontracten, enzovoort. Ze moeten voor de mogelijke kopers een goed verhaal gaan voorbereiden. De *storyline*, noemt Van Zetten het: dít is HEMA en híerom is het een geweldig bedrijf dat elke koper moet willen hebben.

Geen van de aanwezigen in het American heeft er ervaring mee, maar ze hebben er nu al zin in. Mogen ze een keer vertellen hoe goed ze zijn, in plaats van te luisteren naar hoe het beter kan. Ook Ronald van Zetten ziet het als een geweldige mogelijkheid. Op eigen benen krijgt zijn directie echt de kans om de toekomst van HEMA vorm te geven. Van het opereren binnen een groot concern, met de Bijenkorf of V&D als ongewenste zusterbedrijven, is HEMA dan verlost.

Aan het eind van de vergadering legt Van Zetten een stapeltje in het Engels opgestelde documenten op tafel, afgedrukt op briefpapier van Maxeda. Alle directieleden schuift hij een exemplaar toe. 'Dit is een vertrouwelijkheidsverklaring,' zegt hij. 'Voor we verdergaan, moeten jullie die allemaal tekenen. Voorlopig houden we dit hele project strikt geheim.'

8

Het nieuwe nieuwe geld

Grosvenor Place is een straat zoals je die in het centrum van Londen zoveel ziet. Brede stoepen, waarlangs zakenmensen in strak gesneden pakken, toeristen met rolkoffers en hip geklede locals hun weg vinden. Statige panden die stuk voor stuk miljoenen ponden waard zijn. In de gebouwen huizen onder meer een aantal banken, een groot vastgoedbedrijf en de Ierse ambassade. De hele dag lang raast het verkeer door de straat, vanaf de Vauxhall Bridge over de Thames, in noordelijke richting, tot aan Hyde Park Corner. Het is een drukke straat midden in Belgravia, een van de duurste wijken van de Britse hoofdstad.

Binnen het gebouw aan nummer 21 heerst kalmte. Marmeren plavuizen, in strak beige gedecoreerde muren, zacht pratende mensen. Niets wijst erop dat dit het hoofdkwartier is van een van de meest ambitieuze financiële instellingen van Londen. Nou ja, niets: midden in de lobby loert een gigantische bronzen leeuw bezoekers aan, in aanvalshouding, klaar om zijn prooi te bespringen.

Grosvenor Place nummer 21 is het hoofdkwartier van Lion Capital, de investeringsfirma die is opgericht door Robert Darwent en Lyndon Lea. Vanaf deze plek speuren Darwent en Lea naar veelbelovende bedrijven die ze kunnen overnemen, met hulp van het geld van hun investeerders. Het is een plek met uitstraling: vanuit het raam zijn aan de overkant de tuinen van Buckingham Palace te zien. Er is een bestuurskamer met een mahoniehouten tafel en

24 stoelen, volgens sommigen is het de grootste bestuurskamer die ze ooit hebben gezien. Er is een ruimte met diep inzakkende bruinleren banken, waar Lea en Darwent graag overleg plegen met hun medewerkers en elkaar. Aan de muren hangen affiches van bedrijven die de oprichters ooit hebben overgenomen. De vergaderkamers zijn vernoemd naar bedrijven waarmee de Britten successen hebben geboekt: er is een Perrier-Jouët Room, een Weetabix Room, een Premier Foods Room.[1]

Darwent en Lea zijn in de zomer van 2004 met Lion Capital begonnen. De naam van hun onderneming is afgeleid van Lea's favoriete boek, *When the Lion Feeds* van de Zuid-Afrikaanse schrijver Wilbur Smith. Lea was op dat moment 35 jaar, Darwent 31.

Ze zijn misschien jong, maar ze hebben er allebei al een behoorlijke carrière in de financiële wereld op zitten. Vooral Lyndon Lea was er vroeg bij: naar eigen zeggen wist hij al op zijn twaalfde dat hij later in de wereld van het private equity wilde werken. Hij vertelde het aan zijn moeder tijdens een autorit. 'Ik zei dat ik een pak aan wilde, in grote gebouwen wilde werken en zorg wilde dragen voor een aantal bedrijven, niet slechts één. [...] Toen ik naar de universiteit ging, besloot ik dat private equity was waar ik wilde zijn.'[2]

Als zoon van een ingenieur en een kapster uit Noord-Engeland groeide Lea op in, zoals hij het zelf eens omschreef, 'relatief bescheiden omstandigheden'. Vanwege het beroep van zijn vader bracht hij een deel van zijn jeugd door in Botswana en Zuid-Afrika, en als puber verhuisde hij met zijn vader mee naar Canada. Na zijn studie bedrijfskunde aan de universiteit van westelijk Ontario vertrok hij naar Wall Street, waar hij een baan kreeg op de fusie- en overnameafdeling van zakenbank Goldman Sachs. In 1994, toen hij vijfentwintig jaar was, keerde hij terug naar zijn geboorteland; hij ging in Londen werken voor Glenisla, de kort daarvoor opgerichte Europese tak van KKR. Daar, bij de grondlegger van het wereldwijde private equity, leerde hij het vak van bedrijven overnemen, rendement eruit trekken, doorverkopen. In 1998 stapte hij over naar het Londense filiaal van een andere Amerikaanse investeringsfirma: Hicks, Muse, Tate & Furst, afkomstig uit Dallas. Hij kreeg er de leiding over de hele Europese tak. Nog voor zijn dertigste zat hij aan tafel bij investeringen van honderden miljoenen dollars.

Op het kantoor van Hicks, Muse, Tate & Furst leerde hij Robert Darwent kennen, net als Lea afkomstig uit een eenvoudig milieu in het noorden van Engeland. Darwent studeerde aan de universiteit van Cambridge voor hij in de Londense City ging werken. Na een aantal jaar deals sluiten in opdracht van hun Amerikaanse werkgever, besloten Lea en Darwent dat het tijd was om voor zichzelf te beginnen. Dankzij hun uitgebreide netwerk wisten ze voor hun eerste fonds in de loop van 2004 voor 820 miljoen euro aan kapitaal op te halen bij investeerders.

Sindsdien hebben Darwent en Lea in The City behoorlijk wat indruk gemaakt. Ze weten een aantal bedrijven op te kopen waarvoor de concurrentie van andere private-equityfondsen groot is, zoals noodleketen Wagamama (aankoopprijs: 102 miljoen pond), chipsfabrikant Kettle Foods (170 miljoen) en lingeriebedrijf La Senza (100 miljoen). Ze kopen ontbijtgranenproducent Weetabix voor 640 miljoen pond. Hun grootste klapper maken ze samen met het veel grotere investeringsfonds Blackstone: gezamenlijk nemen ze de Europese tak van frisdrankenconcern Cadbury Schweppes over, het bedrijf dat onder meer het bekende drankje Orangina produceert. Cadbury Schweppes kost in totaal 1,85 miljard euro, daarvan legt Lion 300 miljoen in.[3]

Binnen het kantoor aan Grosvenor Place zijn de verhoudingen tussen de twee oprichters duidelijk. Lyndon Lea is de netwerker, de man met de vlotte babbel die de ene na de andere deal sluit. Hij is het uithangbord. *The Independent* omschrijft hem eens als 'de personificatie van een *rainmaker* op Wall Street'.[4] Hij maakt er zelf ook geen geheim van dat Henry Kravis, de roemruchte KKR-oprichter, een grote inspiratiebron voor hem is. 'Ons model grijpt terug op de begintijd van private equity,' zegt hij eens. 'Het klassieke werk: eropuit gaan, de straten afstruinen, mensen ontmoeten.'[5] In zijn vrije tijd is hij een graag geziene gast op feestjes van de Londense jetset, hij bezit een groot huis in de luxe wijk Kensington.

Robert Darwent is veel minder flamboyant: volgens bekenden is hij meer het financiële brein van het duo. Tijdens onderhandelingen houdt hij zich met de cijfers bezig, en ook bij de bedrijven in hun portefeuille is Darwent degene die maandelijks de spreadsheets met de laatste resultaten doorploegt. Darwent, hoogblond en met een jongensachtig uiterlijk, zal niet zo snel op een feestje gefotografeerd worden met een fotomodel aan zijn zijde. Ondanks die persoonlijke verschillen werken de jonge Londenaren haast symbiotisch samen. In ambitie doen ze niet voor elkaar onder. Ze kunnen keihard zijn, zeggen zakenmensen die met Lion te maken hadden. Lyndon Lea heeft drie persoonlijke assistenten. Volgens een insider is het verloop onder hun secretaresses groot: 'Elk halfjaar zitten daar andere werknemers.'

Darwent en Lea lijken misschien typische private-equityinvesteerders die het alleen maar om het snelle geld te doen is, maar ze hechten er veel belang aan om duidelijk te maken dat dat niet zo is. De mannen van Lion Capital zijn merkenbouwers: ze richten zich op bedrijven met bekende merknamen, en helpen die te floreren. 'We zijn zeker geen *financial*,' zegt Lea daarover in een interview. 'We komen niet binnenlopen met spreadsheets om te vragen naar de EBITDA. Wij kijken naar het merk, en naar de potentie van dat merk.'[6] In een filmpje dat verspreid wordt via de website van *The Wall Street Journal*, benadrukken hun kennissen dat ook. 'Hij is veel industriëler dan veel private-equityeigenaren. Hij spreekt de taal van de mensen in de branche,' zegt een bevriende zakenbankier over Lea. 'Ze hebben verstand van merkinnovatie, van merkrelaties, van de rol die merken spelen in het leven van mensen. Het is een heel andere relatie dan met iemand die alleen verstand heeft van geld,' zegt de directeur van een bedrijf dat Lion overnam.[7]

Met één overname vestigen Darwent en Lea in hun eerste jaren met Lion Capital vooral hun reputatie: die van modemerk Jimmy Choo, de producent van naaldhakken waarvan in Londen en New York elke glamourvrouw een paar in de kast moet hebben staan. Lea en Darwent zetten die deal in oktober 2004 in de steigers, tijdens een etentje met oprichter Tamara Mellon en topman Robert

Bensoussan in het zeer exclusieve restaurant Harry's Bar. Ze bieden 79 miljoen pond voor 78 procent van de aandelen. Het is een aanbod dat de eigenaren van Jimmy Choo niet kunnen weigeren. Toch loopt de deal op 18 november 2004 nog bijna mis. De merkrechten van Jimmy Choo blijken door Darwent en Lea op het belastingparadijs Jersey ondergebracht, waardoor de deal op dat eilandje even buiten de Britse kust moet worden getekend. Maar net als topman Bensoussan op het punt staat om naar Jersey te vertrekken, ontdekt hij wáár hij eigenlijk voor tekent. Lion Capital gaat Jimmy Choo kopen met geld dat grotendeels is geleend van banken, en Jimmy Choo moet dat geld na de overname gaan terugbetalen. Er komt tegen de 50 miljoen pond aan schuld in de boeken van het bedrijf te staan – en dat voor een bedrijf dat in 2004 slechts 7,5 miljoen pond aan brutowinst noteert.

Lion Capital mag dan naar eigen zeggen een merkenbouwer zijn die het niet alleen om het geld te doen is, dit heeft toch erg veel weg van het tegendeel. Die schuld wordt een molensteen om de nek van Jimmy Choo, denkt topman Bensoussan. '*Fuck it*, ik ga niet,' zegt hij daarom vlak voor hij in het vliegtuig naar Jersey zou stappen.[8]

Op dat moment laat Lyndon Lea zijn speciale kwaliteiten zien: terwijl zijn collega's woedend zijn over de dreigende mislukking, belt hij Bensoussan kalm op en nodigt hem uit in het kantoor aan Grosvenor Place. In de enorme bestuurskamer legt hij kalm uit hoe de financiële structuur in elkaar zit. De banklening is achtergesteld, dus die hoeft Jimmy Choo op korte termijn helemaal niet terug te betalen. Daarnaast kan Bensoussan als topman óók aandelen in het bedrijf krijgen die door een bank worden gefinancierd. Bij een eventuele doorverkoop kan hij daar fors aan verdienen.

Niet lang daarna zit Bensoussan in de privéjet van Lea hoog boven de wolken.

De dag daarop staat de deal in alle internationale kranten: het jonge, ambitieuze Lion Capital heeft Jimmy Choo overgenomen. In veel artikelen is de teneur dat Lion veel te veel betaald heeft, want Jimmy Choo mag dan hip zijn, het is een klein bedrijf met kleine winsten en maar 19 winkels. 'Natúúrlijk hebben we te veel betaald,' zegt Lyndon Lea tegen de auteurs van een boek over Jimmy Choo. 'We betalen overal te veel voor, anders zouden we nooit iets krijgen.'[9]

Tweeënhalf jaar na de oprichting van hun eerste fonds zijn Darwent en Lea toe aan hun tweede. In totaal willen ze deze keer 2 miljard euro ophalen. Aan het document waarmee Robert Darwent bij de Britse Kamer van Koophandel op 6 maart 2007 de oprichting van het tweede Lion Capital-fonds werkelijkheid maakt, is te zien dat ze haast hebben. Onderaan het papier staan een paar slordige krassen die voor een handtekening moeten doorgaan.

Dat de oprichters van Lion haast hebben is niet zo gek, want in de maanden ervoor is de markt voor private equity ontploft. De geur van het snelle geld uit de jaren tachtig is weer helemaal terug. Alleen zijn de deals nu nog groter, de hoofdrolspelers nog geslotener en is het speelveld om bedrijven over te nemen uitgebreid van Amerika naar de hele wereld. Pensioenfondsen en andere beleggers schuiven zo snel zo veel geld in de richting van private-equityclubs, dat de geldmannen het openen van nieuwe fondsen en het opkopen van nieuwe bedrijven nauwelijks kunnen bijhouden. 'We stonden gewoon buiten terwijl het geld regende,' zegt de oprichter van een grote investeringsfirma later. 'Het enige wat we hoefden te doen was onze paraplu's ondersteboven houden.'[10] Henry Kravis van KKR, een van de grondleggers van de financiële gekte in de jaren tachtig, stelt in april 2007 op een conferentie dat nu pas echt 'de gouden eeuw van het private equity' is aangebroken.

In het bedrijfsleven zijn de gevolgen meteen te merken. In Amerika verdwijnt weer het ene na het andere gigantische concern van de beurs. De grootste klapper uit de jaren tachtig, de buy-out van RJR Nabisco voor 25 miljard dollar, verdwijnt uit de recordboeken. Investeerder Blackstone koopt het Amerikaanse vastgoedbedrijf Equity Office voor 38 miljard dollar. De wereldberoemde hotelketen Hilton komt voor 27 miljard dollar in handen van hetzelfde Blackstone. De grootste ziekenhuisketen van het land, Hospital Corporation of America, komt voor 32 miljard dollar in bezit van een consortium van Bain Capital, KKR en Merrill Lynch. Het Texaanse energieconcern TXU gaat voor 44 miljard dollar naar een ander consortium, dat bestaat uit KKR, Texas Pacific Group en Goldman Sachs.[11]

In Europa gaat het met de overnames zelfs nog harder dan in de VS. Tussen 2004 en 2007 nemen Europese bedrijven voor in totaal 740 miljard dollar aan schuld in hun boeken om overnames mee te financieren, in de VS gaat het om 701 miljard.[12] In absolute bedragen zijn de overnames in Europa kleiner. Omdat het opkopen van bedrijven hier nog niet eerder is voorgekomen, weten behendige private-equityclubs het ene na het andere koopje te vinden, waaruit na een overname snel veel rendement te trekken is.

Omdat Europa, anders dan Amerika, dit soort overnamegekte niet eerder gezien heeft, is de weerstand ertegen ook groter. In Duitsland foetert vicepremier Franz Müntefering in het voorjaar van 2005 over een 'sprinkhanenplaag' uit het buitenland die het Duitse bedrijfsleven zou kaalvreten. 'Het is genoeg. De naakte hebzucht regeert,' aldus de sociaal-democratische politicus. Zijn partij laat een zwarte lijst rondgaan van investeerders met wie Duitse bedrijven beter geen zaken kunnen doen, daarop staat onder meer de naam van KKR.[13] In Frankrijk dreigt president Nicolas Sarkozy met maatregelen: 'Geconfronteerd met de groeiende macht van speculatieve fondsen, die extreem agressief zijn, is er geen enkele reden om niet te reageren. Frankrijk moet haar bedrijven beschermen.' In Italië verklaart modeondernemer Giorgio Armani dat hij nooit met een private-equityclub in zee zal gaan: 'Deze fondsen lenen geld van banken, fuseren twee bedrijven, en gaan dan naar de beurs om meteen hun geld terug te verdienen, waarna ze het bedrijf in chaos achterlaten.'[14]

Gelukkig voor de investeerders is er één Europees land waar veel minder weerstand tegen de opkopers bestaat: Nederland. Alleen al in 2006 nemen private-equityinvesteerders hier voor meer dan 25 miljard dollar aan bedrijven over, zo berekent NRC *Handelsblad* in die tijd. Een consortium van KKR, Blackstone en Carlyle haalt in 2006 voor 7,5 miljard euro het uitgeefconcern VNU van de beurs.

NXP, de halfgeleiderdivisie van Philips, komt voor 6,4 miljard euro in handen van KKR. CVC neemt het Rotterdamse afvalbedrijf AVR voor 1,4 miljard euro over. Het Britse Apax koopt voor 610 miljoen euro het krantenconcern PCM, eigenaar van onder meer *de Volkskrant, NRC Handelsblad* en *Trouw.*

Dat het private equity plotseling zo'n enorme comeback kan maken, heeft een paar duidelijke oorzaken. Zo vallen er op de beurs sinds een paar jaar geen geweldige rendementen meer te halen. De beurzen zijn het knappen van de internetbubbel in 2000 nooit echt te boven gekomen, de meeste koersen kabbelen sindsdien maar wat aan.

Daarnaast vinden veel pensioenfondsen en verzekeraars het investeren in beursgenoteerde bedrijven minder aantrekkelijk vanwege het grote aantal schandalen. In Amerika is het energieconcern Enron in 2001 ten onder gegaan na een geruchtmakend boekhoudschandaal. In Nederland heeft supermarktconcern Ahold een eigen boekhoudschandaal in 2003 maar ternauwernood overleefd. Bij Shell heeft de directie datzelfde jaar het veld moeten ruimen, nadat het olieconcern publiekelijk bleek te liegen over de aanwezige oliereserves. Zulke affaires kosten beleggers bakken met geld en schaden hun reputatie. De private-equityclubs bieden hun investeerders de zekerheid van totale discretie. De bedrijven die zíj kopen hebben geen publieke beurskoers. Ze hoeven zich ook niet via aandeelhoudersvergaderingen en kwartaalrapporten aan de buitenwereld te verantwoorden.

Bovendien zijn banken meer dan ooit tevoren bereid om grote overnames te financieren. De rente is laag, dus investeren in deals die snel rendement kunnen opleveren is aantrekkelijk. En zowel in Amerika als Europa zijn veel bankregels in de loop der jaren versoepeld, zodat banken creatiever met hun kapitaal om kunnen gaan: uitstaande leningen kunnen ze opknippen, in pakketjes stoppen en die doorverkopen aan andere banken, zonder dat er een toezichthouder naar omkijkt.

En wat, tot slot, ook een rol speelt, is dat de schandalen van de 'barbaren' die aan de poort stonden, na bijna twintig jaar wel zo'n beetje vergeten zijn. De financiële wereld bulkt nou eenmaal van het geld, wat is er mis mee om dat in bedrijfsovernames te steken? In de nieuwe gouden eeuw van het private equity gaat duizelingwekkend veel geld om. In het jaar 2007 alleen al kopen investeerders wereldwijd voor 659 miljard dollar aan bedrijven op. Uit een studie van het World Economic Forum blijkt dat tussen 2001 en 2007 voor in totaal 2,7 biljoen dollar aan bedrijven in handen komt van private-equityfondsen. In 2007 werkt een op de tien Amerikanen in de private sector voor een bedrijf dat in handen is van private equity. In Groot-Brittannië is het zelfs een op de vijf werknemers.[15]

Het in financiële kringen gezaghebbende tijdschrift *The Economist* roept de mannen uit het private equity daarom in een speciale editie uit tot 'de nieuwe koningen van het kapitalisme'.[16] In de straten van Londen en New York wemelt het weer van de Ferrari's en Lamborghini's. De duurste restaurants zitten avond na avond vol. De markt voor privéjets is ontploft. Topman Jim Coulter van TPG, een van de grootste investeringsclubs, concludeert op een conferentie in 2006 tevreden: 'In de jaren tachtig stonden de barbaren aan de poort. Nu staan ze in onze huizen en daten ze met onze dochters.'[17]

In Londen schieten de nieuwe private-equityclubs tegen 2007 als paddenstoelen uit de grond. Omdat er zo veel geld in de markt rondgaat, boeken veel van deze clubs successen. Maar bijna nergens is het zelfvertrouwen zo groot als aan Grosvenor Place nummer 21. In februari hebben Lyndon Lea en Robert Darwent een klapper gemaakt: ze hebben Jimmy Choo twee jaar na de overname weer doorverkocht, voor 185 miljoen pond, ruim een verdubbeling van hun investering. Ze mogen dan merkenbouwers zijn en geen snelle financiële jongens, deze deal konden ze niet laten lopen. Een van de Jimmy Choo-directeuren verklaart over de betrokkenheid van Lion dat de investeerders 'niet veel vragen' stelden. 'Ze leken een beetje ongeïnteresseerd.'[18] Om die kritiek maken Darwent en Lea zich niet druk, want het nieuws van de deal haalt de voorpagina van de *Financial Times*. De reputatie van Lion Capital als behendige new kids on the block is definitief gevestigd.

Ook de 2 miljard euro die Darwent en Lea voor hun tweede fonds willen ophalen, hebben ze in no time binnen. De mannen hebben het vertrouwen gewonnen van een reeks grote en invloedrijke investeerders, zo blijkt uit de lijst met *limited partners* die Lion in 2007 bij de Britse Kamer van Koophandel deponeert. In totaal steken 45 investeerders geld in het tweede fonds. De grootste investeerders zijn de pensioenfondsen van de Amerikaanse staten Texas, Oregon, Californië en New York. Zij investeren elk zeker 100 miljoen euro, zo valt uit de lijst op te maken. Hetzelfde geldt voor het pensioenfonds van de Canadese staat Quebec.

Daarnaast stelt een aantal internationale banken, waaronder Fortis Bank, en grote verzekeraars miljoenen beschikbaar. Evenals de investeringstak van de universiteit van Stanford, de investeringsfondsen van oliestaten Koeweit en Abu Dhabi, en de Wereldbank. Tot slot is er een aantal Europese superrijken aan boord. Zakenman Hasso Plattner, een van de rijkste mensen van Duitsland; de familie Del Pino, de rijkste familie van Spanje. Ook de familie Heineken doet mee. Via het Zwitserse investeringsvehikel l'Arche Holding steekt de beroemde Nederlandse bierfamilie miljoenen in het tweede fonds van Lion Capital: een rekensom op basis van het document uit de Kamer van Koophandel leert dat het vermoedelijk om een bedrag van ongeveer 20 miljoen euro gaat. Deze investering is minder vreemd dan hij op het eerste gezicht misschien lijkt. Charlene de Carvalho-Heineken, de enige erfgename van de in 2002 overleden biermagnaat Freddy Heineken, woont al jaren in Londen. Haar man Michel de Carvalho heeft een hoge functie bij Citigroup; hij verkeert in dezelfde kringen als Lyndon Lea en Robert Darwent.

Het duurt niet lang voordat de mannen van Lion de eerste prooi voor hun nieuwe fonds op het oog hebben. Ellen Das, een Nederlandse medewerkster van Lion, wijst Darwent en Lea op een mooie kans in haar thuisland. De Britten hebben natuurlijk nog nooit van HEMA gehoord, maar het bedrijf zou uitstekend bij Lion passen, betoogt zij. HEMA, dat is voor de Nederlanders een heel bekend merk, zoals Weetabix en Kettle-chips dat voor de Britten zijn. Het bedrijf draait goed, dus de cashflow is stabiel. En het belangrijkste: er zit nog groei in. Een uitstekende investering, kortom. De eigenaar die HEMA wil verkopen is bovendien een bekende: KKR.

Er is alleen één klein probleem. HEMA zal vermoedelijk rond de 1 miljard euro gaan kosten. Een deal van die omvang heeft Lion Capital nooit eerder op eigen houtje gedaan. Maar het is er niet het tijdperk naar om daar lang bij stil te staan. Voor een dergelijk bedrag de Nederlandse HEMA overnemen, waarom zouden ze het aan Grosvenor Place eigenlijk níet kunnen?

9
Eagle

Ronald van Zetten is misschien wel beter voorbereid dan ooit. Voor hem op tafel ligt een stapel papieren. 'Project Eagle', staat op het eerste blad.

Terwijl hij zijn gehoor aankijkt, een voor een, weet hij precies wat hij zo meteen gaat vertellen. Hij gaat ze uitleggen wat hij in zijn eerste drieënhalf jaar als HEMA-directeur met zijn collega-directieleden gepresteerd heeft. Wat een soepel draaiend team ze zijn. Hoe ze in het al zo volle Nederland tientallen kleine winkels hebben geopend, hoe ze de inkoop van relatief dure landen als Israël en Turkije deels hebben verplaatst naar China. Dat ze jaarlijks voor 354 miljoen euro aan kleding verkopen, voor 404 miljoen aan hardwaren en cosmetica en voor 207 miljoen aan voedsel – in het stapeltje papieren heeft hij aan die laatste boodschap een plaatje van een rookworst toegevoegd. Dat nog altijd een op de drie Nederlandse jongetjes in HEMA-ondergoed loopt, een op de vijf vrouwen in een HEMA-beha en dat bij een kwart van alle fluitketels in het land 'HEMA' op de onderkant staat.

Hij gaat vertellen hoe ze als directie gezamenlijk de resultaten hebben verbeterd: het bedrijfsresultaat is gegroeid van 69 miljoen euro in 2004 naar 96 miljoen euro in 2006. Als de stijgende lijn zich zo doorzet, kan HEMA tegen 2010 een bedrijfsresultaat van 150 miljoen euro per jaar boeken. HEMA kan de komende jaren zowel in Nederland als in het buitenland hard blijven groeien.

Van Zetten heeft zijn hele verhaal vooraf doorgesproken met een consultant. De directie is een maand eerder versterkt met een nieuwe financieel directeur, Joost Sliepenbeek, die net als Van Zetten van Ahold is overgekomen. Een inhoudelijk zwaargewicht: niemand weet meer van zaken als cashflow en nettowinst dan hij. Van de ondernemingsraad heeft Van Zetten een lijstje met eisen meegekregen: zo mag de koper niet zomaar duizenden mensen gaan ontslaan en moet de strategie van HEMA min of meer dezelfde blijven.

Van Zetten barst op deze ochtend in maart 2007 van het zelfvertrouwen. Toch voelt hij zich voor hij aan zijn verhaal begint zichtbaar ongemakkelijk. Het gevoel wordt veroorzaakt door één man, die hem vanachter de tafel nu geïnteresseerd zit aan te kijken: Jaap Blokker. Net als alle aanwezigen is de leider van het Blokker-concern een paar minuten eerder het majestueuze gebouw aan de Droogbak binnengelopen, schuin tegenover het Centraal Station van Amsterdam. Het in baksteen en marmer opgetrokken rijksmonument uit 1884, ooit gebouwd als hoofdkwartier van de Hollandsche IJzeren Spoorweg-Maatschappij, doet tegenwoordig dienst als kantoor van de advocatenfirma Clifford Chance. Die firma adviseert eigenaar KKR bij de verkoop van HEMA.

Jaap Blokker wil het bedrijf graag kopen. Niet in zijn eentje trouwens, daarvoor is het te groot en te duur. Blokker trekt samen op met Paul Schouwenaar, directeur van winkelketen Zeeman, en met het Nederlandse private-equityfonds Gilde. Samen hebben ze berekend dat HEMA maximaal 1 miljard euro waard is, tot dat bedrag wil het consortium uiterlijk gaan. Blokker is duidelijk de leider van het stel. De kans om HEMA in handen te krijgen, al decennialang zijn grote concurrent, laat hij zich niet graag ontnemen.

Het is in 2007 niet meer de mode om je al te formeel te kleden, maar daar trekt Blokker zich niets van aan. Hij heeft voor deze dag een keurig pak met een das aangetrokken, en glanzende zwarte schoenen.

Niemand in de HEMA-directie is blij met de overnamepoging van Blokker. Natuurlijk, het familiebedrijf uit Laren bezit net als HEMA honderden winkels verspreid over het hele land. Maar hun ketens zijn onvergelijkbaar, vindt de directie. Bij HEMA ontwerpen ze al hun producten zelf. Áls Blokker al iets zelf ontwerpt, is het namaak van de concurrentie. Een jaar eerder hebben ze Blokker er zelfs nog om voor de rechter gesleept: onderdelen van de tuincollectie, het plastic servies en de schrijfwaren zou de concurrent rechtstreeks van HEMA hebben geplagieerd (volgens de rechter klopte dat grotendeels). Voor de rest bestaat het Blokker-assortiment voornamelijk uit goedkope troep uit China. HEMA investeert in de verkoop via internet, Blokker laat de opkomende e-commerce volledig aan zich voorbijgaan. De HEMA-mensen zien zichzelf als kosmopolieten: met hun mooie designspullen voor alledag staan ze op het punt de wereld te veroveren, Blokker is in hun ogen maar een provinciaal clubje. En hun voorman Jaap Blokker is een uiterst conservatieve man, kijk alleen al naar de kleding die hij draagt – moet díe man straks de zeggenschap krijgen over het HEMA-assortiment? Dat kan toch niet waar zijn?

Ronald van Zetten is al helemaal niet blij. Dat heeft vooral te maken met de waarschuwing die onder de projectnaam Eagle op zijn papieren staat: '*confidential*'. De presentatie die hij vandaag houdt, staat vol met zwaar vertrouwelijke informatie. En nu, omdat eigenaar KKR zijn bedrijf nu eenmaal wil verkopen, wordt hij gedwongen om allerlei bedrijfsgeheimen te delen met een van zijn grootste concurrenten. Als Jaap Blokker HEMA niet koopt, heeft hij nog altijd veel baat bij deze presentatie. Daar komt bij dat Van Zetten en Blokker totaal verschillende persoonlijkheden zijn. Allebei zijn het mannen van de winkelvloer, maar Van Zetten is een man met zijn blik op de toekomst, hij wil van HEMA een echte winkel van de eenentwintigste eeuw maken. De oude Blokker leeft in gedachten nog in de vorige eeuw. Bovendien heeft Van Zetten zich nu net verheugd op de vrijheid na het strenge KKR-regime. Een baantje als directeur van een werkmaatschappij die zucht onder het juk van de dominante Jaap Blokker ziet hij echt niet zitten.

Het Blokker-consortium heeft het bij project Eagle tot de laatste drie aspirant-kopers geschopt. De directie gaat er uiteindelijk niet over, maar als het aan hen ligt, wordt veel liever een van de twee andere kandidaten de nieuwe eigenaar.

De sfeer wordt er niet beter op als Jaap Blokker even later, nadat Van Zetten en financieel directeur Sliepenbeek hun presentatie hebben gehouden, suggereert dat hij na de overname zijn eigen mensen op HEMA zal zetten. 'Zeg, zijn jullie eigenlijk van plan om als managementteam aan te blijven na de verkoop?'

Op 20 maart 2007 maakt Maxeda-topman Tony DeNunzio officieel bekend dat HEMA te koop is. In gesprek met het *Financieele Dagblad* bedient hij zich zoals gebruikelijk van opzwepende managementtaal. 'Je kunt Maxeda vergelijken met een retailacademie en HEMA is daar nu aan afgestudeerd. Onze missie is leidende formules creëren. De HEMA is nu al een *retail leader.*' De aanstaande verkoop omschrijft hij als een 'strategische heroriëntatie'.[1] De holle retoriek verhult de ware reden achter het verkoopplan: nu tientallen internationale private-equityfondsen barsten van het geld, nu grote overnames in heel Europa aan de orde van de dag zijn, valt aan HEMA simpelweg een enorme bak geld te verdienen. De codenaam Eagle is niet toevallig gekozen: KKR verwacht dat de aspirant-kopers als roofvogels op dit lekkere hapje zullen duiken.

KKR-partner Todd Fisher stuurt daarom vanaf het begin aan op een snel verkoopproces, dat zo veel mogelijk geld in het laatje moet brengen. Na de aankondiging krijgen potentiële kopers een maand de tijd om, op basis van een informatiememorandum en de presentatie door de HEMA-directie, een indicatief bod uit te brengen. Er zijn vijf partijen die dat doen. Het Nederlandse consortium rond Jaap Blokker en drie private-equityfondsen uit Londen: Charterhouse, 3i en Lion Capital. Tot slot meldt zich een andere Nederlandse ondernemer, Marcel Boekhoorn, rijk geworden met investeringen in Telfort en Bakker Bart.

Deze vijf krijgen daarna een aantal weken de tijd om in een speciaal ingerichte dataroom de boeken van HEMA gedetailleerd in te kijken, de zogeheten due diligence. Er wordt een ruimte ingericht in het kantoor van Clifford Chance aan de Droogbak en er komt een streng beveiligde website waarop allerlei financiële informatie wordt geüpload. De leden van de HEMA-directie verzamelen gedetailleerde informatie over hun afdelingen en sturen die naar de bank Citigroup in Londen, die de verkopers financieel adviseert. Daar werkt een klein team bankiers dag en nacht door om de verkoop zo snel mogelijk rond te krijgen. Regelmatig vinden de directieleden 's ochtends allerlei vragen in hun mailbox, die de bankiers in Londen midden in de nacht hebben gemaild.

Na de inzage in de boeken moeten de geïnteresseerde kopers direct een voorlopig bod uitbrengen om in de race te blijven. De investeerder Charterhouse haakt af, Boekhoorn doet een bod dat KKR veel te laag vindt. Daardoor blijven er drie partijen over. Deze drie worden nogmaals uitgenodigd bij het kantoor van Clifford Chance aan de Droogbak in Amsterdam, waar ze zich een dag lang verder in HEMA kunnen verdiepen. In de ochtend krijgen ze eerst een presentatie: Ronald van Zetten schetst zijn toekomstscenario, Joost Sliepenbeek licht de financiële details toe, inkoopdirecteur Marian Lambert, verkoopbaas Vincent Bröring en marketingman René Repko vertellen over de prestaties van hun eigen afdeling. 's Middags gaat het gezelschap met de aspirant-kopers in busjes op pad: ze brengen een bezoek aan het distributiecentrum in Utrecht en gaan langs bij een aantal winkels.

Todd Fisher van KKR hoopt dat de geïnteresseerden daarna klaar zijn om tijdens een veiling hun ultieme biedingen te doen.

Voor de leden van de HEMA-directie, met uitzondering van Joost Sliepenbeek, betekent dit financiële spel de kennismaking met een totaal nieuwe wereld. Bij het van de beurs halen van Vendex KBB drie jaar eerder waren zij nauwelijks betrokken, omdat HEMA slechts een van de vele werkmaatschappijen van Vendex KBB was. Financiële termen als *earn-outs* en *covenant-lite loans* horen niet bepaald tot hun dagelijkse vocabulaire. Dat neemt niet weg dat ze het hele proces wel leuk vinden, wel spannend. Ronald van Zetten vindt het ook een prima moment om HEMA te verkopen. 'Onder Maxeda zijn we professioneler geworden en het aantal banen is gegroeid,' zegt hij in een interview met het ANP. Nu kan volgens hem een nieuwe eigenaar het bedrijf helpen om verder te groeien. 'We staan klaar voor expansie naar het buitenland.'[2]

Het enige moment van teleurstelling beleven de directieleden als kort na de bekendmaking duidelijk wordt dat Ahold HEMA niet zal kopen. Het moederbedrijf van Albert Heijn heeft een poging gedaan om exclusieve gesprekken met Todd Fisher te gaan voeren over een overname. Ahold-bestuurders Anders Moberg en Peter Wakkie hoopten op die manier duidelijk te kunnen maken dat de combinatie van Albert Heijn en HEMA voor het Nederlandse publiek een droomoplossing zou zijn: de bekendste leveranciers van food en non-food in één hand. Dagelijkse benodigdheden van HEMA in de supermarkt, de voeding van Albert Heijn in de HEMA. Via exclusieve onderhandelingen zou Ahold ook voorkomen dat het zou worden meegezogen in een biedingenstrijd met andere kopers, in deze tijd zeker geen onrealistisch scenario. En met het boekhoudschandaal dat Ahold vier jaar eerder bijna de kop kostte nog in het achterhoofd, vinden de bestuurders het belangrijk om voorzichtig te zijn.

Todd Fisher heeft het verzoek meteen van tafel geveegd. Ahold mag gerust meedoen in het verkoopproces, maar zeker niet exclusief. Als de Ahold-bestuurders wat willen met HEMA, moeten ze gewoon het hoogste bod doen. Zo simpel is het. Het bestuur van Ahold is daarop afgehaakt en in de HEMA-directie vindt iedereen dat heel jammer: ook zij zagen de combinatie met Albert Heijn wel zitten, bovendien hebben vier van de vijf directieleden zélf vroeger bij Ahold gewerkt. Ze zouden zich er direct thuis hebben gevoeld.

Over de teleurstelling hebben de directieleden zich snel heen gezet. Nu er drie kandidaten over zijn, gaat hun voorkeur voorzichtig uit naar het Britse Lion Capital. Jaap Blokker zien ze niet zitten. Van het eveneens Britse fonds 3i weten ze hoegenaamd niets, maar ze weten wel dat 3i een consortium vormt met de Nederlandse CoolCat-oprichter Roland Kahn. Als 3i straks HEMA koopt, wordt hij commissaris, is de bedoeling. Maar Kahn is volgens sommige directieleden 'veel te veel een filmster' om bij HEMA te passen. Kahn is een snelle Amsterdamse jongen, die behalve in modieuze kleding ook in vastgoed handelt, op de *Quote 500* staat, naar eigen zeggen alleen in pakken van Dolce & Gabbana en Prada loopt en regelmatig op jetsetfeestjes wordt gesignaleerd met een nieuw fotomodel aan zijn zijde. Om een heel andere reden dan Jaap Blokker past Kahn ook niet bij HEMA, vindt een deel van de directie.

Van Lion Capital wisten de directieleden ook niets, inmiddels weten ze dat het jonge bedrijf een tijdje met succes eigenaar is geweest van het hippe schoenenmerk Jimmy Choo. Ze weten dat het fonds wordt geleid door twee jonge, enthousiaste gasten, en dat hun team kortgeleden is versterkt met een voormalige topvrouw van het Amerikaanse Coca-Cola, Mary Minnick. Tijdens het voorbereidende boekenonderzoek hebben ze een goede indruk gekregen van de Nederlandse Lion-medewerkster Ellen Das en haar jonge Duitse collega Jan Schuster. Ook van Robert Darwent hebben ze een positieve indruk gekregen. Geen blaaskaak, hij komt zelfs een beetje verlegen over. Hij lijkt een competente bankier. Cool, dat is het juiste woord om de derde aspirant-koper te omschrijven. Lion Capital is cool.

Op de avond van donderdag 31 mei 2007 moet het gebeuren. In het kantoor van KKR in Londen zit Todd Fisher klaar in de vergaderzaal, om via de *speakerphone* de biedingen van de overgebleven kandidaten aan te horen. Op het kantoor van Clifford Chance aan de Droogbak in Amsterdam luisteren zijn advocaten mee.

De afgelopen dagen heeft het verkoopteam er alles aan gedaan om de druk zoveel mogelijk op te voeren: de kandidaat-kopers kregen het ene na het andere contract met voorwaarden voorgelegd. Bij sommige deals vergoedt de verkoper de kosten van de kandidaat-koper die misgrijpt; hier niet. De kopers moeten de financiering al hebben klaarstaan, zodat de deal snel kan worden afgerond nadat de winnaar bekend is. Enzovoort. De contracten gaan telkens vergezeld van een niet te missen boodschap: *jullie hebben tien minuten de tijd om te tekenen. Prima als jullie deze voorwaarden niet accepteren, dan gaan we met de andere aspirant-kopers verder.*

De kopers zijn er uiteraard niet blij mee. Het team van Lion

Capital laat zelfs op enig moment weten dat het 'afschuwelijke voorwaarden' zijn waar ze nu weer voor hebben getekend. Maar alle kopers weten ook: het is nu of nooit. Vanwege de grote interesse kán KKR nu eenmaal de voorwaarden bepalen.

Op hun kantoor aan de Cornelis Schuytstraat in Amsterdam-Zuid, in de schaduw van het Hilton Hotel, zit het overnameteam van 3i klaar, dat geleid wordt door de Vlaming Robert van Goethem. Roland Kahn zit erbij, samen met zijn financiële rechterhand. Ze hebben uitgerekend dat HEMA tussen de 900 miljoen en 1 miljard euro waard moet zijn. Het consortium heeft een plan opgesteld om het bedrijf de komende jaren verder te laten groeien: de bevoorrading van winkels kan efficiënter, de buitenlandse expansie is kansrijk, en in de winkels moet meer de nadruk komen te liggen op het goedkoopste deel van het assortiment. Degelijke eenvoud voor weinig geld, daar is HEMA immers ooit groot mee geworden. Alle aanwezigen op de Cornelis Schuytstraat zijn nerveus, allemaal willen ze HEMA heel graag hebben. Deze avond moet de deal van hun leven worden.

Op het kantoor in Londen, met uitzicht op de tuin van Buckingham Palace, zit Robert Darwent klaar achter de speakerphone. Zijn medeoprichter Lyndon Lea luistert mee, net als een paar medewerkers en hun adviseurs. Ook voor de Britten is de inzet hoog: ze staan misschien wel op het punt om hun eerste echte miljardendeal te sluiten.

In een kantoorvilla in Laren zit een ervaren retailer klaar voor wat er komen gaat. Jaap Blokker wil HEMA graag hebben, net als zijn gelegenheidscompagnons Paul Schouwenaar van Zeeman en de mannen van Gilde. Blokker vindt het belangrijk dat het bedrijf in Nederlandse handen blijft. Maar hij is ook zuinig. Hij weet dat de concurrentie bestaat uit buitenlandse financiële partijen met diepe zakken, die de laatste tijd vaak veel te veel betalen voor een overname. Hij heeft met zijn team afgesproken dat hij daar zeker niet in mee zal gaan.

Het team van Blokker is daarom aan het begin van de avond ook het eerste dat afhaakt. 3i en Lion hebben een bod gedaan dat boven de 1 miljard euro ligt. Blokker en zijn team krijgen van Todd Fisher de kans om een hoger bod te doen, maar daar besluiten ze niet op in te gaan. Meer dan 1 miljard euro betalen voor HEMA is waanzin, vinden zij.

Tegen elf uur 's avonds gaat het daarom alleen nog tussen de teams van 3i en Lion. Beide teams krijgen de kans om hun eerste bod te verhogen. Op zijn kantoor in Londen toont Todd Fisher zich met al zijn ervaring een briljante verkoper: via de speakerphone vertelt hij beide teams dat hun biedingen niet ver uiteenliggen, en dat ze een goede kans maken als ze hun bod nú substantieel verhogen. Een uurtje later heeft Fisher twee nieuwe, hogere biedingen binnen. Aan de Droogbak luisteren de advocaten van Clifford Chance die hem ondersteunen geamuseerd mee. Zowel Lion als 3i heeft zijn bod fors verhoogd, de biedingen ontlopen elkaar opnieuw niet veel.

Fisher speelt opnieuw zijn spel: hij belt zowel 3i als Lion Capital op, bedankt ze voor hun laatste bod, maar zegt erbij dat de biedingen nog steeds zo dicht bij elkaar liggen dat KKR helaas nog geen keuze kan maken. Ze zullen hun bod nog een keer moeten verhogen, willen ze de nieuwe eigenaar van HEMA worden. En dat nieuwe bod moet snel binnen zijn.

Op het kantoor aan de Cornelis Schuytstraat beginnen Roland Kahn en zijn rechterhand Jaco Scheffers steeds onrustiger op hun stoel te wiebelen. Ze hebben berekend dat HEMA maximaal 1 miljard euro waard is, inmiddels zitten ze daar al flink boven. De afspraak is dat 3i twee derde van de financiering regelt, en Kahn een derde. Elke 30 miljoen euro omhoog betekent voor hem dus 10 miljoen extra lenen bij de bank. Hij mag dan op de *Quote 500* staan, voor Kahn is dat nog altijd heel veel geld. De mannen van 3i worden nog niet echt zenuwachtig, die kopen HEMA niet met hun eigen geld maar met dat uit hun investeringsfonds. Zij willen het bod nog eens verhogen, Kahn en zijn rechterhand beginnen zich af te vragen of dat nog wel verstandig is. Dit is gekkenwerk, fluisteren ze tegen elkaar.

Namens 3i verhoogt Van Goethem het bod naar ruim 1,1 miljard euro – het team benadrukt dat dit echt hun ultieme bod is. Hoger gaan ze niet. Het loopt inmiddels tegen één uur 's nachts. Van de andere koper komt geen hoger bod binnen dan dat van 3i, zegt Fisher via de speakerphone. Hij suggereert dat 3i en Kahn wel eens de nieuwe eigenaar van HEMA kunnen zijn. Aan de Cornelis Schuytstraat kijken ze elkaar glunderend aan, bij iedereen giert de adrenaline door het lijf. Hebben ze de buit binnen?

Ze wachten. Meer kunnen ze niet doen. Van Goethem belt nog eens met Fisher: nog steeds geen hoger bod van de andere koper. De nervositeit stijgt, de euforie ook. De eerste flessen champagne worden voorzichtig uit de koelkast gehaald. De tijd die de kopers van Fisher kregen om nog een verhoogd bod te doen, is allang verstreken. Blijkbaar heeft de andere aspirant-koper geen nieuw bod meer gedaan. Op het kantoor van 3i raken alle aanwezigen er met de minuut meer van overtuigd: de overname van HEMA is binnen. De eerste nerveuze felicitaties gaan door de ruimte.

Om tien voor twee 's nachts gaat de telefoon. Het is Todd Fisher, eindelijk. Nu is het definitief, denkt iedereen.

Maar dat blijkt niet te kloppen. 'Ik ga nog één keer met de andere partij bellen om te kijken of ze hun bod niet willen verhogen,' zegt Fisher. 'Jullie krijgen ook nog één keer de kans om er geld bij te doen. Maar dan moet ik het wel snel weten.'

We worden om de tuin geleid, denkt het team in Amsterdam-Zuid. Die Fisher heeft helemaal geen nieuw bod van die andere partij. Hij probeert ons gewoon nog wat extra geld uit de zak te kloppen. 3i besluit het laatste bod niet verder te verhogen.

Wat het team in Amsterdam niet weet, is dat Lion Capital op dat moment wel degelijk ook een bod heeft gedaan dat iets boven de 1,1 miljard euro ligt. Todd Fisher weet dat zijn beide kopers aan hun grens zitten. Het is nu alleen de vraag wie hij zo gek krijgt om er nóg iets bij te doen.

Even later hangt hij bij Robert Darwent in Londen aan de telefoon. '*Hi Robert.* Als je er nog 10 miljoen euro bij doet, is HEMA van jou.' Binnen een paar minuten belt Darwent terug om te vertellen dat Lion Capital haar bod nog één keer met 10 miljoen verhoogt.

Om twee uur 's nachts gaat in Amsterdam-Zuid opnieuw de telefoon. Helaas, zegt Todd Fisher: 3i is niet de nieuwe eigenaar van HEMA geworden. De andere partij heeft meer geboden. Het team van 3i is er kapot van. Ze zijn boos en teleurgesteld. Roland Kahn is ook teleurgesteld dat HEMA aan zijn neus voorbijgaat, maar stiekem haalt hij ook opgelucht adem.

Betrokkenen spreken achteraf van een 'bizarre nacht' en van 'hysterie'. Een ervaren dealmaker die erbij was, zegt later dat hij nooit eerder zoiets had meegemaakt. Maar voor KKR werkt de agressieve en schaamteloze verkooptactiek perfect. HEMA komt in de vroege ochtend van 1 juni 2007 voor 1.127.000.000 euro in handen van Lion Capital. 1,127 miljard. Dat is minstens 127 miljoen euro meer dan alle experts voor mogelijk hielden.

Bij Lion Capital in Londen zijn Darwent, Lea en de nieuwe partner Mary Minnick niet van die aankoopprijs onder de indruk. Ze hebben hun huiswerk goed gedaan, vinden ze, en HEMA wilden ze nu eenmaal graag hebben. Het benodigde geld voor de overname lenen ze van banken, ze betalen het niet zelf. En de bankschuld komt straks in de boeken van HEMA te staan, dus ook daar ondervinden ze in Londen weinig last van. Ja, die schuld valt misschien wat hoger uit dan verwacht, maar dat is geen probleem. Die betaalt HEMA vanzelf wel weer af.

Bovendien galmen aan Grosvenor Place nog altijd de woorden na die Lyndon Lea sprak na de overname van Jimmy Choo. 'Natúúrlijk hebben we te veel betaald. We betalen overal te veel voor, anders zouden we nooit iets krijgen.'

De HEMA-directieleden krijgen weinig van de nachtelijke onstuimigheden mee. Als ze op vrijdagochtend 1 juni wakker worden zien ze het op hun telefoons: ze zijn verkocht aan Lion Capital. Alle betrokkenen hebben afgesproken het nieuws op maandagochtend via een persconferentie bekend te maken. Maar dat plan wordt doorkruist als op de vroege vrijdagavond blijkt dat het *Financieele Dagblad* lucht heeft gekregen van de deal, en met die primeur de zaterdagkrant wil openen. Het HEMA-team ziet daarom geen andere mogelijkheid dan op vrijdagavond alvast het persbericht naar buiten te brengen, zodat ook de andere kranten het nieuws nog in hun zaterdagedities kunnen meenemen. HEMA is van alle Nederlanders, die hebben er recht op te weten dat het bedrijf verkocht is.

Ronald van Zetten is lyrisch over de verkoop. 'Lion is een goede partij voor HEMA,' zegt hij in een interview dat op maandag in alle regionale kranten verschijnt. 'Ze zullen niet aan de arbeidsvoorwaarden komen en ze willen maar één ding: uitbreiden naar het buitenland.' Hij maakt er geen geheim van dat het fonds uit Londen de favoriet van de directie was. 'Lion had onze voorkeur, omdat het gespecialiseerd is in consumentenproducten. Ze kopen sterke merken en bouwen die uit. HEMA zal bij Lion alle aandacht krijgen. [...] De komende jaren willen we er in Europa elk jaar vijftig winkels bij. Lion wil groeien en geeft ons een onbeperkt budget om te investeren, zolang de plannen maar geld opleveren.'[3]

Lion-partner Mary Minnick blijkt gek genoeg een stuk gereserveerder. Minnick komt na de overname in de raad van commissarissen van HEMA te zitten, net als Robert Darwent. Als een journalist van het zakenblad *FEM Business* haar vraagt naar de groeiplannen die Van Zetten in interviews enthousiast verkondigt, reageert Minnick ineens ijzig. Dat HEMA tientallen nieuwe winkels gaat openen en gaat uitbreiden in het buitenland, is volgens haar nog helemaal geen vaststaand feit. 'HEMA kan onder meer groeien door uitbreiding van het aantal winkels, door organische groei of de introductie van nieuwe productcategorieën. Waarop we ons focussen wil ik nog niet zeggen, want dan maken we de concurrentie wakker.' Dat Van Zetten een onbeperkt investeringsbudget krijgt, is volgens Minnick ook nog maar de vraag. Ze vindt het 'nog te vroeg om daarover te praten'.[4]

Bovendien gaat Lion Capital, de investeerder die zich graag presenteert als expert in consumentenmerken, als een eigenaar die bedrijven actief helpt met groeien, zich volgens Minnick helemaal niet zo inhoudelijk met HEMA bemoeien. 'Het zit niet in ons model om de expertise aan te leveren voor onze participaties,' zegt ze in gesprek met *NRC Handelsblad*. 'Dat is de rol van directeur Ronald van Zetten en zijn team. Onze taak is om hem nauwkeurig te volgen.'[5]

Dat de mensen van Lion kennelijk iets anders over de aanstaande samenwerking denken dan zij, ontgaat op dat moment iedereen bij HEMA. De directieleden zijn domweg te gelukkig met de deal. Ze verdienen er zelf fors aan: Ronald van Zetten krijgt voor zijn aandelen in Maxeda 1,8 miljoen euro, de rest van de directie tussen de 300.000 en 1 miljoen. Dat geld is nog niet eens het belangrijkste. Van Zetten en zijn team wilden graag meer vrijheid dan onder KKR. Het lijkt erop dat ze die onder Lion Capital zullen krijgen.

In augustus 2007, iets meer dan twee maanden na de hectische nacht waarop Lion Capital de nieuwe eigenaar van HEMA werd, zit advocaat Charles Eijsbouts uit te puffen op het strand van Ibiza. Als leider van het dealteam van Clifford Chance begeleidde hij het hele proces vanuit het hoofdkwartier aan de Droogbak. Eijsbouts was aan vakantie toe: door het enorme aantal bedrijfsovernames zijn het bij Clifford Chance hectische maanden geweest. Het ging maar door.

Twee strandstoelen verderop zit Peter Wakkie. Ook de bestuurder van Ahold is naar Ibiza gevlogen om even bij te komen van een paar drukke maanden. Eijsbouts en hij kennen elkaar: ook Wakkie is van huis uit advocaat. En eerder in het jaar kwamen ze elkaar tegen, toen Ahold kortstondig in de race was om HEMA te kopen. Allebei kunnen ze wel lachen om de manier waarop KKR de verkoopprijs heeft opgedreven en Lion Capital de hoofdprijs heeft laten betalen.

Beide advocaten lezen in hun strandstoel de *Financial Times*. Met ronkende krantenkoppen maakt de gezaghebbende zakenkrant gewag van onrust op de financiële markten. Verschillende Europese banken zitten in de problemen door grootschalige handel in opgeknipte hypotheekpakketten, met de Amerikaanse huizenmarkt als onderpand. Hoe groot de problemen precies zijn is nog niet duidelijk, maar voor volgers van de financiële wereld wordt met de dag duidelijker dat er een gigantisch probleem aankomt. Sommige experts vrezen een financiële crisis die zijn weerga niet kent.

Op het strand kijken Eijsbouts en Wakkie elkaar aan en weten: het zou wel eens snel afgelopen kunnen zijn met de grote deals en de economische hausse van de afgelopen jaren. Die miljardendeal met HEMA, die vond misschien wel plaats aan de rand van het ravijn.

10

Créteil

Onder een waterig februarizonnetje draait de ene na de andere auto met HEMA-managers het parkeerterrein op van restaurant Greenfield's in Baarn. De medewerkers hebben de opdracht gekregen om zich op deze woensdagmiddag 20 februari 2008 om stipt zes uur in het witgepleisterde pand met de groene zonneschermen te melden, voor een uitleg over het *management equity plan*. Iets met de nieuwe eigenaar, het gaat erover dat zij als HEMA-mensen ook aandelen in het bedrijf kunnen krijgen, of zoiets.

In de zaal waar een vriendelijke ontvangstdame de HEMA-mensen naartoe wijst, hangt even later een uitgelaten sfeer. Financieel directeur Joost Sliepenbeek maakt een rondje langs alle tafels en deelt een brochure uit. Nou ja, brochure: het blijkt de uitgeprinte versie van de presentatie die hij zo meteen samen met Ronald van Zetten zal geven. *Management equity plan – outline for eligible senior management*, staat er op de voorkant. In het Engels, zo hoort dat nu natuurlijk.

Dat 'senior management', dat zijn zij, vertellen Van Zetten en Sliepenbeek even later. Zij, de aanwezigen hier, vormen samen de 68 hoogstgeplaatste werknemers in de piramide van het bedrijf. Directieleden, stafmedewerkers, managers in leidinggevende functies. Zij krijgen van de nieuwe eigenaar Lion Capital de kans om in HEMA te investeren – zo noemen de eigenaren in Londen dat. Aandelen kopen in het eigen bedrijf. Zo doet dit soort private-equityeigenaren het volgens Van Zetten altijd.

Van Zetten en Sliepenbeek vallen maar meteen met de deur in huis: Lion Capital heeft HEMA gekocht om weer te verkopen. Met een flinke winst, en wel binnen vier tot zes jaar.

'Lion's objective is to realise a significant return on investment by increasing the enterprise value of HEMA *and realising an exit within the next four to six years'* – zo staat het in de brochure. Het aandelenplan voor het hogere management moet helpen om dat doel te bereiken, vertellen Van Zetten en Sliepenbeek. Met HEMA-aandelen in de achterzak zullen de managers meer een '*owner mentality*' laten zien, zo is het idee. Van Zetten toont dat hij de taal van de nieuwe eigenaar al aardig onder de knie heeft: 'Lion wil de belangen van het senior management op één lijn brengen met de belangen van de investeerders, door het management de kans te geven mee te investeren.' Alle managers die 'de prestaties van het bedrijf wezenlijk kunnen beïnvloeden' zijn daarom uitgenodigd om aandelen te kopen, vertellen ze. Na een zorgvuldige analyse van de organisatie zijn ze tot deze top 68 gekomen. 'Deze uitnodiging reflecteert ons geloof in jouw bijdrage aan ons toekomstige succes.'

Wat ze er niet bij vertellen is waarom deze bijeenkomst pas driekwart jaar na de overname plaatsvindt. Lion Capital wilde aanvankelijk alleen Van Zetten en Sliepenbeek, de statutair directeuren van HEMA, een fors aandelenpakket geven. Dat is bij veel private-equity-overnames gebruikelijk: de bedrijfstop fors laten meeprofiteren als het bedrijf in korte tijd veel meer waard wordt en kan worden doorverkocht. Het is Van Zetten geweest die de nieuwe eigenaar in Londen ervan heeft overtuigd dat dat misschien in Engeland en de VS geaccepteerd wordt, maar dat het in Nederland scheve gezichten geeft. Hij vindt het ook niet bij HEMA passen. HEMA is van iedereen, er werken tienduizend mensen – waarom zouden die niet mee mogen profiteren? Waarom zouden ze niet gewoon alle medewerkers de kans geven een aandeel in hun geliefde bedrijf te kopen?

Bij Lion vonden ze dat een belachelijk idee. Na een discussie die zich maanden heeft voortgesleept heeft Van Zetten met de Britten uitonderhandeld dat weliswaar niet alle medewerkers mogen meedoen, maar dat hij het aandelenpakket dat voor hem en Sliepenbeek bestemd was, onder een groep van maximaal zeventig medewerkers mag verdelen. Alle andere medewerkers krijgen vanwege de overname een bonus van maximaal 1000 euro per werknemer.

Joost Sliepenbeek legt even later met behulp van een paar sheets vol grafieken en cijfers uit hoe het businessplan voor de komende jaren in elkaar steekt. HEMA noteerde in 2007 een bedrijfsresultaat – zogeheten EBITDA, winst voor afschrijvingen en belasting – van 100 miljoen euro. Lion Capital heeft ruim 1,1 miljard euro voor HEMA betaald, dus elf keer de EBITDA. Als ze het bedrijfsresultaat met zijn allen omhoog weten te krikken naar 150 miljoen euro in 2009, en daarna jaarlijks met 5 procent laten groeien, dan ligt het resultaat eind 2011 op 165 miljoen euro. Dat is het moment waarop HEMA weer verkocht moet worden. Een nieuwe koper zal nooit meer elf keer het bedrijfsresultaat betalen, ze hebben allemaal in de krant kunnen lezen dat de koopprijs die Lion Capital neerlegde buitensporig was. Acht keer het bedrijfsresultaat betalen is voor een winkelbedrijf zoals HEMA gebruikelijk. De doelstelling van Lion Capital is daarom om HEMA tegen 2012 – 'bijvoorbeeld in het midden van het jaar', staat in de presentatie – voor acht keer 165 miljoen euro te verkopen. Oftewel: een verkoopprijs van 1,32 miljard euro. Voor dat bedrag mag een nieuwe eigenaar HEMA hebben.

Wat dit voor de managers betekent? Na de geplande verkoop in 2012 betaalt Lion Capital de bankschulden af en houdt de rest van het geld zelf, waarbij een kleine zak geld moet overblijven om aan de deelnemers van het management equity plan uit te keren. Simpel gezegd, vertelt Sliepenbeek, krijgen ze 16 keer hun inleg terug als bovenstaand groeiplan uitkomt. Wie straks voor het minimale bedrag van 2.500 euro HEMA-aandelen koopt, casht dan 40.000 euro. Wie 50.000 inlegt, casht 800.000 euro. Als HEMA nog harder groeit dan verwacht kan de opbrengst nog flink hoger uitvallen, maar de deelnemers kunnen ook hun inleg verliezen – zo eerlijk moet Sliepenbeek ook zijn. Deelnemen is niet helemaal zonder risico.

Sliepenbeek legt er niet de nadruk op, maar uit de sheets blijkt ook dat de inleg van Lion Capital volgens hetzelfde scenario meer dan verdubbelt. Van de 340 miljoen euro die Lion en haar investeerders in HEMA hebben gestoken, moet in vijf jaar tijd zeker 700 miljoen te maken zijn, denkt de eigenaar in Londen.

Alle deelnemers aan het management equity plan moeten wel aan één belangrijke voorwaarde voldoen, vervolgt Sliepenbeek: ze moeten tot aan de verkoop bij HEMA blijven werken. Mochten ze in de tussentijd toch vertrekken, dan kunnen ze onder bepaalde voorwaarden hun inleg terugkrijgen – ze moeten dan door Lion Capital worden gekwalificeerd als een '*good leaver*'. Vertrekken ze in de ogen van de eigenaar als een '*bad leaver*', dan zijn ze hun inleg kwijt.

Verschillende aanwezigen kijken elkaar gniffelend aan als ze op de volgende sheet lezen wat dat precies inhoudt.

You qualify as a Good Leaver in case of:
- *Death;*
- *Permanent ill health or permanent disability; or*
- *In any circumstances with the prior written consent of [Lion Capital]*
- *Where employment is terminated for any other reason, you are considered a Bad Leaver.*

De aanwezigen horen het hele verhaal met gemengde gevoelens aan. Sommigen vinden de plannen van de nieuwe eigenaar wel spannend, en het perspectief om veel geld te verdienen spreekt natuurlijk iedereen aan. Maar een deel van de aanwezigen bekruipt ook het gevoel dat ze door Lion Capital voornamelijk worden gezien als instrument om geld aan te verdienen. De nieuwe eigenaar zou toch gaan helpen om het merk uit te bouwen, om het bedrijf te laten groeien? Veel mensen zijn bang dat het nu alleen maar om geld gaat draaien. Natuurlijk, ze doen altijd al hun best om de resultaten jaar op jaar te verbeteren, ze werken al jaren met targets, maar dat was nooit het enige wat telde. Dat is niet waar HEMA voor staat. Het gaat om de producten, de winkels, de klanten. De tienduizend mensen die lager in de organisatie werken zijn helemaal niet bezig met zaken als de EBITDA, die willen gewoon in een goed ingerichte winkel staan en iets betekenen voor hun klanten. Heeft Lion Capital daar wel oog voor?

Aan het eind van de presentatie, het februarizonnetje is inmiddels allang onder, krijgen alle aanwezigen een stapeltje papieren mee. Er zit een geheimhoudingsverklaring tussen: buiten de 68 uitverkorenen mag niemand iets weten van wat in Greenfield's is besproken. Het is zelfs niet de bedoeling dat collega's ervan afweten. Ook dit soort geheimzinnigheid is voor de meeste aanwezigen nieuw. Allemaal krijgen ze het contract mee waarmee ze kunnen deelnemen aan het management equity plan. Ze hebben anderhalve week de tijd om het te ondertekenen, veruit de meesten zullen dit doen.

Voor de meeste HEMA-medewerkers duurt het iets langer voordat duidelijk wordt dat er echt iets verandert met Lion Capital als nieuwe eigenaar. De winkels zien er nog hetzelfde uit, de dagelijkse klantenstroom verloopt net zoals vroeger. Maar op woensdag 6 augustus 2008 opent het *Financieele Dagblad* de krant met een ronkend artikel: 'HEMA zucht onder schuld'. Lion blijkt de overname van het Nederlandse winkelbedrijf een jaar eerder gefinancierd te hebben via 762 miljoen euro aan bankleningen, uitgegeven door ABN Amro en Citigroup. Van het geld (340 miljoen) dat Lion daarnaast zelf op tafel legde, blijkt 269 miljoen euro te zijn overgemaakt in de vorm van een aandeelhouderslening, waarover HEMA een jaarrente van maar liefst 13,5 procent betaalt.

In het jaarverslag over 2007, dat kort ervoor bij de Kamer van Koophandel is gedeponeerd, hebben de journalisten van het *FD* ontdekt dat HEMA hierdoor bij de overname met 91 procent aan vreemd vermogen gefinancierd is. Tegenover een eigen vermogen van 35 miljoen euro staat een totale schuld van bijna 1,1 miljard euro in de boeken. De rentelasten die daarbij komen kijken, blijken alleen al in de tweede helft van 2007 te zijn opgelopen tot 63 miljoen euro.[1]

Door deze enorme extra kosten blijkt HEMA vanuit het niets omgetoverd van een bloeiende onderneming tot een verlieslatend bedrijf. Door de hoge rentelasten heeft HEMA tot 2007 een verlies genoteerd van bijna 19 miljoen euro. Het kerngezonde bedrijf, wiens winsten in het verleden zusterbedrijven de Bijenkorf en V&D overeind hielden, zit plotseling in de rode cijfers. Financieel directeur Joost Sliepenbeek neemt de taak op zich om in gesprek met de krant uit te leggen dat er volgens hem niet zoveel aan de hand is. Het verlies is een boekhoudkundige werkelijkheid, met de onderneming HEMA gaat het nog steeds prima. 'Er is een verlies. Natuurlijk is dat erg. Niemand maakt graag verlies. Maar onze financiering is robuust en de cashflow is positief,' zegt hij. 'We kunnen ons investeringsprogramma uit de kasmiddelen financieren en we hebben het plan om ook schulden te gaan aflossen.'

Desondanks regent het op het hoofdkantoor verontruste telefoontjes. De ondernemingsraad, vakbonden en werknemers vanuit het hele land vragen zich af hoe het met die financiële structuur nou precies zit. Het nieuws uit het *FD* is diezelfde ochtend door vrijwel alle Nederlandse media overgenomen. Tientallen, zo niet honderden mensen willen weten wat er nou precies aan de hand is. Van termen als cashflow, vreemd vermogen en EBITDA weten ze niets, ze willen gewoon weten of ze over een jaar hun baan nog hebben. Moeten ze zich zorgen gaan maken?

Van Zetten en Sliepenbeek geven hun afdeling communicatie de opdracht om al deze verontruste medewerkers rustig te woord te staan. De communicatiemensen moeten hun collega's uitleggen dat het voortbestaan van HEMA niet in gevaar is, dat een grote schuld nou eenmaal gangbaar is bij een overname door een private-equitybedrijf. Dat er geen aanleiding is tot bezorgdheid.

Wat die dag niet in de krant staat, is dat de plotselinge rode cijfers juist de bedoeling zijn. Een bedrijf dat winst maakt, betaalt winstbelasting. Door het nettoverlies betaalt HEMA vanaf dag één na de overname in Nederland geen cent belasting meer. Sterker nog: dankzij het nettoverlies heeft HEMA over 2007 ineens recht op een belastingterúggave van 5,2 miljoen euro. Dat bedrag mag HEMA verrekenen met eventuele winsten in de toekomst. Onder private-equitybedrijven is het een zeer gebruikelijke truc – de oprichters van KKR hebben hem ooit uitgevonden. Maar de Belastingdienst is het er niet mee eens: in oktober 2008 stelt de fiscus een officieel onderzoek in naar de constructie die Lion heeft opgetuigd. (Dit onderzoek zal op 7 oktober 2010 leiden tot schikking. Lion en de fiscus sluiten dan een zogeheten *tax ruling*: HEMA betaalt eenmalig 10 miljoen euro belasting over de jaren 2007-2009 en betaalt voortaan ongeveer 1 procent belasting over het bedrijfsresultaat voor aftrek van de rentelasten.)

En de mensen van Lion hebben nog een truc uitgevoerd die niet meteen opvalt. De aandeelhouderslening van 269 miljoen euro die Lion Capital bij de overname heeft verstrekt, tegen een jaarrente van 13,5 procent, is overgeboekt vanuit de vennootschap Lion Capital II Ltd., gevestigd op het belastingparadijs Guernsey. Het is, zoals dat heet, een achtergestelde lening, dus HEMA lost deze schuld niet af. De rente die HEMA moet betalen en die in het eerste hele jaar ruim 36 miljoen euro bedraagt, wordt niet naar Guernsey overgeboekt, maar wordt aan het eind van het jaar bij de bestaande lening opgeteld. Hierdoor wordt op papier de schuld aan eigenaar Lion elk jaar groter. Het idee hierachter is als volgt: als HEMA over een paar jaar verkocht wordt, dan betaalt de koper deze schuld in één klap af. Op dat moment ontvangt Lion een veelvoud van het aanvankelijk uitgeleende bedrag.

Dat betekent overigens niet dat Darwent en Lea zelf zo lang zullen wachten tot ze aan HEMA beginnen te verdienen. Dat doen ze namelijk vanaf het begin. Als eigenaar van HEMA ontvangen ze een reeks vergoedingen, die *fees* worden genoemd. Voor het uitvoeren van de overname heeft Lion zichzelf vanuit HEMA een *transaction fee* uitgekeerd. De hoogte van dit bedrag is niet bekend, vermoedelijk gaat het om enkele miljoenen. Daarnaast ontvangt Lion vanuit HEMA na de overname een jaarlijkse *oversight fee*, oftewel een betaling voor het in de gaten houden van hun eigendom. Uit jaarverslagen blijkt dat deze fee 1,25 procent van het verwachte bedrijfsresultaat is; in de eerste jaren gaat het om 1,5 tot 2 miljoen euro per jaar.

Van hun investeerders krijgen Darwent, Lea en Minnick een jaarlijkse *management fee* voor hun werk. Deze fee bedraagt per jaar 1,75 procent van het totale investeringsfonds.[2] Aangezien het tweede fonds van Lion 2 miljard euro groot is, maken alle investeerders samen jaarlijks 35 miljoen euro aan Lion Capital over. Ongeveer een zesde van dit fonds heeft Lion gebruikt voor de overname van HEMA. Oftewel: de investeerders betalen Lion 5,8 miljoen euro per jaar om de investering in HEMA te managen.

Een simpele rekensom leert vervolgens dat Lion Capital in de eerste vijf jaar minimaal 38,5 miljoen euro verdient aan de overname van HEMA. Voor dat geld hoeven de Londenaren niets te doen. Ze krijgen het ook als HEMA slecht draait, of na de beoogde vijf jaar met verlies verkocht wordt. Lion Capital wint altijd.

Voor iedereen die erbij is, en zeker voor directeur Ronald van Zetten, voelt 23 januari 2009 aan als een historische dag. Opgetogen staat hij onder een rood-wit bord waarop een paar heldere letters oplichten: '*HEMA*. DEPUIS 1926'. Van Zetten staat op het punt om in Créteil, een voorstadje ten zuidoosten van Parijs, de allereerste HEMA van Frankrijk te openen.

De winkel is opgetrokken in felle, heldere kleuren: witte muren, roodgetinte schappen. Bij de ingang staan twee pilaren met rood-witte ballonnen, om hem heen vers gevulde schappen waarboven op grote borden de eenheidsprijzen zijn aangegeven: 1 euro, 3 euro, 5 euro. Daarnaast een handvol glunderende HEMA-medewerkers, Nederlandse en Franse, en meer dan een handvol Nederlandse journalisten. Als Van Zetten het rood-wit-blauwe lintje voor de ingang doorknipt, klatert het applaus door de winkel. 'We gaan hier veel van leren,' zegt de HEMA-directeur trots. 'Onze prijzen liggen echt heel anders dan in Franse winkels, daar winnen we op. Dit is een zeer gemiddelde buurt, met een zeer gemiddeld bestedingsniveau. Helderheid, transparantie en eenvoud, dat zijn de begrippen die moeten aanslaan. Lukt dat hier, dan werkt het elders ook.'[3]

Het is een belangrijke mijlpaal voor het bedrijf, maar ook voor

Van Zetten zelf. Twaalf jaar nadat hij met zijn toenmalige baas Jaap Lagerweij naar Brussel reed om de expansie naar België serieus op poten te zetten, zes jaar na de eerste pogingen in Duitsland, heeft hij HEMA nu ook naar Frankrijk uitgebreid. Een cruciale stap voor de toekomst van het bedrijf, als je het hem vraagt. Hij kondigt meteen aan dat er later in het jaar nog twee of drie filialen in Frankrijk zullen volgen. Dit is een moment waarop je als directeur onbeschaamd trots mag zijn.

Ook de Nederlandse verslaggevers die naar Créteil zijn afgereisd, zijn onbeschaamd trots over de uitbreiding. 'De Franse HEMA is open!' kopt *de Volkskrant*, inclusief uitroepteken. In de winkel valt het alle journalisten op dat er weliswaar géén rookworsten en tompoezen worden verkocht ('Ze eten het gewoon niet,' aldus Van Zetten), maar wel stroopwafels en drop. En natuurlijk het Jip en Janneke-assortiment, van rompertjes tot bellenblaas.

Het Franse publiek heeft volgens de aanwezige journalisten nog nooit zoiets gezien.

'Kijk toch eens wat een kleuren! En zo goedkoop!' zegt een dame tegen de journalist van dagblad *Trouw*.

'*Génial*. Je vindt er alles en het is zo goedkoop. Mijn zoon is pas 9 maart jarig, maar straks is alles uitverkocht,' citeert het *FD* een jonge moeder.

'Dit is precies de winkel die we hier misten. Het is een superwinkel. Goedkoop, mooie vormgeving en leuke producten. Ik kom zeker vaker terug,' zegt een mevrouw in *Het Parool*.

'Heerlijk, die simpele prijzen. Die anderen denken zeker dat je gek bent met al hun 8,99,' vertelt een meneer in *de Volkskrant*.

'Ik zag meteen: het is hier anders. In Frankrijk zijn de winkels vaak veel grauwer,' aldus een mevrouw in het *AD*.

Aan het eind van de ochtend vertrekt de journalist van *Trouw* met een stapel theedoeken, een snijmesje, stroopwafels en chocolade-amandelen. De verslaggever van *BNR Nieuwsradio* koopt stroopwafels en twee zakjes drop, die van *de Volkskrant* koopt Jip en Janneke-glazen en een potje bellenblaas. De correspondent van het *FD* verlaat de winkel na aanschaf van een stel Jip en Janneke-bekers.

Over de financiële constructies van Lion Capital heeft niemand vragen gesteld.[4]

Op het moment dat Van Zetten de eerste Franse winkel opent, is de wereldeconomie verzeild geraakt in de grootste financiële crisis sinds de Tweede Wereldoorlog. In Amerika is in september de bank Lehman Brothers omgevallen, waarna op de hele financiële wereld paniek ontstond. Wereldwijd zijn economieën in een vrije val geraakt, ook de Nederlandse. Vanaf het laatste kwartaal van 2008 verkeert de Nederlandse economie in een recessie, over het jaar 2009 zal de economie met bijna 4 procent krimpen. Het is de grootste daling die het Centraal Bureau voor de Statistiek ooit heeft gemeten. Door het instorten van de wereldwijde aandelenmarkten – de Nederlandse AEX-index daalt met 52 procent in de laatste maanden van 2008 – verliezen Nederlandse huishoudens alleen al in de tweede helft van 2008 zo'n 66 miljard euro aan vermogen. Pensioenfondsen en verzekeraars zien in dezelfde maanden zelfs 160 miljard euro verdampen.[5]

Maar bij HEMA is van malaise geen spoor te bekennen. Integendeel: er heerst een ongekend optimisme rond het bedrijf. Het lijkt erop dat een aloude wet weer opgaat. In magere tijden komen mensen júist naar HEMA voor hun boodschappen. 'Wij merken er alleen iets van in die zin dat het juist heel erg goed gaat,' zegt Van Zetten als hij er door een journalist naar gevraagd wordt. 'Wij profiteren van dit soort omstandigheden, want mensen willen toch leuke spulletjes.' Zijn woordvoerder verklaart hetzelfde: 'HEMA verkoopt kwaliteitsproducten tegen lage prijzen. Als mensen minder geld te besteden hebben, komen ze eerder naar ons toe. De historie heeft laten zien dat wij dan meer klanten krijgen.'[6]

HEMA blijft hierdoor in 2008 minstens zo hard groeien als vóór de crisistijd. Het jaar daarna zet die groei zich door. In 2008 openen Van Zetten en zijn team tientallen nieuwe winkels: 44 in Nederland, 6 in België en 2 in Luxemburg. De omzet stijgt met vier procent tot 1,06 miljard euro. In 2009 gaan er opnieuw 49 nieuwe winkels open: 43 in Nederland en 6 in België. Het totale aantal winkels komt daarmee op 504 stuks te liggen. De omzet stijgt in 2009 opnieuw met meer dan 3 procent, naar 1,09 miljard euro.[7]

De strategie die Van Zetten al bij zijn aantreden heeft uitgestippeld, blijkt prima te werken: de omzet in Nederland stuwen met het openen van kleine winkeltjes en tegelijk uitbreiden in het buitenland. Ook op het gebied van e-commerce gaat het goed: de verkoop via HEMA.nl groeit tussen 2007 en 2009 met 29 procent. In totaal kopen klanten in 2009 voor 93 miljoen euro aan producten online, waarmee HEMA.nl de vierde grootste webwinkel van Nederland is. Dat is best knap, want in veel gevallen moeten klanten hun bestelde artikelen nog in een filiaal afhalen. En een besteld product de volgende dag thuis laten bezorgen is niet mogelijk. Bijna de helft van de online omzet komt overigens voort uit de fotoservice: de fotoboeken van HEMA zijn razend populair. Wekelijks bezoeken 475.000 mensen de website.

Ook blijken een paar andere vernieuwingen hun vruchten af te werpen. Zo gaan in de loop van 2008 alle 161 HEMA-restaurants op de schop. De ietwat ouderwets geworden lunchrooms krijgen een opfrisbeurt en een nieuw assortiment: voortaan zijn er geen patat en kroketten meer te krijgen, maar wel vers belegde broodjes, salades, smoothies en vruchtensappen. Frisser, gezonder, meer van de eenentwintigste eeuw. Het blijkt te werken: de broodjes met geitenkaas en walnoten, caesarsalades en pistoletjes met gerookte kip zijn niet aan te slepen.

Het assortiment aan verse producten gaat vanaf eind 2007 terug naar de ouderwetse eenheidsprijzen: stukken kaas voor 3 of 5 euro, verse vleeswaren voor één of anderhalve euro. Overzichtelijk voor klanten, en altijd goedkoper dan bijvoorbeeld bij Albert Heijn. 'Een ons rosbief voor 1,50. We zagen meteen dat de omzet eruit spoot,' zegt een betrokken manager er later over. Ook een kop koffie in het restaurant kost nu standaard 1,50 euro – veertig cent goedkoper dan bij concurrent La Place van V&D. En dan is er ook nog het HEMA-ontbijtje: een kop koffie, jus d'orange, een croissant met jam en een broodje ei voor 1 euro. Mensen die komen ontbijten kopen daarna vast ook wat spullen in de winkel, is het idee.

Terwijl de wereldeconomie op z'n gat ligt, noteren Van Zetten en zijn team de ene na de andere mijlpaal. In april 2009 gaat op Amsterdam Centraal het eerste filiaal op een station open, er moeten snel 20 tot 25 stations-HEMA's volgen. In juli 2009 gaat het tweehonderdste filiaal van een franchiser open. En in september volgt de opening van de vierhonderdste Nederlandse HEMA. Op het hoofdkantoor in Amsterdam-Zuidoost wordt de directie overladen met prijzen. Uit onderzoek van het European Institute for Brand Management (EURIB) komt HEMA in 2008 naar voren als 'meest onmisbare merk van Nederland': maar liefst 81 procent van de geënquêteerden moet er niet aan denken dat HEMA ooit zou verdwijnen. (Ook in alle latere onderzoeken zal EURIB HEMA uitroepen tot meest onmisbare merk van Nederland.) Het Nederlandse publiek roept HEMA uit tot Beste Winkelketen van 2008. Een virale campagne die de vernieuwde website onder de aandacht brengt, waarbij alle producten in een kettingreactie over het scherm rollen, wint in 2008 in New York een prestigieuze Webby Award, de 'Oscar van het internet'. De tv-campagne 'Met liefde gemaakt', waarin het bedrijf door voice-over Anneke Blok wordt neergezet als no-nonsense, vrolijk en nog altijd oer-Hollands, wint in het voorjaar van 2009 de reclameprijs Gouden Effie. Het kan niet op.

De successen leiden er ook toe dat Ronald van Zetten groeit in zijn rol als eerste man. Het is voor iedereen in het bedrijf zichtbaar dat hij ervan geniet de directeur te zijn die alles aanstuurt, zonder een baas boven hem, zoals Tony DeNunzio in de Maxeda-tijd. Met de groei van het bedrijf groeit ook zijn zelfvertrouwen tot ongekende hoogte. Het radiostation BNR *Nieuwsradio* omschrijft hem tijdens een uitzending eens als mister HEMA, en dat is een geuzennaam die hem wel bevalt. Binnen het bedrijf gaan ook steeds meer mensen hem zo noemen. Van Zetten doet het goed als uithangbord op televisie, stort zich na een uitzending van *De Wereld Draait Door* samen met Katja Schuurman enthousiast in een goededoelenproject. Hij weet dat veel mensen hem zien als de charismatische, heerlijk gewoon gebleven leider van Nederlands populairste bedrijf. In de directie is hij de grote gangmaker. Tijdens de wekelijkse directievergaderingen op dinsdag komen standaard de saucijzenbroodjes op tafel omdat Van Zetten ervan houdt; ter compensatie heeft hij vaak op maandagavond al met een paar collega's gesport.

Van Zetten voelt zich prettig binnen zijn directieteam. Hij heeft niet altijd een gelukkige hand bij het aannemen van nieuwe mensen, in zijn eerste jaren zijn er nogal wat directiewisselingen, maar zo langzamerhand ontstaat er een team waar hij blind op kan varen. Financieel directeur Joost Sliepenbeek is al sinds de overname door Lion een van zijn belangrijkste vertrouwelingen, hij zal hem later eens 'zijn beste CFO ooit' noemen. Sliepenbeek kent de financiële wereld en doorgrondt de constructies waarmee HEMA sinds de overname te maken heeft als geen ander. Voor Van Zetten, meer een man van de winkelvloer, voelt dat als een onmisbare steun in de relatie met Lion. Zelf heeft hij toch minder met die wereld. René Repko is een marketingdirecteur die altijd vol slimme ideeën zit, HEMA wint niet voor niets al die reclameprijzen. Repko is uitgesproken en botst wel eens met Van Zetten, maar ze respecteren elkaars vakmanschap. In 2009 haalt Van Zetten ook Rob Heesen en Charlotte Hooijdonk naar de directie, die de functie van inkoopdirecteur met zijn tweeën gaan uitvoeren. Met beide heeft hij een goede band.

Maar op een ochtend in maart 2009 wacht Van Zetten een onverwachte schok. Voorafgaand aan een mediatraining op het hoofdkantoor vertelt Joost Sliepenbeek hem dat hij bij HEMA gaat vertrekken. Hij heeft het aanbod gekregen om financieel directeur te worden bij het supermarktconcern Schuitema, het moederbedrijf van C1000. Sliepenbeek is van plan om op dat aanbod in te gaan.

Van Zetten is woedend. Sliepenbeek is zijn partner in crime, zowel tijdens de contacten met Lion Capital als wanneer ze nieuws uit Londen met de rest van de organisatie delen. Hij voelt zich in de steek gelaten. Hij kan de rest van de ochtend niets anders dan op Sliepenbeek schelden. Van de mediatraining komt helemaal niets meer terecht. Een paar weken later stelt Van Zetten Ad Walter aan als nieuwe financieel directeur, die hij nog kent uit hun gezamenlijke tijd in de directie van Praxis.

De woede van Van Zetten over Sliepenbeeks vertrek heeft een duidelijke oorzaak: de relatie met de nieuwe Britse eigenaar is onder druk komen te staan. Er zijn maar weinigen die weten dat de feestelijke uitbreiding naar Frankrijk volledig zonder de steun van Lion Capital plaatsvindt.

De expansieplannen dateren al van voor de overname door Lion. In 2006 zijn Van Zetten en zijn team in Frankrijk begonnen met twee proefwinkels, die de naam Little Extra dragen. Het is een samenwerking met de supermarktketen Auchan. De Fransen van Auchan runnen de twee winkels, HEMA levert een groot deel van het assortiment aan. Op die manier kunnen Van Zetten en de zijnen precies zien waar het Franse publiek wel en geen interesse in heeft. De fout die ze eerder in België en Duitsland maakten, door te veel vast te houden aan het Nederlandse aanbod, willen ze niet opnieuw begaan.

En Van Zetten heeft nog een plan ontwikkeld om de Franse klant te doorgronden. Binnen in het kantoor in Amsterdam-Zuidoost heeft een groep medewerkers een volledig HEMA-filiaal nagebouwd. De klanten zijn met bussen uit Franse winkelstraten geplukt. Ze kregen het aanbod of ze wilden meewerken aan een marktonderzoek, in ruil voor een gratis tripje naar Amsterdam. Uit de ervaringen met deze klanten en met de Little Extra-winkels hebben Van Zetten en zijn team de richtlijnen voor een nieuw internationaal concept opgesteld. Dit concept noemen ze HINT (HEMA INTernationaal). Het krijgt drie pijlers. In het buitenland gaan ze werken met een selectie van het assortiment: hardwaren, babykleding en houdbaar voedsel zoals stroopwafels, maar geen verse voeding. Ook de meeste mode blijft buiten de deur. Er moeten lage eenheidsprijzen komen, daarmee onderscheiden ze zich van de concurrentie. En aan speciale marketing of folders hoeven ze in het buitenland niet te beginnen: ze moeten zichtbaar zijn omdat ze alleen winkels op centraal gelegen locaties openen. Locatie is *key*, heet het in het HINT-concept.

Op deze manier moet het mogelijk zijn om in Frankrijk snel een aanzienlijk aantal winkels te openen, waar geld mee te verdienen valt. Maar in de zomer van 2008, terwijl elders in het pand de namaakwinkel staat te glimmen, zeggen Robert Darwent en Mary Minnick tijdens een commissarissenvergadering tegen Van Zetten dat ze het uitbreidingsplan niet zien zitten. Vooral Minnick is kritisch. Heeft de directie wel genoeg marktonderzoek gedaan? Is het niet veel slimmer om gewoon te investeren in de thuismarkt, Nederlanders zijn immers dol op HEMA?

Van Zetten en zijn team zijn er al maanden mee bezig. Ze staan op het punt om een aantal huurcontracten te tekenen, dat is ook de reden dat het onderwerp ter sprake komt tijdens de commissarissenvergadering: het gaat om een grote investering, daarvoor moet Lion toestemming geven. Maar Lion is dat helemaal niet van plan. Hoe Van Zetten en de andere directieleden de voorgenomen expansie ook verdedigen, hoe uitgebreid ze ook uitleggen dat dit voor de toekomst van HEMA belangrijk is, Minnick en Darwent blijven bij hun punt: naar Frankrijk gaan is te risicovol en het duurt te lang voor het winstgevend wordt. Focus je gewoon op Nederland, zeggen ze.

'Als we dit niet gaan doen, dan ben ik weg,' zegt Van Zetten ineens tijdens de vergadering. Hij is er klaar mee. Voor Lion Capital, dat HEMA snel weer wil doorverkopen, is deze operatie misschien te risicovol. Maar voor de toekomst van HEMA is het volgens hem cruciaal. 'Als jullie dit blokkeren, dan kan ik er net zo goed mee stoppen.' De andere aanwezigen houden hun adem in.

Het dreigement heeft effect. Minnick en Darwent besluiten tandenknarsend in te stemmen met het plan om naar Frankrijk te gaan. Het nieuws dat de topman van HEMA plotseling opstapt, lijkt hun nog veel schadelijker voor de resultaten op korte termijn. Bovendien komt het geld voor de investering uit HEMA's eigen investeringsbudget, dus zo veel risico loopt Lion nu ook weer niet. Van Zetten mag zijn winkel in Créteil gaan openen.

De ruzie over de buitenlandse expansie komt helemaal niet uit de lucht vallen. In de eerste twee jaar na de overname is het aanvankelijke enthousiasme over de nieuwe eigenaar binnen de HEMA-directie stapje voor stapje afgebrokkeld. Anders dan de directieleden vlak na de overname nog dachten, krijgen ze helemaal geen 'onbeperkt budget' om te investeren. Integendeel: Lion steekt sinds de overname geen cent extra in HEMA. Op zich is dat niet onverwacht, want private-equitypartijen doen dat bijna nooit. Extra uitgaven zouden het rendement op de investering omlaagbrengen, en rendement maken is hun bestaansreden.

Van Zetten en zijn team moeten het elk jaar doen met een vaststaand potje voor investeringen. Dit potje, de zogeheten *Capital Expenditure* (de directieleden korten dit af tot *CapEx*), wordt gevuld met een deel van de inkomsten uit het jaar ervoor. Het totale budget is in deze eerste jaren ongeveer 50 miljoen euro. Met dit geld kan de directie nieuwe winkels openen in het buitenland, onderhoud plegen aan bestaande winkels, investeringen doen in e-commerce, enzovoort. Maar het betekent wel dat ze elke euro die ze in de buitenlandse expansie steken, niet kunnen gebruiken voor het vernieuwen van de Nederlandse winkels, en andersom. Echt hard groeien in het buitenland lukt door het beperkte budget sowieso niet: vijftien nieuwe winkels per jaar is echt het maximum.

Veel werknemers, ook op het hoofdkantoor, ontgaat dit soort discussies. Ronald van Zetten is de man die het meeste contact met Lion Capital onderhoudt, zeker sinds het vertrek van Sliepenbeek. Veel mensen vinden dat het gekke: HEMA is voor honderd procent in handen gekomen van een Britse onderneming, maar zij krijgen vrijwel nooit iemand van Lion Capital te zien. Op het hoofdkantoor lopen de jonge Lion-medewerkers Ellen Das en Jan Schuster soms rond, en ook Mary Minnick laat in Amsterdam-Zuidoost zo nu en dan haar gezicht zien. Maar president-commissaris Robert Darwent is er nauwelijks, en Lyndon Lea al helemaal niet.

Zelfs binnen de directie weet men lang niet altijd hoe Lion over bepaalde zaken denkt. Van Zetten overlegt nieuwe plannen doorgaans met Londen, hij fungeert in zijn eentje als een soort schild tussen Lion en de rest van de onderneming. Hij houdt de Britten op afstand, zo lijkt het. En Lion vindt dat blijkbaar wel best. Dankzij de groei die HEMA onder Van Zetten realiseert, gaat het ook de goede kant op met de enige grafiek die de Londense investeerders echt interesseert. Het bedrijfsresultaat, de EBITDA, ligt eind 2009 nog niet op de 150 miljoen euro waar Lion van droomde, maar wel boven de 140 miljoen euro. Een enorme stijging ten opzichte van de 100 miljoen twee jaar eerder – en dat in de grootste crisistijd in decennia.

Zolang die grafiek stijgt, is er voor Lion geen enkele reden om zich meer met de dagelijkse beslommeringen van Van Zetten en zijn team te bemoeien. Het contact blijft daarom, los van het telefoonverkeer tussen Van Zetten en Londen, beperkt tot de vergaderingen met de raad van commissarissen, die elk kwartaal plaatsvinden. Daar bespreekt de directie de laatste stand van zaken. In die raad zitten Robert Darwent en Mary Minnick namens Lion, en voormalig Ahold-baas Anders Moberg en oud-bankier Dolf Collee (ex-ABN Amro) als onafhankelijke leden, die zijn benoemd met instemming van de werknemers. De bijeenkomsten zijn meestal op het HEMA-hoofdkantoor. Keer op keer worden daar de verhoudingen duidelijk: de directie mag haar eigen plan trekken, de Nederlanders krijgen best veel dagelijkse vrijheid, zolang ze zich maar schikken in het financiële keurslijf van Lion.

Voor de mensen op de winkelvloer, net als voor de leveranciers, wordt dit financiële keurslijf langzaam ook beter zichtbaar. De financiële resultaten schieten omhoog, het bedrijfsresultaat groeit hard, maar dat gaat niet vanzelf. Heel veel partijen, mensen van vlees en bloed, betalen er de prijs voor. Ze zien de houding van hun vertrouwde HEMA verharden.

Vanaf januari 2008 zijn eerst de leveranciers aan de beurt. Allemaal ontvangen ze een brief van Van Zetten: 'Om onze positie te versterken en ook in de toekomst substantiële groei te kunnen realiseren, is een sterke focus op onze cashflowpositie van groot belang. Wij passen dan ook onze betaalcondities aan.' Voortaan, zo kondigt Van Zetten aan, betaalt HEMA openstaande rekeningen niet meer na 30 of 60 dagen, maar standaard pas na 90 dagen. Of zelfs nog iets later, want de leveranciers krijgen hun geld voortaan alleen nog op de achtste dag van de maand op hun rekening overgemaakt. Door het geld langer in kas te houden nemen de rente-inkomsten van HEMA toe. Zijn de leveranciers het daar niet mee eens? Prima, maar dan zijn ze wel een van hun grootste afnemers kwijt, en dus een belangrijk deel van hun broodwinning.

In april volgt een tweede brief: HEMA betaalt de rekeningen nu niet alleen later, maar ook minder. Het bedrijf houdt voortaan vijf procent van elke factuur in. De redenering daarachter luidt als volgt: HEMA gaat het geld gebruiken voor marketing en internationale expansie, daardoor gaat de omzet omhoog, en daarvan profiteren de leveranciers ook. Uiteraard zijn de leveranciers er niet blij mee. 'Dit heeft een negatief effect op de marges van leveranciers, die door de gestegen grondstofprijzen al onder druk staan,' zegt Han Bekke van de brancheorganisatie die een aantal kledingleveranciers vertegenwoordigt tegen *de Volkskrant*. 'Ik stel vast dat sinds private equity belangen heeft in de Nederlandse detailhandel, de condities worden aangescherpt.' Natuurlijk stopt geen leverancier daarna de samenwerking met HEMA. Daarvoor is het miljoenenbedrijf als klant veel te groot.[8]

Het personeel in de winkels komt in de loop van 2009 onder steeds grotere druk te staan. De vriendelijke werkgever, de plek waar halve families contracten voor het leven hadden, blijkt zich ineens keihard op te kunnen stellen tegenover haar eigen medewerkers. Een korte staking in het distributiecentrum, eind maart 2009, blijkt een voorbode van de nieuwe verhoudingen. Een staking, om een procentje meer of minder loonsverhoging? Bij HEMA kwam het vrijwel nooit zover. De directie stelde zich nooit echt hard op; het bedrijf was winstgevend en het personeel mocht daar best van meeprofiteren. En de werknemers hielden op hun beurt veel te veel van hun werkgever om er als havenarbeiders mee in gevecht te gaan. Maar de tijden zijn veranderd.

Op 1 september 2009 staakt een deel van het personeel in Groningen, het allergrootste HEMA-filiaal dat er is. Voor de deur staat het ineens vol met tientallen werknemers met een oranje vakbondshesje. Kort ervoor heeft de directie een reorganisatie aangekondigd. Die lijkt op het eerste gezicht onschuldig: er vallen geen gedwongen ontslagen en alleen mensen die een achterhaalde functie hebben, moeten intern op zoek naar een andere baan. Mensen die volgens hun contract alleen in het magazijn werken, of op de gordijnafdeling, moeten zich wat flexibeler opstellen en meedraaien met al het werk dat in de winkel moet gebeuren – geen gek idee.

Maar in de praktijk blijkt er veel meer te veranderen. De medewerkers moeten voortaan zeven dagen in de week van zeven uur 's ochtends tot zeven uur 's avonds beschikbaar zijn. Als ze zich ziek willen melden kunnen ze niet meer 's ochtends hun filiaalchef of de bedrijfsarts bellen, maar moeten ze een digitale vragenlijst invullen met daarop zes tot zestig vragen.

Bovendien moeten werknemers steeds vaker ongevraagd in een ander filiaal aan de slag, wat vaak betekent dat ze moeten verhuizen. De directie introduceert stilletjes de richtlijn dat de filialen die het slechtst scoren op de 'omzet per werknemer-rekensom', hetzelfde werk voortaan met minder mensen moeten doen. De tientallen nieuwe winkels die HEMA jaarlijks in Nederland opent, worden ook grotendeels bemand door personeel uit de bestaande filialen. Dat scheelt weer in de kosten. In 2009 opent HEMA 43 nieuwe winkels, terwijl er slechts 72 fulltime werknemers bij komen. Binnen het bedrijf komt hierdoor een kleine volksverhuizing op gang. 'Bij HEMA draait tegenwoordig alles om de poen,' zegt vakbondsbestuurder Gea Lotterman tijdens de staking in het centrum van Groningen. 'Zo'n opkoopfonds koopt zo'n onderneming alleen maar om het een paar jaar later weer met grote winst te verkopen. Dat wil de loonkosten zoveel mogelijk drukken.'[9]

Hoe groot de onrust onder het personeel is, blijkt als vakbond FNV Bondgenoten een enquête afneemt onder meer dan vijfhonderd werknemers. Daaruit blijkt dat maar liefst 86 procent van het personeel vindt dat de werkdruk sinds de overname is toegenomen. En 75 procent van de mensen vindt dat de sfeer op de werkvloer slechter is geworden. Voor haar eigen medewerkers is HEMA ineens een heel ander bedrijf geworden.

Wat het voortdurende drukken van de loonkosten voor gevolgen heeft, blijkt als twee journalisten van NRC.*next* eind 2009 op onderzoek uitgaan. Zij ontdekken dat schappen steeds vaker leeg zijn, terwijl elders in de winkel soms grote pallets met opgestapelde producten staan. Zulke slordige winkels waren een paar jaar eerder nog ondenkbaar. 'Simpel: er zijn te weinig mensen om al het werk te doen. Alles moet steeds goedkoper,' zegt een medewerkster in een van de winkels. Een ander beaamt dat: 'Overdag is er eigenlijk geen tijd om de schappen na te lopen en aan te vullen. Dat was al zo, en met deze reorganisatie wordt het alleen maar erger.' De werknemers vertellen de krant dat het klimaat bij HEMA is veranderd sinds de overname door Lion Capital. Ze ervaren maximale bezuinigingen op de kosten, en dat terwijl HEMA nauwelijks last heeft van de economische crisis. De omzet groeit gewoon.[10]

Op het hoofdkantoor weet de directie natuurlijk heel goed dat hard bezuinigen op leveranciers en personeel niet zonder gevolgen kan blijven. Ronald van Zetten is zelf een man van de werkvloer. Maar zijn collega's en hij kunnen niet anders, dat gevoel hebben ze. Ze zullen met zijn allen door deze periode van voortdurende bezuinigingen heen moeten, een paar jaar, dan is Lion klaar om het bedrijf weer te verkopen en komt er een andere eigenaar. Misschien komt dat moment wel eerder dan iedereen denkt.

11

Project Tulp

René Repko is net op vakantie als zijn telefoon gaat. Ronald van Zetten, staat er op het schermpje. Repko is wel gewend dat Van Zetten hem belt met een vraag over de omzet van een dag eerder, of om even een kwestie voor te leggen, dus zonder er al te veel achter te zoeken neemt de marketingdirecteur de telefoon op. Het is juni 2010, hij heeft zelf besloten om dit jaar vroeg op vakantie te gaan, dus dat zijn werkgever hem soms nodig heeft vindt hij niet erg.

'René, moet je goed luisteren. We gaan het weer doen.'

Het duurt even voordat Repko doorheeft waar Van Zetten op doelt. In zijn enthousiasme kan Van Zetten soms zo snel zijn, dan vergeet hij wel eens wat cruciale feiten te vermelden.

'Weer doen? Je bedoelt: we gaan weer verkocht worden?'

'Precies,' zegt Van Zetten. 'Het circus gaat weer beginnen.'

De hal van het gebouw aan NDSM-straat 10 is gevuld met een vrolijk geroezemoes. Een paar honderd medewerkers van het hoofdkantoor staan er deze woensdagmiddag bij elkaar te wachten op wat komen gaat. Sinds een maand of twee gaan ze 's ochtends niet meer naar hun oude kantoor in Amsterdam-Zuidoost, maar naar dit nieuwe gebouw aan de NDSM-werf in Amsterdam-Noord. Het is een majestueus pand, met acht verdiepingen opgetrokken in rood baksteen en tienduizenden vierkante meters aan kantoorruimte. In de hoek naast de ingang is een gloednieuw HEMA-filiaal geopend.

Een gigantisch nieuw hoofdkantoor op het voormalige industrieterrein aan het IJ, waar het ene na het andere hippe bedrijf zich vestigt: de meeste aanwezigen in de hal zijn er ontzettend blij mee. Ze vinden dat het nieuwe kantoor perfect bij HEMA past. Een groots, zelfstandig én hip bedrijf, dat is wat ze zijn.

Het pand is bovendien heel open en licht vanbinnen. Heel anders dan het sombere kruip-door-sluip-doorgebouw in Zuidoost dat ze gewend waren, de vleugel van het voormalige Bonsoleum. Hier aan de NDSM-werf zijn de kantoren van alle verdiepingen gecentreerd rond een grote hal met glazen dak in het midden van het pand, die als 'het Atrium' onder werknemers al snel een begrip wordt. Het is de nieuwe verzamelplaats, waar je koffie kunt halen, een broodje kunt eten of even met een collega kunt bijkletsen. Dankzij het dak, dat een beetje aan de overkapping van de Amsterdam ArenA doet denken, komen er altijd bakken met licht het pand binnen.

Woensdag 8 september 2010 is een bewolkte dag. Maar wie binnen staat, krijgt bijna het idee dat de zon volop schijnt.

Ronald van Zetten laat de officiële opening van een nieuwe locatie voor één keer aan een ander over. Burgemeester Eberhard van der Laan van Amsterdam is vandaag speciaal naar de NDSM-werf gekomen om het gloednieuwe hoofdkantoor van HEMA feestelijk te openen. Ook stadsdeelvoorzitter Rob Post van Amsterdam-Noord staat op het podium, net als projectontwikkelaar Ted Biesterbos en Erik Hoekstra, directeur van uitgeefconcern VNU Media, dat de achtervleugel van het pand zal betrekken.

De HEMA-medewerkers luisteren tevreden naar de speeches van hun baas en de burgemeester. Ronald van Zetten is 'ontzettend trots' op het nieuwe kantoor, zegt hij. De locatie past volgens hem perfect bij hun bedrijf. 'Het gebied heeft een rijke historie, waar de creativiteit en productiviteit vanaf spat. Een perfecte plek voor een dynamisch, vooruitstrevend bedrijf zoals HEMA.'[1] De hele week is het al feest. Er was een familiedag waarop iedereen zijn of haar nieuwe werkplek aan het thuisfront kon laten zien, de filiaalmanagers uit het hele land hebben zich in het Atrium aan het nieuwe kantoor mogen vergapen, en er is een feest georganiseerd voor de zilverlingen, de oud-medewerkers die meer dan vijfentwintig jaar in dienst zijn geweest. Nu nog even wachten tot Van der Laan het lintje heeft doorgeknipt en dan kunnen ze zelf aan de borrel.

Als het op het podium even stil is, klinkt er ineens een harde slag door de zaal. En nog een. Het is iemand die op een trommel slaat. Nee, het zijn meerdere mensen die op trommels slaan. Alle aanwezigen in het Atrium kijken naar boven. Daar, vanaf de loopbruggen aan het dak, laten een paar kleurrijk uitgedoste trommelaars zich via katrollen tientallen meters naar beneden zakken. Niemand had gezien dat ze daar verstopt zaten. Hun muziek dreunt door de ruimte, het is een spectaculair gezicht.

Hier en daar bewegen voorzichtig wat mensen mee. Blijkbaar begint het feest al eerder dan ze dachten.

Op een klein clubje mensen na weet bijna niemand in het Atrium dat er nog meer groot nieuws aan zit te komen. De verkoopplannen van Lion Capital zijn alleen bij de directie en een aantal vertrouwelingen bekend. Maar dat duurt niet lang meer, want een dag na de officiële opening van het nieuwe pand gaat het persbericht eruit.

Lion Capital heeft besloten om HEMA te verkopen en heeft Citigroup en Royal Bank of Scotland (RBS) als adviseurs ingehuurd om daarbij te helpen, zo luidt de verklaring. 'We geloven dat het nu een goed moment is om de mogelijkheden voor een exit te onderzoeken,' schrijft Robert Darwent in het persbericht. 'Een analyse van de komende drie tot vijf jaar wijst op significante verdere groeimogelijkheden voor het merk, zowel in bestaande als nieuwe markten.'

In een interview met persbureau ANP zegt Van Zetten dat hij de verkoopplannen van Lion wel begrijpt. 'De stap die het fonds nu neemt, is geen enorm grote schok. De realiteit bij deze fondsen is dat zij op een gegeven moment kijken of ze hun investering kunnen terugverdienen en daarop rendement kunnen halen.' Hij zegt dat de directie onder de Britse eigenaar grotendeels haar eigen gang kon gaan. 'Het was een prettige tijd met Lion Capital als eigenaar. We hebben nooit discussie gehad. Ze hebben ons altijd volmondig ondersteund.' Dat is natuurlijk niet waar, maar dit is niet het moment om de vuile was buiten te hangen. Van Zetten voegt eraan toe dat hij het liefst een nieuwe eigenaar verwelkomt die 'de huidige strategie van de onderneming onderschrijft'.[2]

Van Zetten en zijn mededirectieleden zijn al een paar weken druk bezig om de verkoop voor te bereiden. Net als drie jaar eerder hebben ze stapels documenten met financiële resultaten en andere belangrijke informatie verzameld, en die naar de bankiers opgestuurd. Ze hebben in een bidbook opnieuw een gloedvol verhaal over HEMA opgesteld, waarin ze uitleggen waarom het bedrijf ook nu een gouden toekomst voor zich heeft. Ze hebben zelfs al in overleg met de mensen van Lion de presentatie voorbereid die ze aan potentiële kopers zullen geven. Voor Van Zetten en marketingman René Repko voelt het als een déjà vu uit het voorjaar van 2007. Financieel directeur Ad Walter en de inkoopdirecteuren Rob Heesen en Charlotte Hooijdonk hebben het nog niet eerder meegemaakt. De jonge verkoopdirecteur Machiel Lagerweij, zoon van oud-HEMA-baas Jaap Lagerweij, zit pas een paar maanden in de directie.

Bankiers van Citigroup en RBS, die Lion adviseren, zijn de hele zomer druk aan het bellen geweest. Ze hebben bij andere Europese retailconcerns en private-equityfondsen gepolst of er interesse was voor HEMA. Die is er: een bedrijf met een miljardenomzet dat zelfs in crisistijd hard blijft groeien, daarin zien verschillende partijen wel brood. De interesse zit zowel bij andere financiële partijen, die er net als Lion een paar jaar geld aan willen verdienen, als bij ondernemingen die in HEMA een investering voor de lange termijn zien.

Eén naam doet de harten binnen de HEMA-directie meteen sneller kloppen: Ahold.

Voor Robert Darwent en Lyndon Lea zijn het vreemde jaren geweest. Slechts een paar maanden nadat ze met HEMA hun grootste aankoop ooit deden, is de markt voor private equity ingestort. De draaimolen met miljardendeals, de grootste hausse uit de geschiedenis van de sector, is met een harde klap tot stilstand gekomen. Niet onder druk van de publieke opinie, zoals in 1990, maar simpelweg vanwege de kredietcrisis. Door de problemen in de financiële wereld weigerden banken nog langer miljoenenleningen te verschaffen voor riskante bedrijfsovernames. En geen bankleningen, geen deals. Bovendien verloren pensioenfondsen zo veel geld op de aandelenmarkten dat er nauwelijks geld was om in nieuwe private-equityfondsen te steken. Twee jaar lang gebeurt er in de private-equitysector daarom zo goed als niets.

Sinds het begin van 2010 is er voorzichtig verandering in gekomen. In de meeste Europese landen en in de VS is de recessie eind 2009 geëindigd. Van echt economisch herstel is nog geen sprake, maar het ergste lijkt wel achter de rug. In de Londense City en op Wall Street durven investeerders weer voorzichtig te dromen dat de tijden vol miljardendeals ooit terugkeren. Tegelijk weet iedereen dat de markt voor altijd is veranderd. Pas opgerichte clubjes met snelle jongens, die alleen maar hun paraplu's ondersteboven hoeven te houden om miljarden aan investeringsgeld op te vangen – zo zal het nooit meer gaan. Door de wereldwijde crisis, die werd veroorzaakt doordat banken onbezonnen geld uitleenden, is iedereen voorzichtiger geworden.

Voor de private-equitysector betekent dit dat investeerders nu veel kritischer kijken aan welke partij ze hun geld toevertrouwen. In de hele sector wordt in rap tempo het kaf van het koren gescheiden, zo constateert de *Financial Times* begin 2010. 'Het komende jaar zal een shake-out laten zien in de private-equityindustrie, waarbij de besten worden beloond met [nieuw] kapitaal en anderen uit beeld kunnen raken.' Marktkenners voorspellen dat een op de drie bestaande private-equitybedrijven 'niet succesvol zal zijn in het ophalen van genoeg kapitaal voor nieuwe fondsen, en uiteindelijk zal verdwijnen'.

Grote bedrijven als KKR en Blackstone openen daarom snel nieuwe investeringsfondsen, om maar in beeld te blijven bij hun investeerders. Eigenlijk kunnen de private-equitybedrijven maar één ding doen om in deze nieuwe tijden het vertrouwen van hun investeerders te behouden, vertellen marktkenners aan de *Financial Times*: de bedrijven die ze ooit hebben overgenomen, zo snel mogelijk met succes van de hand doen. 'Investeerders vermoeden dat private-equitybedrijven die geld willen ophalen voor een nieuw fonds, enkele van hun best presterende activa zullen verkopen, om zo hun investeerders tevreden te houden door geld aan ze terug te geven.' Niet voor niets maakt de topman van Blackstone, een van de grootste investeerders ter wereld, publiekelijk bekend dat zijn firma binnen een jaar acht bedrijven naar de beurs wil brengen en vijf andere zal verkopen. De topman van het Britse Permira belooft zijn investeerders een '*wall of cash*' te zullen uitkeren.[3]

In hun kantoor aan Grosvenor Place weten Darwent en Lea dat ze daarbij niet achter kunnen blijven. En dat doen ze ook niet, sterker nog: ze laten uitstekende resultaten zien, ook in deze crisistijd. Al in het najaar van 2009 weten ze samen met Blackstone hun investering in Orangina Schweppes te gelde te maken. Ze verkopen het bedrijf voor 2,6 miljard euro aan de Japanse frisdrankfabrikant Suntory. Het is een van de grootste overnames van het jaar. De 300 miljoen euro van investeerders die Lion in 2006 inlegde, wordt bijna verdubbeld, waarmee het rendement uitkomt op 30 procent per jaar. Eind februari sluiten de mannen van Lion een nog veel betere deal. Ze verkopen chipsfabrikant Kettle Foods voor 615 miljoen dollar aan de Amerikaanse popcornfabrikant Diamond Foods. In 2006 betaalden Darwent, Lea en Richardson maar 270 miljoen dollar voor Kettle Foods – hun investeerders krijgen maar liefst vierenhalf keer hun inleg terug. De *Financial Times* concludeert na de verkoop dat deze deal een '*big boost*' is voor Lion, met het oog op een eventueel nieuw investeringsfonds.

Dat nieuwe fonds komt er inderdaad: op 23 juli 2010 laten de mannen bij de Britse Kamer van Koophandel officieel de geboorte van hun derde fonds registreren. Ze laten erbij weten dat ze opnieuw 2 miljard pond bij investeerders willen ophalen, net als drie jaar eerder. Kort daarna maken Darwent en Lea bekend dat ze ook de Japanse noodleketen Wagamama te koop zetten. Ook daarmee denken ze een mooie slag te kunnen slaan.

Tegen de zomer van 2010 is bij Lion de situatie dus als volgt. Na een paar diepe crisisjaren behoren Darwent, Lea en hun collega's tot het kleine clubje mensen in The City dat nog altijd veelbelovende deals laat zien. Ze staan klaar om met hun nieuwe fonds miljarden op te halen. Alles wijst erop dat zij bij de overlevers van de sector horen. Ze wekken op hun omgeving de indruk dat ze barsten van het zelfvertrouwen, en dat is niet zo gek.

Dat wil natuurlijk niet zeggen dat de mannen aan Grosvenor Place helemaal geen problemen kennen. Robert Darwent reed in 2008 in een gloednieuwe Ferrari, maar hij heeft de auto verkocht toen de economische crisis uitbrak. Hij vond het niet gepast om met het ding door de stad te rijden terwijl overal mensen hun baan verloren, zo vertelde hij aan mensen in zijn omgeving. Sindsdien pendelt hij noodgedwongen met een veel eenvoudiger auto naar kantoor.

Lyndon Lea heeft op zijn beurt heel andere problemen. Hij staat publiekelijk te kijk als via een Amerikaanse tabloid enkele smakelijke details over zijn privéleven naar buiten komen. De krant die iedereen in de financiële wereld leest, de *Financial Times*, neemt het verhaal over, waardoor meteen heel Londen ervan afweet. Na een scheiding in 2008 is zijn ex-vrouw Christina samen met hun twee kinderen in Californië gaan wonen. Om toch dicht bij ze te kunnen zijn, heeft Lea een villa ter waarde van 25 miljoen pond laten bouwen in Santa Barbara, direct aan het strand. Maar daar het gaat niet om. Het gaat om de feesten die hij er zo nu en dan blijkt te organiseren, en waar de nouveau riche vanaf druipt. Lea nodigde in 2008 enkele vrienden en bekenden uit voor een met champagne overgoten festijn, waar ter decoratie vrouwen rondliepen in niets anders dan bodypaint. En tijdens de zomer van 2010 organiseert hij een feest waar gasten sushi kunnen eten van bijna naakte vrouwen, vertellen enkele van die gasten later. Er treden schaars geklede dansers van Cirque du Soleil op. In een victoriaanse badkuip in een hoek van de kamer schenkt een gespierde vent, gekleed in een string, een pak melk leeg over een vrouw die ook bepaald niet in een bontjas is gekleed. Verschillende leden van de Hollywood-jetset zijn er naar verluidt bij aanwezig, onder wie de filmsterren Tommy Lee Jones en Sienna Miller.[4]

Op zulke momenten lijken de Jip en Janneke-rompertjes heel ver weg.

Lea verklaart zelf achteraf in de *London Evening Standard* dat hij in deze periode nou eenmaal single is, en dat hij speciale partyplanners heeft ingehuurd om deze feesten te organiseren. Al die exuberantie is dus niet *zíjn* idee. Hij houdt zulke feesten bovendien niet alleen vlak bij Hollywood, maar ook gewoon thuis in Londen. 'Ik zeg niet dat daar naakte vrouwen waren, want het weer in Londen is een beetje anders.' Dat hij door deze berichten in Londen de reputatie heeft vergaard van een onvervalste playboy, is volgens hem onterecht. 'Die feesten waren niet zo legendarisch als werd geschreven. De helft van de mensen die erbij zouden zijn geweest, ken ik niet.' Bovendien heeft hij gewoon een nieuwe vriendin. Dat het een fotomodel van 18 jaar is, laat de 41-jarige Lea handig achterwege.[5]

Op zakelijk gebied happen de gasten tijdens die broeierige zomer van 2010 helaas wat minder snel toe. Na de aankondiging van het derde investeringsfonds loopt het niet meteen storm, zo blijkt uit gegevens van de Britse Kamer van Koophandel. Eind juli zijn de eerste vier *limited partners* vastgelegd, in augustus volgen nog zeven geldschieters. De 2 miljard pond waar Lion op hoopte, komt bij lange na niet in beeld. De wereld lijkt echt niet meer op die van 2007: de meeste Amerikaanse pensioenfondsen blijken uit beeld verdwenen, ook de steenrijke familie Heineken stapt niet meteen in het nieuwe fonds (al zullen ze dat in mei 2011 wel doen, blijkt uit de documenten).

De mannen van Lion hebben er daarom alle belang bij om met een klapper te laten zien wat ze echt waard zijn. Ze hebben een deal nodig die investeerders over de streep trekt. Met HEMA hebben ze een ideale troefkaart in handen. Het is tijd om die uit te spelen.

Beneden op straat lijkt donderdagochtend 16 september 2010 een dag als alle andere. Vanaf het station Amsterdam Zuid spoeden de forenzen zich naar hun werkplek. De bankiers van ABN Amro in mantelpakjes of dure pakken met zwarte schoenen, de consultants van Accenture in wat minder formele kleding. Advocaten, fiscalisten, investeerders. Goedverzorgde mensen die door de drukte heen op weg zijn naar hun werk, met aktetassen en papieren bekers koffie in hun hand; hier op de Zuidas gaat het elke ochtend zo.

Hier, in een zaaltje in de kolos van advocatenfirma Houthoff Buruma, gaat vandaag in alle stilte project Tulp van start. De mannen en enkele vrouwen in de zaal zijn vrolijk, maar ook nerveus. De voltallige HEMA-directie is er. Ronald van Zetten, financiële man Ad Walter, marketingman René Repko, verkoopdirecteur Machiel Lagerweij, logistiek directeur Alex Jonker en de inkoopdirecteuren Rob Heesen en Charlotte Hooijdonk. De twee advocaten van Houthoff die het proces begeleiden. Aan de andere kant van de tafel zit het overnameteam van Ahold. Gezien de zwaarte van de delegatie hoeft niemand eraan te twijfelen hoe serieus de interesse van Ahold is. Dick Boer is aanwezig, de man die over een paar maanden zal aantreden als nieuwe CEO. Lodewijk Hijmans van den Bergh is erbij, eveneens lid van de raad van bestuur. En Sander van der Laan, de algemeen directeur van Albert Heijn.

De directieleden van HEMA weten dat Ahold serieus is. Het supermarktconcern is de laatste jaren langzaam opgekrabbeld na het boekhoudschandaal uit 2003, dat bijna de ondergang van de grootgrutter inluidde. Inmiddels heeft het bedrijf weer 2,6 miljard euro in kas en is de beurskoers terug op niveau. De bedrijfstop heeft al meermaals publiekelijk laten weten dat Ahold met dat geld graag wil uitbreiden in de sector non-food. Mede om die reden is een jaar eerder de topadvocaat Lodewijk Hijmans van den Bergh naar de raad van bestuur gehaald. Hij moet Ahold helpen een paar grote overnames te plegen. Net als HEMA komt Ahold vrij gemakkelijk door de economische crisis. Ook daar geldt de wet: boodschappen doen moeten mensen toch.

Maar vanwege het boekhoudschandaal van zeven jaar eerder, is dit voor de mensen van Ahold toch een spannende exercitie. Grote overnames hebben ze jaren niet meer gedaan, terwijl daarvoor, onder de gevallen baas Cees van der Hoeven, de miljardendeals aan de orde van de dag waren. Als geen ander hebben ze bij Ahold geleerd hoe hard beleggers een bedrijf kunnen laten vallen, als het management verkeerde beslissingen neemt. Ze hebben misschien geld genoeg, voordat ze een deal maken zullen ze eerst héél goed hun huiswerk doen. Elke steen omdraaien.

PROJECT TULIP, staat in grote letters op het eerste blad dat Ronald van Zetten op het scherm tovert. De sheets zijn opgesteld in het Engels, omdat de inhoud van de presentatie vooraf is afgestemd met Lion, en ook omdat Van Zetten dezelfde presentatie aan een paar buitenlandse geïnteresseerden zal geven. Namens Lion Capital wordt het '*process overview*' gedaan door Ellen Das; de Lion-oprichters spelen voorlopig een rol op de achtergrond.

De mogelijkheid om HEMA te kopen is echt een unieke kans, vertelt Van Zetten terwijl hij doorklikt naar de volgende sheets. Onder het Nederlandse publiek heeft HEMA een '*unmatched customer reach*', een bereik waaraan andere bedrijven niet kunnen tippen. Goed, bij het moederbedrijf van Albert Heijn zijn ze daarvan misschien niet zo ondersteboven, bovendien kennen ze de HEMA allemaal. Maar de kreet zal het goed doen bij mogelijke buitenlandse kopers.

Wat wel indruk maakt, zijn de cijfers die Van Zetten vervolgens op zijn scherm laat zien. HEMA heeft echt goede jaren achter de rug. Ondanks de crisistijd is de omzet sinds 2007 met bijna 4 procent per jaar gestegen. Bovendien is HEMA eigenlijk een zeer winstgevend bedrijf: van elke euro omzet blijft bijna 14 cent over als operationele winst; een marge die niet veel retailers kunnen nazeggen.

Het marktaandeel van HEMA is sinds 2007 op elk terrein gestegen: in mode (van 4,3 procent naar 4,8 procent in 2010), in hardwaren (spullen voor in huis en persoonlijke verzorging: van 3,3 naar 4,5 procent) en in voeding (4,2 naar 4,3 procent).

Voor de komende jaren, zo vertelt Van Zetten, verwachten ze bij HEMA verdere groei. Hun analyses hebben uitgewezen dat de zogeheten *like-for-like*-omzet (de omzet uit de bestaande winkels, dus zonder de nieuwe winkels die gedurende het jaar zijn geopend), tussen 2010 en 2013 met 4,8 procent kan groeien. Daarnaast is de strategie gericht op '*controlled expansion*' in het buitenland, met name in Frankrijk en Duitsland. Van de HEMA-omzet komt nu nog 99 procent uit de Benelux. Door meer winkels in omringende landen te openen, kan dat percentage binnen drie jaar omlaag naar 95 procent, zegt Van Zetten. De totale omzet kan op deze manier binnen drie jaar met 17 procent groeien, en het bedrijfsresultaat met 15,1 procent.

Het zijn getallen die bij Dick Boer en zijn team op grote instemming kunnen rekenen. Ook zij zien dat HEMA het al jaren goed doet. Ze kennen de berichten over nettoverliezen, maar ze weten dat die alleen veroorzaakt worden door de grote schuld waarmee Lion het bedrijf heeft opgezadeld. Als Ahold HEMA met wat meer kasgeld zou overnemen in plaats van met agressieve bankleningen, dan is het bedrijf ook onder de streep in één klap weer gezond. Even later sluit Van Zetten de bijeenkomst af met de mededeling dat Lion al binnen een maand, uiterlijk op 15 oktober, de eerste biedingen binnen wil hebben.

Ahold is niet de enige kandidaat-koper. Ook de Britse private-equityclubs CVC en BC Partners hebben zich aan de poort gemeld en overwegen een bod uit te brengen. In dat geval zou de verkoop een Londens onderonsje worden. Maar het lijkt erop dat de financiële investeerders het proces lang niet zo grondig aanpakken als het supermarktbedrijf uit Zaandam. Ahold heeft een overnameteam geformeerd van zeker twintig mensen, dat gedurende die eerste weken grondig alle financiële informatie doorspit die Lion Capital ter beschikking stelt. De bedrijfstop laat zich bovendien niet afschepen met een middagje bliksembezoeken aan het distributiecentrum en een paar winkels; samen met hun team inspecteren ze tientallen HEMA-filialen. Ze keren het hele bedrijf binnenstebuiten.

In de HEMA-directie vindt niemand dat erg. Dat Dick Boer en zijn team uitgebreid binnen mogen kijken bij de HEMA-bakkerijen vinden ze een klein beetje lastig; Albert Heijn is op dat vlak toch een grote concurrent – als het niet tot een deal komt heeft Ahold straks allerlei concurrentiegevoelige informatie opgehaald, net als Jaap Blokker drie jaar eerder. Maar de directieleden vinden het veel belangrijker dat het met Ahold goed klikt. De helft van de HEMA-directie heeft zélf een verleden bij het blauwe supermarktconcern. Ronald van Zetten en Dick Boer hebben zelfs een uitstekende band: ze hebben eerder samengewerkt, respecteren elkaar, zijn allebei leiders met hart voor de winkelvloer. Met dat financiële gedoe aan de Zuidas hebben ze eigenlijk niet zoveel. Ze hebben het er liever over hoe HEMA belangrijk kan blijven in Nederland, of hoe Ahold na de overname kan helpen om HEMA harder te laten groeien in het buitenland.

De HEMA-directie raakt er met de dag meer van overtuigd: Ahold is de gedroomde nieuwe eigenaar van HEMA. Dit móét lukken. Dick Boer snapt waar Van Zetten en zijn team mee bezig zijn, en Ahold is meer dan Lion Capital bereid echt in de toekomst van HEMA te investeren. Bij Ahold snappen ze dat een grootschalige uitbreiding naar het buitenland eerst een paar jaar geld kost, maar daarna ook miljoenen kan opleveren – en werk voor duizenden mensen. Ahold zal HEMA zeker niet na een jaar of drie weer doorverkopen. Een deal met Zaandam betekent voor HEMA een ontsnapping uit de wereld van het private equity. Na alle negatieve publiciteit over de grote schuld, de onrust onder het personeel en de moeizame discussies rond de buitenlandse expansie snapt iedereen binnen het bedrijf wat daarvan de voordelen zijn.

Half oktober komen er bij Lion inderdaad drie biedingen binnen: van Ahold, CVC en BC Partners. Er is alleen één probleem: geen van de biedingen komt in de buurt van de 1,3 miljard euro die Lion vraagt, het bedrag waar Darwent en Lea al sinds de overname op uit zijn geweest. De HEMA-directie kan op dat moment niet zoveel doen: het is aan Darwent en Lea en hun adviseurs om te kijken of ze met een van de partijen toch tot een deal kunnen komen.

Een paar dagen later komt op het nieuwe hoofdkantoor het bericht binnen dat de onderhandelingen mislukt zijn. Het verschil tussen de vraagprijs van Lion Capital en de biedingen van de drie geïnteresseerden is simpelweg te groot gebleken. Project Tulp gaat voorlopig in de koelkast. Vanuit Londen ontvangen de directieleden de boodschap dat dit niet het definitieve einde betekent, dat HEMA op zich nog steeds te koop staat. Misschien dient zich een andere koper aan die de vraagprijs wél wil betalen. Toch is iedereen binnen de directie teleurgesteld.

De opwinding is daarom groot als Van Zetten een paar weken later tijdens de directievergadering aankondigt dat HEMA een nieuwe kans krijgt. Lion Capital wil dat de directieleden opnieuw met Ahold gaan praten. Dick Boer en zijn team willen opnieuw naar een overname van HEMA kijken, onder de voorwaarde dat er geen andere kopers meer in het spel zijn. De gesprekken moeten exclusief zijn. Ahold wil zich in alle rust nog eens verder in HEMA verdiepen. Lion Capital heeft daarmee ingestemd.

In het diepste geheim beginnen de teams van HEMA en Ahold daarom in november 2010 aan een reeks nieuwe gesprekken, in een speciaal gehuurde kantoorruimte in het Regus-gebouw vlak bij station Amsterdam Sloterdijk. De mensen van Ahold vragen, die van HEMA antwoorden. Financiële details, informatie over internetverkoop, de afspraken met franchisers, en nog veel meer. Meer dan tien dagen lang wisselen de bedrijven informatie uit. Het onderlinge vertrouwen tussen de twee teams groeit, iedereen ziet de voordelen van samengaan. HEMA kan taart en theedoeken aan Albert Heijn gaan leveren, de Zaanse supermarkt kan magnetronmaaltijden, salades en broodbeleg via de honderden HEMA-filialen gaan verkopen. Ahold heeft genoeg kasgeld om HEMA veel sneller te laten uitbreiden in het buitenland, HEMA kan op haar beurt Albert Heijn helpen met de stap naar België, waar ze in Zaandam al een tijdje van dromen. Eigenlijk is het een ideale combinatie.

Bovendien zijn alle betrokkenen zich van één feit heel goed bewust: een overname door Ahold zou voor de geliefde HEMA een Nederlandse oplossing betekenen. Klanten van beide bedrijven zouden het geweldig nieuws vinden. Daar zou zowel HEMA als Albert Heijn van profiteren.

Na een dag of tien hebben Dick Boer en zijn team hun nieuwe

bod klaar. Dat de Londenaren 1,3 miljard euro voor HEMA willen hebben is niet onrealistisch, maar er moet wel iets van de prijs af. Om precies te zijn 30 miljoen euro. Het overnameteam van Ahold heeft geconcludeerd dat veel filialen, zoals ze dat noemen, '*underinvested*' zijn – er is achterstallig onderhoud. Voor die conclusie zijn de lange sessies bij Regus overigens niet eens nodig geweest: de leden van het Ahold-team ontdekten het al bij een bezoek aan de HEMA in Zaandam, een paar minuten lopen van hun eigen hoofdkantoor. Ook moet Ahold als nieuwe eigenaar meer gaan investeren in e-commerce. De webwinkel loopt niet slecht, maar het kan veel beter – HEMA heeft op deze vlakken de afgelopen jaren gewoon iets te weinig geïnvesteerd. Boer en zijn collega's kunnen dat wel oplossen, maar dan moet het bedrag dat ze daarvoor nodig hebben wel van de prijs af. Een *markup*, noemen ze dat, van 30 miljoen euro. Peanuts, gezien het totaalbedrag.

Iedereen binnen de HEMA-directie verwacht dat Robert Darwent en Lyndon Lea na dit nieuwe bod snel het vliegtuig naar Amsterdam zullen pakken om de deal rond te maken. Maar tot hun verbijstering doen de Britten dat niet. Sterker nog: ze reageren in de eerste dagen na de Regus-sessies helemaal niet. Of de Londenaren boos zijn over de kleine korting die Ahold vraagt, of dat het onderhandelingstactiek is, dat wordt de directieleden in Amsterdam-Noord nooit helemaal duidelijk. Maar feit is dat het stil blijft.

De schok is gigantisch als Ronald van Zetten twee weken later de directiekamer binnenloopt voor de wekelijkse vergadering. Hij probeert zijn emoties te verbergen, maar dat lukt slecht. Iedereen ziet meteen dat hij woedend is.

'De deal is *off*,' is het enige wat hij uitbrengt.

De directieleden kunnen het niet geloven. Géén deal met Ahold? Hoe is dat mogelijk? Ze kijken elkaar vertwijfeld aan, sommigen staan op. Eén directielid loopt de gang op, een ander gaat naar zijn werkkamer. Dit moeten ze even op hun eigen manier verwerken. Allemaal hebben ze maandenlang dubbele banen gehad: hun gewone werk ging gewoon door naast het verkoopproces. Ze zijn moe, om niet te zeggen uitgeput. De deal die eraan zat te komen was elke druppel zweet waard, maar nu is die ineens geklapt. Project Tulp is mislukt.

Het lijkt erop dat Lion erop gokte dat Dick Boer na een paar dagen stilte alsnog over de brug zou komen met de gevraagde 1,3 miljard euro. Die 30 miljoen was immers niets, daarop zou Ahold echt niet afhaken. En met die vraagprijs zouden Darwent en Lea aan hun investeerders en de rest van de financiële wereld kunnen laten zien dat Lion Capital echt tot de top behoort: zelfs in crisistijd verkopen ze hun investeringen na korte tijd door voor de prijs die ze aan het begin hebben beloofd. Maar Dick Boer is niet over de brug gekomen. Ahold wilde best over die 30 miljoen onderhandelen, maar Lion kwam niet. Boer voelde zich daardoor voor het blok gezet door een arrogante Londense bankier, een jongen bijna nog: Darwent is net 38 jaar geworden, Boer zelf is 53. Toen de stilte uit Londen hem te lang duurde, heeft hij de hele deal afgeblazen.

Als ze allemaal weer in de directiekamer zitten, probeert Van Zetten de moed erin te houden. 'Het is wat het is. We gaan gewoon door.' Maar al zijn collega's kunnen zien dat dat niet zijn echte emotie is. Van Zetten is misschien nog wel het kwaadst van allemaal. Hij is ook niet van plan om het erbij te laten zitten. Hij stuurt een boze brief naar Grosvenor Place nummer 21, waarin hij schrijft dat Lion zich uitsluitend heeft opgesteld als aandeelhouder, en de belangen van alle andere betrokkenen heeft genegeerd. Hij hoopt stiekem nog een beetje dat Lion de deal met Ahold daarna alsnog rond zal maken, maar hij bereikt iets anders: nu zijn ze in Londen ook boos op hem. Van Zetten belt de commissarissen Dolf Collee en Anders Moberg, nota bene de oud-CEO van Ahold, boos op met de vraag waarom ze hun collega-commissaris Darwent niet hebben aangespoord om deze deal te sluiten. Ze hebben helemaal niets gedaan, waarmee HEMA nu ernstig beschadigd is, vindt Van Zetten. Hij schreeuwt tegen zowel Collee als Moberg dat ze beter kunnen opstappen.

In de weken na het mislukken van project Tulp denkt Van Zetten ook kritisch na over zijn eigen toekomst. Hij voelt er weinig voor om als directeur nog langer tot Lion veroordeeld te zijn. Hij heeft er na het debacle geen vertrouwen meer in dat deze mannen ooit in staat zullen zijn om HEMA op een goede manier te verkopen. Hij bespreekt de situatie met een adviseur, die na een aantal gesprekken concludeert dat hij inderdaad beter kan opstappen. Hij heeft het in de afgelopen zeven jaar als HEMA-directeur goed gedaan, het bedrijf is hard gegroeid, hij heeft naam gemaakt als bestuurder. Het is een mooi moment om iets anders te gaan doen. Dat is vermoedelijk ook beter voor zijn carrière, want terwijl de overnameteams hun bijeenkomsten hielden, is de omzet van HEMA voor het eerst wat beginnen te zakken. De economie draait nog altijd slecht en het lijkt erop dat voor het eerst ook HEMA daar last van krijgt. Er steekt een storm op, door nu te vertrekken kan hij die ontlopen.

Maar voor Van Zetten is dat juist de doorslaggevende reden om te blijven. Hij wil wel weg, maar alleen op een moment dat het voor HEMA veilig is: als alles goed draait, of na een verkoop. Hij heeft de afgelopen drie jaar in zijn eentje het schild gevormd tussen Lion en de onderneming. Nu het bedrijf aan de grillen van de Britse eigenaar toevertrouwen, dat gaat hij niet doen. Hij blijft. Maar hij is wel helemaal klaar met Lion Capital.

Dat gevoel zal nooit meer weggaan.

12

Min drie punt zes

Terwijl het zwarte personenbusje door de novembermist over de A4 naar het zuiden zoeft, in de richting van Rotterdam, scrolt René Repko door een reeks cijfers op zijn telefoon. Tegenover de marketingdirecteur zitten Ronald van Zetten en inkoopdirecteur Rob Heesen. Van Zetten swipet een beetje op zijn iPad. Ze kijken allebei verstrooid op als Repko een paar cijfers voorleest.

'Het derde kwartaal van 2011. Voeding en genot heeft gedaan: plus één punt zeven. Dat is een volumedaling, want er zit twee punt twee prijsstijging in. Non-food heeft gedaan: min twee punt één in waarde. Een volumedaling van drie punt zes.'

Van Zetten probeert niet te laten merken dat hij schrikt. Een daling in de verkoop van voeding, waarin ze de laatste jaren zoveel geïnvesteerd hebben, en een daling van 3,6 procent op de rest van het assortiment – dat is niet best.

'Dat is veel,' zegt Repko, terwijl hij Van Zetten veelbetekenend aankijkt.

'Dat is veul, ja,' zegt Van Zetten.

Op het eerste gezicht toont Van Zetten geen spoor van bezorgdheid. Als de directieleden zijn aangekomen in het HEMA-filiaal in Capelle aan den IJssel, loopt hij eerst naar de balie met de rookworsten. Hij zet zijn tanden in een glimmend exemplaar met een flinke streep mosterd eroverheen. 'Er moet ook geluncht worden, toch?'

Als ze even later een rondje door de winkel maken, stuiten Van Zetten en zijn collega's op een nieuwe tegenslag. De filiaalmanager vertelt dat zijn magazijn zo langzamerhand uitpuilt van spullen die niet verkocht worden, nu zijn klanten steeds vaker wegblijven. 'Ik begin tegen strubbelingen aan te lopen,' klaagt hij. 'Ik krijg heel veel moeite om te manoeuvreren. Ik moet echt iets met die onderbroeken en sokken gaan doen, om ervanaf te komen.' Van Zetten adviseert hem om de overtollige voorraden af te prijzen. De tegenvallers worden geregistreerd door een cameraploeg die Van Zetten en zijn team sinds kort op de voet volgt, voor een documentaire die *Het geheim van de HEMA* zal gaan heten.[1]

Waar de directieleden al voor vreesden nadat de Ahold-deal klapte, is gebeurd: HEMA is in moeilijk vaarwater terechtgekomen. De wet dat HEMA economische crises altijd wel doorkomt omdat ze spullen verkopen die mensen toch nodig hebben, blijkt voor het eerst niet meer op te gaan. Voor iedereen in het bedrijf is dat een totaal nieuwe ervaring. Deze crisis is dieper en duurt langer dan alle vorige, dat is de simpele verklaring. Mensen doen langer dan vroeger met hun oude handdoeken, sokken en ondergoed. Ze trekken baby's rompertjes aan die van een oudere broer of zus zijn geweest. Wat HEMA ook raakt is het feit dat de huizenmarkt volledig is ingestort. Gordijnen, verf en andere doe-het-zelfproducten blijven daardoor steeds vaker in de schappen liggen – en juist die artikelen zijn normaal gesproken altijd een belangrijke basis onder de omzet.

In de maanden na het mislukken van project Tulp is het een tijdje heel stil geweest tussen Amsterdam en Londen. Ronald van Zetten voelde weinig behoefte om inhoudelijke zaken met Robert Darwent of Mary Minnick te bespreken. Tegenover collega's maakt hij er geen geheim van hoe onkundig hij de Londenaren vindt. Het liefst stuurt hij voortaan gewoon elke maand de financiële resultaten naar Londen, en laten ze hem verder zijn gang gaan.

In juni 2011 zijn Darwent en Minnick naar Amsterdam gekomen voor een tweedaagse bespreking over de toekomst. Het voelt als een crisisberaad. Drie eisen heeft Van Zetten tijdens die gesprekken op tafel gelegd. Eén: ze moeten miljoenen gaan steken in het opknappen van de grootste HEMA-filialen, want daar is de deal met Ahold mede op geklapt. Twee: Lion Capital moet iets doen aan de idioot hoge rentelasten op de aandeelhouderslening, waardoor ze elk jaar een nettoverlies noteren. Hij is het zat om elk jaar opnieuw aan de buitenwereld te moeten uitleggen dat HEMA op zich prima draait, en dat het nettoverlies alleen maar wordt veroorzaakt door de financiële constructie die Lion heeft bedacht. Drie: de directie moet de ruimte krijgen om de prijzen te verlagen. De eigenaar moet een tijdje genoegen gaan nemen met iets lagere marges en een iets lager bedrijfsresultaat. Door de prijzen van veel producten wat omlaag te gooien zal HEMA meer klanten trekken; die zullen blij zijn met deze stap in crisistijd. Uiteindelijk zullen ze daar de vruchten van plukken.

Darwent en Minnick hebben met een deel van die eisen ingestemd. Een deel van de aandeelhouderslening wordt omgezet in aandelen, zodat de rentelasten bij HEMA wat omlaaggaan. En Van Zetten mag enkele tientallen miljoenen euro's uittrekken voor het opknappen van de 31 grootste filialen. Al moet hij het geld daarvoor, zoals altijd, uit HEMA's eigen investeringspot halen, het CapEx-budget. Maar het verlagen van de marges, daar krijgt Van Zetten geen toestemming voor. Integendeel: nu de omzet begint terug te lopen, ziet Lion liever dat hij de prijzen juist wat verhoogt. Daarmee kan HEMA compenseren dat er minder klanten komen.

De directieleden zijn nog steeds boos over het klappen van de Ahold-deal. Ze weten dat ze nog een tijdje aan Lion vastzitten; een nieuwe koper zal zich nu niet snel aandienen. Maar het is een verstandshuwelijk geworden waar ze liever vandaag dan morgen van verlost zijn. Dat de resultaten in de loop van 2011 beginnen terug te lopen, verbetert de onderlinge verhoudingen ook niet. Dan belt Robert Darwent weer, of Mary Minnick: dat ze de kosten verder omlaag moeten brengen of dat ze wel aan de cashflow moeten blijven denken. Dat soort telefoontjes kunnen de directieleden, en Ronald van Zetten in het bijzonder, missen als kiespijn.

De Bijenkorf-directeur Arthur Isaac, in 1926 oprichter van de NV Hollandsche Eenheidsprijzen Maatschappij Amsterdam. (foto: Stadsarchief Amsterdam)

Adolf de Vries, van 1926 tot 1942 de eerste HEMA-directeur. (foto: IISG)

Interieur van de eerste HEMA aan de Kalverstraat in Amsterdam. (foto: HEMA)

HEMA-klanten speuren naar beha's op de afdeling damesondergoed (1961). (foto: Maria Austria Instituut)

Directeur Arie Maas legde vanaf 1971 de basis voor de 'moderne' HEMA. (foto: ANP)

Bestuursvoorzitter Jack Bons van KBB liet het moederbedrijf van HEMA in 1983 bijna failliet gaan. (foto: Spaarnestad/Ronald Sweering)

In de jaren zestig en zeventig opende HEMA tientallen nieuwe filialen, zoals hier in Gouda (1972). (foto: Maria Austria Instituut)

De HEMA-rookworst is al sinds 1936 een van de populairste snacks van Nederland. (foto: Spaarnestad)

In 1997 is dit in heel Nederland een bekend straatbeeld: een klant verlaat het filiaal in Amstelveen met een witte HEMA-tas. (foto: Fotobureau Dijkstra)

KBB-voorzitter Arie Maas en Vendex-topman Jan Michiel Hessels presenteren op 9 februari 1998 de fusie tussen beide winkelconcerns. (foto: Hollandse Hoogte/Peter Hilz)

Topman Tony DeNunzio (midden) en HEMA-directeur Ronald van Zetten (rechts) delen in het filiaal in Hilversum tompoezen uit vanwege de naamswijziging van Vendex KBB in Maxeda. (foto: ANP/David van Dam)

Tony DeNunzio (rechts) en Ronald van Zetten maken in maart 2007 bekend dat HEMA in de verkoop gaat. (foto: ANP/Evert Elzinga)

Lion Capital-oprichter Lyndon Lea krijgt uit handen van de Britse koningin Elizabeth de Queen's Cup uitgereikt. (foto: AP Images)

De 'Huizen-groep' bereidt vanaf eind 2013 een aantal ingrepen voor; ter ontspanning wordt er gevaren. Links in blauw jack financieel directeur Ad Walter, rechts in grijs overhemd commercieel directeur Rob Heesen.

In 2014 stuurt Lion Capital de Brit Andrew Jennings naar Amsterdam-Noord om bij HEMA orde op zaken te stellen. (foto: DPA/Rolf Vennenbernd/AP Images)

HEMA-directeur Ronald van Zetten presenteert in het HEMA-filiaal in Rotterdam het vernieuwingsplan Operatie Make-Over, september 2014. (foto: ANP/Robin Utrecht)

In de vernieuwde HEMA liggen de producten niet meer in lange schappen, maar op tafels in de winkel. (foto: ANP/Robin Utrecht)

De gebaksafdeling blijft ook onder Lion Capital een publiekstrekker: jaarlijks verkoopt HEMA 14 miljoen tompoezen. (foto: HEMA)

Feest op het hoofdkantoor in Amsterdam-Noord: vanuit het niets werpt topondernemer Marcel Boekhoorn zich in oktober 2018 ineens op als koper van HEMA. Samen met directeur Tjeerd Jegen snijdt hij de speciaal gemaakte pandatompoes aan. (foto: ANP/Robin van Lonkhuijsen)

De buitenwereld merkt niets van de groeiende onrust binnen de bedrijfstop. Het grote publiek hoort en leest alleen maar positieve dingen over hun favoriete winkel. Op het moment dat René Repko in het bestelbusje de tegenvallende cijfers voorleest, bestaat HEMA precies 85 jaar. Via de webshop blijkt de bosvruchten-clafoutis ineens voor 0 euro te bestellen, wat via sociale media in heel Nederland een stormloop op de gratis taart ontketent. HEMA.nl draait twee dagen lang op volle toeren. Veel klanten vermoeden een marketingstunt. De communicatieafdeling zegt dat het een foutje is, en dat is de waarheid. Maar dankzij een paar slimme medewerkers sleept HEMA er snel voordeel uit. Alle mensen die taarten hebben besteld, krijgen een bon opgestuurd waarmee ze één gratis exemplaar kunnen afhalen. Het kost een paar centen, maar heel Nederland weet nu wel dat HEMA jarig is.

Een maand later trekt een ander idee van marketingman Repko zelfs internationaal de aandacht. Op 13 december 2011 lanceert HEMA een campagne rond de nieuwe 'mega push-upbeha' van 20 euro, die de drager twee hele cupmaten extra geeft. Op de reclameposters draagt het androgyne model Andrej Pejic, een man, de beha.

Het is een gekkenhuis, appt Van Zetten op de ochtend van de lancering aan Repko. De man met de push-upbeha is wereldnieuws. Om de campagne niet voortijdig te laten uitlekken, wist maar een heel klein clubje mensen ervan. Na de lancering blijkt de campagne meteen een hit. Honderden internationale media berichten erover, van de Verenigde Staten tot Rusland en van Italië tot India. De man met de HEMA-borsten is wereldwijd trending topic nummer één op Twitter. Ook in Nederland is de campagne het gesprek van de dag; kranten staan er vol mee, tv-programma's als *RTL Boulevard* en *De Wereld Draait Door* maken er enthousiaste items over.

De campagne bevestigt maar weer eens het imago van HEMA als een slim en succesvol bedrijf. Als media over de 85-jarige onderneming berichten, dan benadrukken ze dat het bedrijf 'haar vleugels verder uitslaat in het buitenland' (ANP), dat het 'dé winkelontdekking van Frankrijk' is (*De Telegraaf*), of dat 'niemand zich er nog te chic voor voelt' (*de Volkskrant*). Het blijft ook prijzen regenen. HEMA wordt in 2011 uitgeroepen tot Beste Winkelketen van Nederland en voor de vijfde keer op rij tot meest onmisbare merk van Nederland. De Gouden Esprix-award, de VROUW Award, de Outstanding Bloei Award en de SponsorRing: waar ze precies voor staan is lang niet altijd duidelijk, maar ze gaan in 2011 allemaal naar HEMA.

Bovendien blijkt HEMA, dankzij het schrappen van de rentelasten op de aandeelhouderslening, over 2011 voor het eerst sinds de overname door Lion Capital een nettowinst te noteren, van ruim 11 miljoen euro. 'Een goeie keuze van Lion,' noemt Ronald van Zetten dat tegenover het *Financieele Dagblad*. 'We hebben door de verliezen negatieve pers gehad en moesten het altijd maar weer uitleggen. Het is jammer dat je als mooi merk wordt geassocieerd met iets waar je zelf niets aan kan doen.'[2]

Op het hoofdkantoor vangen veel mensen pas een glimp op van de frustraties die binnen de directie zijn ontstaan, als René Repko eind 2011 afscheid van HEMA neemt met een feestelijke receptie in het Atrium. De marketingdirecteur vindt het tijd geworden om wat anders te gaan doen, na het mislukken van de Ahold-deal kan hij niet meer de motivatie opbrengen om zich nog voor de volle honderd procent op HEMA te storten. De mislukking van het Tulp-project heeft ook hem erg geraakt. Het Atrium staat die avond vol met meer dan honderd medewerkers die, om de populaire marketingdirecteur te eren, allemaal een button met daarop *I ♥ RR* dragen. De hele directie is aanwezig.[3]

Aanvankelijk gaat het zoals het altijd gaat in dit soort situaties: Repko houdt een vriendelijk praatje met bedankjes en succeswensen voor de toekomst. Maar zijn toon verandert als Repko tegen het eind van zijn toespraak op het scherm achter hem een sheet opent onder het kopje: 'Dit moet ik even kwijt'.

'Nu komt er wel een heel serieus punt,' zegt Repko. 'Ik heb er heel erg over getwijfeld of ik dit wel met jullie moet delen.' Vervolgens haalt hij voor de volle zaal keihard uit naar Mary Minnick. 'De investeerder Lion trok uit de hoed een topmarketeer. En maar lullen over Heineken, Coca-Cola en Target, met hun *zillion-trillion-dollars* aan *marketing spend* en afdelingen branding met honderd mensen voor een fucking logo alleen al. *Yeah right, man*. Godverdomme.'

Een deel van de aanwezigen begint te klappen. Anderen lachen – die hebben blijkbaar niet door hoe serieus Repko dit meent. Ronald van Zetten doet geen van beide. Hij kijkt met een grimas wat voor zich uit. De speech van Repko is nog niet afgelopen als zijn telefoon gaat: Mary Minnick aan de lijn. Hoelang het nog duurt voordat de lijntjes in de financiële grafieken weer omhoog gaan lopen, zoals ze tijdens hun crisisberaad in juni overeen waren gekomen.

'Dat hangt af van de kerstverkopen,' kapt Van Zetten knorrig het gesprek af.

Tegen het einde van 2011, een jaar na het mislukken van de Ahold-deal, is de HEMA-directie in een ingewikkelde situatie beland. De totale omzet loopt op jaarbasis met ongeveer vijf procent terug. Daarmee zit HEMA op het gemiddelde van de hele winkelmarkt. Zowel in mode, hardwaren als voeding blijven de marktaandelen ongeveer gelijk. Er zijn bedrijven die het veel slechter doen, zoals V&D, en er is één bedrijf dat het fantastisch veel beter doet: de supergoedkope prullariawinkel Action. Met een paar procenten omzetdaling in crisistijd zou HEMA normaal gesproken wel kunnen leven; in andere tijden was het daarmee nog altijd een zeer winstgevend bedrijf geweest. Maar nu is HEMA een bedrijf met een grote schuldenlast, waar jaarlijks meer dan 50 miljoen euro aan rentelasten naar de banken moet, en waar het budget om vernieuwingen door te voeren beperkt is.

Daar komt bij dat aan de bankleningen, die in totaal 765 miljoen euro bedragen, enkele strenge convenanten verbonden zijn. Zo mag de verhouding tussen de schuld en het bedrijfsresultaat (in financiële termen: *net debt to EBITDA ratio*) niet boven de vijf uitkomen. Oftewel: de totale bedrijfsschuld moet binnen vijf jaar zijn af te betalen. In de financiële wereld is dit cijfer van vijf een bekende vuistregel: bedrijven met een hogere schuld ten opzichte van hun verdiensten, worden alom beschouwd als zeer risicovolle investeringen. Als de schuld-resultaatverhouding boven de vijf uitkomt, mogen de banken contractueel alle leningen opzeggen. Daarmee zou HEMA een gigantisch probleem hebben, want dan moeten ze ergens anders ineens 765 miljoen euro vandaan toveren. In de loop van 2012 gaat het cijfer, dat eerder onder de 4 lag, snel richting de 4,5. Het bedrijfsresultaat daalt van 155 miljoen euro naar 142 miljoen in 2012. Door de strenge bankconvenanten stelt zo'n kleine daling van het resultaat HEMA al voor een groot financieel probleem.

Het voelt een beetje, zo zullen verschillende betrokkenen later zeggen, alsof HEMA in twee werkelijkheden terechtkomt. Allereerst is er de onderneming, die het gezien de economische situatie helemaal niet zo slecht doet en die bij het Nederlandse publiek nog altijd populair is. In die werkelijkheid gaat het vanzelf weer beter als de economie aantrekt. Daarnaast is er de financiële werkelijkheid: de constante druk om zo snel mogelijk de resultaten te verbeteren, om de bankconvenanten maar niet te breken.

Om een uitweg uit deze situatie te vinden, ontwikkelt de directie in razend tempo nieuwe plannen. Echt gepassioneerd nadenken over nieuwe producten of opzienbarende campagnes, zoals vroeger, is er niet meer bij – het is eerder een verbeten zoektocht naar betere resultaten. Om te beginnen is er het project Slim, waarbij HEMA op grote schaal producten gaat inkopen die lang houdbaar zijn, niet snel uit de mode raken en die voor lage prijzen in de winkel komen te liggen. Witte T-shirts voor 4 euro, die met duizenden tegelijk uit China worden gehaald. Koffiepads voor 1 euro, sokken en handschoenen voor 3,50. Het is de bedoeling dat HEMA hiermee de concurrentie met de snelgroeiende winkelketens Action en Zeeman aangaat. Volgens sommige directieleden is het ook precies wat bij HEMA past: veel producten verkopen voor lage eenheidsprijzen, met kleine marges per product, is waar hun bedrijf in de jaren twintig van de vorige eeuw groot mee werd.

In de winkels komen speciale 'Slim-straten', waar de klanten al deze producten kunnen vinden. Boven de schappen komen grote rode borden met daarop de prijzen: *ALTIJD 1,-*, *ALTIJD 5,-*. Het gaat stuk voor stuk om artikelen die mensen óók in crisistijd blijven kopen – en dankzij de bodemprijzen moeten ze dat weer wat vaker bij HEMA gaan doen. Project Slim kent wel één risico: de marge op de verkochte artikelen is klein. Ze moeten alles dus wel op grote schaal inkopen, en het moet snel aan de man gebracht worden. Lukt dat niet, dan blijven ze zitten met enorme voorraden. Maar Van Zetten en zijn team durven die uitdaging wel aan.

De economische crisis brengt de directie ook op een ander idee. Het cosmeticabedrijf Estée Lauder heeft ooit de *lipstick index* bedacht, die erop neerkomt dat vrouwen in slechte economische tijden juist méér lippenstift en andere cosmetica kopen, omdat ze minder geld uitgeven aan duurdere zaken, zoals kleding. Veel experts trekken de betrouwbaarheid van die index in twijfel, maar bij HEMA is de verkoop van cosmetica het de afgelopen jaren opvallend goed blijven doen. De directie geeft daarom een klein team van managers de opdracht om een paar speciale cosmeticawinkels te gaan openen, onder de naam HEMA Beauty. De eerste twee filialen komen in Haarlem en Amsterdam.

En dan is er een project dat de directieleden Moneyball noemen. Bij de kassa's in alle winkels komen stellages die de bijverkoop moeten stimuleren: snoepgoed, frisdrank, aanstekers. Lang niet iedereen is er blij mee, want de verkoop van repen en flesjes frisdrank wijkt af van de regel dat HEMA elk product zélf ontwikkelt. Maar het levert nu eenmaal extra geld op, en in de huidige situatie is dat genoeg reden om het toch te doen.

Ook de speciaal opgerichte afdeling new services krijgt de opdracht om snel extra inkomsten te zoeken. Een team van zes managers moet producten gaan vinden die HEMA aan het assortiment kan toevoegen om de omzet op te krikken. Daarbij mogen ze van Van Zetten best een beetje buiten de gebaande paden kijken. De afdeling new services komt vervolgens met de ene na de andere innovatie – en buiten de gebaande paden gaat het zeker. Er komt een HEMA-ticketservice, waar klanten een dagje naar de Efteling of een weekend weg kunnen boeken. HEMA gaat staatsloten verkopen en zorgverzekeringen aanbieden. Het meest controversieel is het aanbod om bij HEMA voortaan ook notariële aktes te kunnen afsluiten. Veel mensen reageren verbaasd: je testament laten opstellen bij de HEMA? De notarisbranche is er ook niet blij mee: beroepsorganisatie KNB stapt naar de tuchtrechter met de vraag of HEMA wel kan voldoen aan de notariële zorgplicht. Een notariskantoor uit Leiderdorp gaat uit protest rookworsten verkopen, om daarmee aan te tonen dat hun vak niet iets is wat je er zomaar even bij doet.[4]

Ronald van Zetten heeft het zichtbaar lastig met de nieuwe situatie. Hij is een aanvaller, een ondernemer die zich goed voelt bij ambitieuze groeiplannen. Nu moet hij constant in de verdediging. In het bedrijf voelt iedereen de druk toenemen, nu de resultaten tegenvallen. Collega's zien dat de situatie ook vat begint te krijgen op de anders altijd zo enthousiaste Van Zetten. Hij komt onder hoogspanning te staan, zo lijkt het.

In directiemeetings wordt hij onvoorspelbaarder. De ene dag is hij razend enthousiast over een nieuw plan, de volgende dag ziet hij er geen gat meer in en denkt hij dat het nooit meer beter gaat. Hij loopt vaker de marketingafdeling op om te zeggen dat er dingen anders moeten in de nieuwe folder, die net door een aantal marketeers zorgvuldig is samengesteld. Hij commandeert zijn collega-directeuren, wordt onprettiger in de omgang. Hij doet zijn best om als een sergeant-majoor zijn troepen in de juiste richting te dirigeren, maar door zich met elke afdeling en elk detail te bemoeien, roept hij bij een groeiend aantal mensen weerstand op.

Daar komt bij dat zijn team uit elkaar begint te vallen. Behalve René Repko is ook inkoopdirecteur Charlotte Hooijdonk vertrokken. Hun opvolgers zijn Anne-Gien Haan (marketing) en Wilma Veldman (inkoop). In de nieuwe samenstelling botert het niet. Veldman botst voortdurend met Rob Heesen, de andere inkoopdirecteur, Veldman en Haan botsen, Haan en Van Zetten botsen. Van Zetten reageert zich tijdens directiemeetings soms af op logistiek directeur Alex Jonker of verkoopdirecteur Machiel Lagerweij, die krijgen steeds vaker de schuld van dingen die in de winkels niet goed zijn gegaan. Van Zetten leunt in toenemende mate op de directieleden die het dichtste bij hem staan, zoals financieel directeur Ad Walter en inkoopdirecteur Rob Heesen, hij noemt ze eens 'mijn musketiers'.

Doordat hij als HEMA-directeur zo onder druk staat, vraagt iedereen zich af of Ronald van Zetten het vieren van zijn vijftigste verjaardag wel kan waarderen. In alle vroegte verzamelen twintig mensen uit de bedrijfstop zich eind september 2012 op een woonboot in een van de havens aan de noordkant van het IJ, niet ver van het hoofdkantoor. De onbezorgdheid die tot voor kort bij zulke gelegenheden normaal was, is nu afwezig. Natuurlijk, ze maken er allemaal het beste van, HEMA-mensen zijn optimistische mensen. Maar het voelt anders dan vroeger.

Ze hebben in elk geval hun best gedaan om hun baas in het zonnetje te zetten. In glanzend cadeaupapier ligt in de woonboot een prachtig horloge klaar. Dat cadeau was lang niet het meeste werk. De mensen van de afdeling communicatie hebben een speciaal magazine voor hem samengesteld: de *Ronald*, geïnspireerd op persoonlijke tijdschriften zoals de *LINDA.*, *Maarten!*, en *MATTHIJS.*, die recentelijk populair zijn. In het blad zijn interviews opgenomen met Jaap Lagerweij, voormalig HEMA-directeur en leermeester, en met Van Zettens vriendin Anouk. Katja Schuurman heeft een column geschreven over het goededoelenproject Return to Sender, waarbij ze met Van Zetten samenwerkte. En er staat een column in van zijn buurman Humberto Tan, die beschrijft hoe het is om aan de Amsteldijk in Amsterdam naast de directeur van HEMA te wonen.

Op tafel staat een ontbijt van broodjes en jus d'orange klaar. Natuurlijk zijn er slagroomtaarten en vlaaien. Iets na negenen komt Van Zetten met zijn vaste chauffeur John bij de woonboot aan. Van Zetten is stomverbaasd als hij al zijn collega's ziet klaarstaan, hij wist niets van de surpriseparty. Hij vindt het geweldig. Iedereen daar op die woonboot, speciaal voor hem. Enthousiast neemt hij alle felicitaties in ontvangst, grappend: zo oud is vijftig helemaal niet, ze zijn nog lang niet van hem af. Vijftig is het nieuwe veertig.

Als hij even later het horloge uitpakt en het tijdschrift dat zijn naam draagt, moet hij de ontroering wegslikken. Hij bedankt iedereen, zegt nog maar eens dat hij de verrassing geweldig vindt.

Voor een deel van de aanwezigen is het een bevestiging dat hun baas ondanks alles het hart op de juiste plaats heeft. Even zien ze weer de 'echte Ronald', zullen sommigen later zeggen. Die hadden ze al een tijdje niet meer gezien.

De ontroering houdt helaas niet lang stand. Tegen het einde van 2012 wordt in de directiekamer duidelijk dat ze het jaar inderdaad zullen afsluiten met slechte resultaten. De omzet in de bestaande winkels loopt over het hele jaar gemeten met 5,3 procent terug, het bedrijfsresultaat daalt met 9 procent naar 142 miljoen euro. Het lijkt er nog niet op dat alle vernieuwingsprojecten enig effect sorteren.

Ook binnen de directie blijft het onrustig. Dat blijkt als het hele team eind maart 2013 naar de Ardennen vertrekt voor een driedaagse evaluatie. Voorafgaand aan de besprekingen heeft hr-directeur Iman Eddini samen met een externe adviseur een inventarisatie gemaakt van de kritiekpunten die er binnen het bedrijf leven. Het is de bedoeling dat hun verslag als startpunt fungeert voor een goede discussie: alle ontevredenheid op tafel, met zijn allen een frisse start maken. Uit die gesprekken is naar voren gekomen dat sommige managers vinden dat de directie te veel dicteert wat ondergeschikten moeten doen, en dat door de vele vernieuwingsprojecten de koers niet altijd duidelijk lijkt. Ronald van Zetten wordt door een van zijn collega-directieleden omschreven als 'dicterend, negatief, opportunistisch en grillig'.

In de Ardennen geven de directieleden elkaar zogeheten 360 graden-feedback, waarbij ze om de beurt elkaars functioneren onder de loep nemen. Maar als Van Zetten aan de beurt is, zegt bijna niemand iets negatiefs, terwijl in de dagen daarvoor allang duidelijk is geworden dat verschillende directieleden ontevreden zijn met zijn manier van handelen. Nu het erop aankomt, houden ze hun mond, terwijl ook Van Zetten best weet dat er binnen zijn team veel ontevredenheid zit. Op deze manier voedt de sessie alleen maar het wantrouwen. Aan het eind van de drie dagen in de Ardennen kunnen de directieleden maar één conclusie trekken: ze zijn helemaal niets opgeschoten.

Ook Ronald van Zetten is die mening toegedaan. Maar in zijn hoofd voegt hij daar nog een conclusie aan toe: de tijd is zo langzaamaan rijp voor zwaardere ingrepen.

13

De sociopaten van het zakenbankieren

Boven de velden van de Guards Polo Club in het koninklijke Windsor Great Park, even ten oosten van Londen, schijnt een heldere voorjaarszon. Gesoigneerde heren en dames met kleurrijke hoedjes nippen van een glas champagne, praten op fluistertoon met elkaar en geven een beschaafd applaus wanneer een van de acht polospelers op het veld een doelpunt maakt. Het ruikt er naar gras en dure parfums. In de verte zijn de torens van Windsor Castle te zien. Wie niet beter wist, zou zich zomaar aan het eind van de negentiende eeuw kunnen wanen, de tijd waarin de koning van Groot-Brittannië nog heerste over de halve wereld.

Maar het is niet het eind van de negentiende eeuw, het is zondagmiddag 16 juni 2013 en een kleine duizend toeschouwers kijken naar de finale van de Cartier Queen's Cup, door kenners omschreven als het meest prestigieuze polotoernooi ter wereld. Alle mensen die de groene stoeltjes langs het veld bevolken stralen uit dat ze geld hebben, of in elk geval doen ze graag alsof. De allervoornaamste gasten hebben plaatsgenomen op het met paarse en witte bloemen omheinde terrein van de hoofdsponsor, het juwelenmerk Cartier. Er zijn bekende Britse acteurs, jetsetkoningin Charlotte Casiraghi toont haar lange benen, net als prinses Beatrice van York. De Amerikaanse actrice Sharon Stone heeft haar zoon meegenomen. Direct naast Cartier-directeur Arnaud Bamberger zit de hoofdgast: de Britse koningin Elizabeth, sinds jaar en dag beschermvrouw van de

Guards Club. Polo doet haar bijnaam '*the sport of kings*' vandaag eer aan.

De aanwezigen zien hoe acht mannen zich op het immense grasveld in het zweet werken. Op hun paarden racen ze achter een kleine witte bal aan, vier tegen vier. Wie de bal het vaakst in het doel van de tegenstander weet te werken, wint. Polo is een ruige sport. Tegenstanders snijden elkaar de pas af en proberen met hun mallet, een soort hockeystick, de bal te veroveren, terwijl hun paarden snelheden van boven de vijftig kilometer halen. Botsingen en valpartijen zijn onvermijdelijk, net als bij wielrennen zijn deelnemers die worden afgevoerd met gebroken botten een volstrekt geaccepteerd verschijnsel.

Een van de spelers die vandaag om de titel strijdt heet Lyndon Lea. Hij is, zoals ze dat noemen, de *patron* van het poloteam Zacara. Dat zit zo: vanwege de grote hoeveelheid paarden en verzorgers die nodig zijn, en het feit dat de wedstrijden op verschillende plekken op de wereld gespeeld worden, met name in Engeland, Argentinië en de Verenigde Staten, kost het onderhouden van een poloteam miljoenen euro's per jaar. Via sponsoring en kaartverkoop valt dat geld nooit terug te verdienen. Elk poloteam heeft daarom een geldschieter, een liefhebber van de sport die de miljoenen wel kan missen. Deze geldschieter, de patron, krijgt in ruil voor zijn vrijgevigheid een plek in het team, tussen de professionals die hij inhuurt. Het is een beetje alsof de sjeik die Manchester City bezit mag meespelen in de Premier League, maar in polo is dit volkomen normaal. De patrons zijn vrijwel altijd goedgetrainde macho's, die natuurlijk lang niet zo goed zijn als de professionals, maar met hun moed en doorzettingsvermogen komen ze een heel eind.[1]

Lea is een echte fanaticus. Zijn team Zacara heeft hij tien jaar eerder opgericht, het is vernoemd naar zijn kinderen Zachary en Chiara. In Florida bezit de oprichter van Lion Capital een ranch, Zacara Farm genaamd, waar paarden van jongs af aan worden klaargestoomd voor de wedstrijden. Alleen al het opleiden van die paarden is een miljoenenbusiness: per pony kost het zo'n twee ton om ze te trainen tot ze klaar zijn voor de wedstrijden. Aan Britse kranten vertelt Lea eens dat hij in totaal zestig paarden bezit. Gevraagd naar wie dan zijn favoriete paard is, noemt hij zeven namen.[2] Naar eigen zeggen prepareert hij zichzelf voor de polotoernooien door fanatiek te fitnessen en aan Braziliaanse jiujitsu te doen. Hij huurt drie persoonlijke assistenten in om zijn werk voor Lion Capital met het poloën te kunnen combineren. Elk jaar breekt hij wel iets; hij speelde ooit een toernooi terwijl zijn linkerhand op vier plaatsen was gebroken.

Lea huurt ook een paar van de beste polospelers ter wereld in, om samen met hem een team te vormen. Dat hij vandaag meespeelt in de finale van de Queen's Cup, heeft hij met name te danken aan de acties en doelpunten van de Argentijnse topspeler Facundo Pieres. De tegenstander van vandaag, El Remanso, is het team van patron Christopher Hanbury, een vriend van het Britse koningshuis. Hanbury is bevriend met prins Charles, de prinsen William en Harry hebben op zijn ranch de beginselen van het polo geleerd.[3]

Facundo Pieres blijkt ook vandaag in topvorm. Terwijl het royale gezelschap langs de lijn geniet van kleine vleesgerechtjes, frambozensorbets en macarons, maakt de Argentijn het ene na het andere doelpunt. Als de wedstrijd is afgelopen, staat er een afgetekende uitslag op het scorebord. Zacara 15, El Remanso 9. Pieres heeft elf van de vijftien doelpunten gemaakt. Lyndon Lea en zijn team hebben de Queen's Cup gewonnen.

'Die uitslag is één ding, maar dit was een ongelooflijk zware tegenstander,' zegt Lea als hij meteen na de wedstrijd een verslaggever te woord staat. Zijn zwarte helm heeft hij afgedaan, de zweetdruppels parelen op zijn voorhoofd. 'De wedstrijd is gewonnen en verloren in het blokkeren. Dat is hun spelletje, ze zijn daar zó goed in. Maar wij zijn er vandaag in geslaagd hun blokkeeracties vrij effectief te neutraliseren.'[4] Een paar minuten later schudt Lea breed lachend de hand van koningin Elizabeth, terwijl de speaker enthousiast zijn naam omroept. De koningin, twee weken eerder zelf uitgebreid gelauwerd omdat ze zestig jaar op de Britse troon zit, overhandigt hem de zilveren beker die bij het toernooi hoort. Lea wisselt kort een paar woorden met het staatshoofd, daarna gaat het hele team van Zacara uitgebreid met haar op de foto. De prijs is binnen.

Lyndon Lea kan de positieve aandacht heel goed gebruiken, want Lion Capital ligt op hetzelfde moment ernstig onder vuur. Het mislukken van de Ahold-deal, eind 2010, blijkt voor Lion net zo goed een keerpunt geweest als voor HEMA zelf. Vóór project Tulp stonden Lea en Darwent in The City bekend als de jonge, vlotte, nieuwe generatie van succesvolle investeerders, als mannen die zelfs in crisistijd vooruitgingen. Maar in de jaren daarna loopt Lion tegen verschillende zeperds aan. Deze tegenvallers hebben bij de Londense financiële pers vragen opgeroepen over de aanpak die Darwent en Lea hanteren. Hun reputatie is beschadigd. Het derde fonds, waarmee de mannen in 2010 nog 2 miljard euro wilden ophalen, is gestokt bij 1,5 miljard euro aan investeringsgeld.[5]

Het is allemaal begonnen met een kleine tegenvaller. Tegelijk met HEMA zetten Lea en Darwent in het najaar van 2010 ook de restaurantketen Wagamama in de verkoop. Maar op een veiling die de zakenbank Rothschild in opdracht van Lion Capital organiseert, komen slechts twee geïnteresseerde kopers af. Geen van hen is bereid de door Lion gevraagde prijs van 250 miljoen pond te betalen. Net als HEMA gaat Wagamama daarom noodgedwongen weer uit de verkoop. Als de bankiers van Rothschild in het voorjaar van 2011 alsnog een koper weten te vinden, het private-equityfonds Duke Street Capital, blijkt de verkoopprijs fors teruggeschroefd: 215 miljoen dollar. Daarmee is Lion wel van Wagamama af. Lea en Darwent behalen ook nog steeds een prima rendement, want vijf jaar eerder hebben ze 100 miljoen pond voor de restaurantketen betaald.[6]

Vlak voor de kerstdagen van 2011 vraagt de lingerieketen La Senza, sinds 2006 eigendom van Lion Capital, noodgedwongen uitstel van betaling aan. Alle 2600 medewerkers, die in 146 filialen door heel Groot-Brittannië werken, moeten vrezen voor hun baan. Het is Lion niet gelukt om La Senza in de zwarte cijfers te houden. Een bewindvoerder van adviesbureau KPMG verkoopt daarna de zestig best lopende winkels, inclusief personeel, aan de investeerder Alshaya uit Koeweit. Daarmee worden 1100 banen gered.

Volgens Lea en Darwent is de neergang van La Senza te wijten aan de economische crisis die zo veel winkelketens raakt. Maar de krant *The Times* onthult dat er ook iets anders aan de hand is: Lion Capital heeft twee jaar eerder stilletjes alle schulden overgenomen die La Senza had bij onder meer Royal Bank of Scotland. In ruil daarvoor heeft Lion zelf een lening aan het bedrijf verstrekt, met daaraan een fors rentepercentage gekoppeld. De rentelasten voor La Senza zijn hierdoor sinds begin 2010 enorm toegenomen. Lion hielp de directie hiermee van de regen in de drup: het gedoe met de banken was verleden tijd, maar de financiële lasten namen alleen maar toe. Nu de boel failliet is, komt Lion bovendien naar voren als de enige schuldeiser, dus de volledige opbrengst van de doorverkoop aan Alshaya gaat naar Darwent en Lea. Pandeigenaren en leveranciers, die ook forse rekeningen bij La Senza hebben openstaan, blijven met lege handen achter, ontdekt *The Times*.[7]

In oktober 2012 trekt de handelwijze van Lion opnieuw de aandacht. Anderhalf jaar eerder hebben Darwent en Lea de kwakkelende modeketen AllSaints (ruim honderd winkels, 2000 werknemers) van een dreigend faillissement gered, door voor 105 miljoen pond de aandelen over te nemen. Maar in plaats van samen met het zittende management de weg omhoog te zoeken, mondt de investering uit in geruzie. Eerst vertrekt na een paar maanden de bestuursvoorzitter, en in het najaar van 2012 houdt ook de oprichter het voor gezien. Die oprichter, de Britse modetycoon Kevin Stanford, blijkt met Lion Capital in een conflict beland over de waarde van zijn aandelenpakket van 15 procent. Maar dat is niet de enige reden dat de oprichter vertrekt: Stanford heeft naar eigen zeggen 'gerechtvaardigde zorgen over de manier waarop AllSaints wordt gemanaged sinds de betrokkenheid van Lion'.

Lea en Darwent blijken ook AllSaints te hebben overgenomen met behulp van een aandeelhouderslening, in plaats van er direct hun eigen geld in te stoppen. Hierdoor zit ook AllSaints vast aan gigantische rentelasten die richting eigenaar Lion stromen, want de rente op die aandeelhouderslening bedraagt maar liefst 15 procent per jaar. Binnen anderhalf jaar is de schuld van het noodlijdende AllSaints aan Lion opgelopen van 105 naar 130 miljoen pond. Van de door Lea aangekondigde omzetgroei is nog niets terechtgekomen.[8]

Maar de kritiek op deze financiële trucs, die in de wereld van het private equity overigens doodnormaal worden gevonden, valt in het niet bij wat Lea en Darwent vanaf februari 2013 voor hun kiezen krijgen. Een paar maanden voor het polotoernooi in Great Windsor Park raken ze verwikkeld in een paardenvleesschandaal. De controverse draait om Findus, een in Groot-Brittannië zeer bekende producent van diepvriesmaaltijden. Voor Lion is Findus een investering met een omvang die vergelijkbaar is met HEMA: Lea en Darwent hebben het bedrijf in 2008 voor 1,1 miljard pond gekocht, de jaaromzet ligt iets boven het miljard.

Uit tests van de Food Standards Agency (FSA), de officiële Britse voedselautoriteit, blijkt dat de runderlasagne van Findus, die overal in Engeland in de supermarkten ligt, in de meeste gevallen 60 tot 100 procent aan paardenvlees bevat. Deze onthulling leidt meteen tot gigantische ophef – meer nog dan in Nederland is paardenvlees eten in Groot-Brittannië not done. De lasagne moet uit de schappen en er komt een parlementair onderzoek naar de fraude (waarbij ook andere voedselproducenten betrokken zijn). De directie van Findus wijst met een beschuldigende vinger naar de Franse leverancier, die het vlees op zijn beurt uit Roemenië zou invoeren. Daar moet iets zijn misgegaan. Darwent en Lea wijzen elke betrokkenheid af: Lion is niet betrokken bij de dagelijkse operatie, zeggen ze, zij wisten nergens van. Maar daar komen ze niet zo makkelijk mee weg. Findus heeft een schuld van 400 miljoen pond in de boeken staan, sinds een herfinanciering die Lion een halfjaar eerder uitvoerde. Een insider uit het bedrijf verklaart in *The Guardian* dat Findus sindsdien onder 'enorme druk' staat om de kosten voortdurend te verlagen. 'Tot ze [Findus] nieuwe producten konden introduceren waar consumenten meer voor willen betalen – door met diepvriesvoeding naar de bovenkant van de markt te gaan – was het reduceren van de kosten de enige optie die ze hadden.'[9]

De suggestie is duidelijk: het paardenvlees in de lasagne is indirect veroorzaakt doordat Findus haar producten noodgedwongen zo goedkoop mogelijk moet inkopen. Direct bewijs voor deze stelling is er nooit geleverd, maar het doet de reputatie van Lion opnieuw weinig goed.

Een paar successen zijn er nog wel. Zo verkopen Lea en Darwent in 2012 de meerderheid van hun aandelen in ontbijtgranenproducent Weetabix aan een Chinese investeerder voor meer dan 700 miljoen pond, al krijgen ze daarop meteen weer de kritiek dat ze Brits nationaal erfgoed uitverkopen aan de Chinezen. Begin 2013 winnen ze de overnamestrijd om de Amerikaanse haarproductenfabrikant GHD, die ze voor 300 miljoen pond overnemen. Maar de kritiek overheerst, en die komt vrijwel altijd op hetzelfde neer. Lion Capital doet er alles aan om zich te presenteren als een merkenbouwer. Een investeerder die niet alleen naar de cijfertjes kijkt, maar die juist actief betrokken is bij het laten groeien van een bedrijf. 'We zijn zeker geen *financial*', in de woorden van Lyndon Lea. Maar in de praktijk doen ze niets anders dan financiële structuren opwerpen die hun investeerders en zichzelf ten goede komen, zonder na te denken over de gevolgen voor het bedrijf. Daarmee hebben ze bedrijven ernstig beschadigd.

Ook Jimmy Choo-oprichtster Tamara Mellon, die twee jaar met Lea en Darwent samenwerkte, blijkt op dat vlak nog een rekening te hebben openstaan. Nadat Mellon eind 2011 bij Jimmy Choo vertrekt, haalt ze keihard uit naar alle investeerders die zich op haar bedrijf stortten. In een interview met de *Financial Times* spreekt ze van 'aasgieren' en 'parasieten'. Mellon: 'Wat er in private equity gebeurt, is dit. Ze komen binnen en zeggen: "wij worden een geweldige partner. We zitten erin voor de lange termijn en we gaan je helpen het bedrijf te voeden en te laten groeien." De dag nadat we tekenden, spraken ze over het verkopen van het bedrijf.' Investeren deed Lion volgens haar al helemaal niet, evenmin als de twee andere investeerders die Jimmy Choo korte tijd bezaten. 'Geen van deze private-equityfirma's heeft werkelijk kapitaal in het bedrijf gestoken om te kunnen groeien. Ze zijn eerder een last geweest.'[10]

In een tweede interview, met *The Telegraph*, gaat Mellon zelfs een stap verder. 'Het zijn de sociopaten van het zakenbankieren. Ze komen binnen en beginnen te plunderen – je bankrekening, alles wat je hebt bereikt,' foetert ze. 'Alles draait erom het varken vet te mesten voor de slacht, zonder aandacht voor de mensen of het product. Ik ben door drie private-equitydeals gegaan, en het was steeds hetzelfde. Ze kwamen binnen en hun enige focus was de exitstrategie. Je bent aan de wolven overgeleverd.' Mellon hekelt ook de verhoudingen binnen Lion, waarin Lyndon Lea de grote dealmaker is die zich nauwelijks bij een van zijn bedrijven laat zien, en Robert Darwent de man die alleen maandelijks de spreadsheets komt ophalen. 'Lyndon Lea kwam naar twee directievergaderingen in twee jaar. Hij stuurde gewoon eens per maand een gozer [Darwent] langs om de cijfers te checken. Hij claimt dat ze waarde hebben toegevoegd – maar waar waren ze?'[11]

Op het hoofdkantoor van HEMA vraagt de directie zich dat inmiddels ook af. Vier vergaderingen per jaar met de raad van commissarissen, waar Robert Darwent en Mary Minnick deel van uitmaken. Eén jaarlijkse strategiemeeting. Tientallen telefoontjes over financiële details – vrijwel uitsluitend met Ronald van Zetten. Meer doet Lion niet. Over de manieren waarop ze het merk kunnen uitbouwen, welke keuzes de directie zou kunnen maken en hoe Lion daarbij zou kunnen helpen, gaat het nooit. Dat Lyndon Lea, overduidelijk de grote beslisser bij Lion, zich op geen enkele manier met HEMA bemoeit, vinden ze in Amsterdam-Noord opmerkelijk. Mary Minnick uit tijdens vergaderingen van de commissarissen nog altijd haar twijfels over de uitbreiding naar Frankrijk en ze dringt voortdurend aan op de invoering van een klantenkaart, maar daarmee houdt het echt op. Lion laat de strategie volledig aan Van Zetten en zijn team.

Het duurt best lang voor het de directieleden begint te dagen, maar uiteindelijk zien ze het. Nu het niet is gelukt om HEMA snel en tegen een goed rendement weer door te verkopen, hebben de investeerders geen idee meer wat ze met het Nederlandse bedrijf aan moeten.

Zonder exit heeft Lion Capital simpelweg geen plan B.

14
De Huizen-groep

De zomer van 2013 is er een zoals alle andere: jonge mensen barbecueën in het park, de terrassen zijn vol, op de snelwegen richting Frankrijk en Italië staan files. Kranten en televisie zijn wekenlang in de ban van een wolf die in Flevoland zou hebben rondgelopen. Door het hele land worden filialen overspoeld met mensen die nog snel even naar de HEMA moeten, voor een nieuw badlaken, een kinderzwembroek, een reiswekkertje.

Maar de bedrijfstop heeft deze zomer even wat minder aandacht voor de verkoop van vakantieproducten. Een klein team in Londen en Amsterdam houdt zich namelijk met een heel ander soort missie bezig. President-commissaris Robert Darwent, financieel directeur Ad Walter, een paar medewerkers en twee adviseurs van het Britse adviesbureau Tomorrow Partners moeten HEMA van een acuut probleem zien af te helpen. De banken, die het bedrijf in 2007 nog zo enthousiast volpompten met honderden miljoenen aan schulden, dreigen het vertrouwen op te zeggen.

Darwent en Walter hebben al hun overredingskracht nodig om de geldschieters aan boord te houden. De toekomst van HEMA is in het geding.

De aanleiding voor het probleem is niet zo ingewikkeld. Met de resultaten gaat het nog steeds niet beter. Net als in 2012 noteert HEMA ook in het huidige jaar omzetdalingen van tegen de vijf procent. Hierdoor dreigt het bedrijf nu echt de convenanten te breken die aan de bankleningen vastzitten.

De belangrijkste financiële ratio waaraan HEMA moet blijven voldoen, willen de banken de uitstaande leningen niet opzeggen, is de schuld-resultaatratio ('*net debt to* EBITDA *ratio*'). Dit cijfer is eind 2012 op 4,5 uitgekomen, de resultaten over de eerste helft van 2013 geven aan dat de ratio in het nieuwe jaar boven de 5 zal uitkomen – en dat mag niet. Dan is de bedrijfsschuld volgens de banken onhoudbaar geworden. De bankiers die de leningen zelf hebben verstrekt, worden nu zenuwachtig: kan HEMA die schuld ooit wel terugbetalen?

Darwent en Walter moeten daarom bij Citigroup en ABN Amro, de banken die oorspronkelijk de leningen hebben verstrekt, tijd zien te winnen. Ze moeten de bankiers ervan overtuigen dat HEMA nog een kans verdient. Het opzeggen van de leningen zou niet meteen het faillissement betekenen, HEMA zou dan nog andere geldschieters kunnen zoeken. Maar dat zou wel een heel lastige operatie worden, want wie investeert er in een bedrijf waar de verkoopresultaten teruglopen? De mannen proberen daarom bij de banken een zogeheten *amend and extend* te regelen: het voortzetten van de leningen onder nieuwe voorwaarden, die voor de banken acceptabel zijn.

Ze weten allebei dat het een risicovolle klus is. Onderzoek wijst uit dat 41 procent van de bedrijven die een amend and extend-deal moet doen, later opnieuw in een situatie komt waarin het de schulden niet meer kan betalen.[1] In de financiële wereld wordt het daarom ook wel spottend *amend and pretend* genoemd: een bedrijf past stilletjes haar uitstaande leningen aan en kan vervolgens naar de buitenwereld nog een tijdje doen alsof er niets aan de hand is. Maar Darwent en Walter hebben niet de luxe om zich hier druk over te maken. Ze hebben een probleem op te lossen, en een aanpassing van de huidige schulden is op dit moment wel het minst slechte scenario.

Na een hele reeks besprekingen is het op 1 augustus geregeld: de banken gaan akkoord met het aanpassen en verlengen van de schuldenlast. Het overgrote deel van de 759 miljoen euro aan bankschuld wordt verlengd tot december 2017, waardoor HEMA een paar jaar langer de tijd krijgt om verbetering te laten zien. Maar in ruil voor deze coulance hebben de banken wel één eis gesteld: de rente die HEMA op de leningen betaalt, moet fors omhoog. Voortaan betaalt HEMA de banken elke maand ruim 1 miljoen euro boven op de al bestaande rentelasten. Het is de vergoeding die de banken over de streep haalt om het met HEMA nog even aan te durven.[2]

Als Ad Walter tijdens een meeting aan Ronald van Zetten en de rest van de directie vertelt dat de amend and extend geregeld is, is iedereen opgelucht. Ze hebben weer even lucht. Tegelijk hangt hun nek door de gestegen rentelasten ook iets verder in de strop.

In de directieruimte op de derde verdieping hangt een gespannen sfeer. Het is een paar weken na de deal met de banken, en de opluchting is alweer ver te zoeken. Ronald van Zetten heeft het woord genomen op een manier die ze van hem kennen, formeler dan anders. Het is duidelijk dat hij iets belangrijks wil vertellen. Inkoopdirecteuren Rob Heesen en Wilma Veldman, financieel directeur Ad Walter, marketingdirecteur Anne-Gien Haan, logistiek directeur Alex Jonker en verkoopdirecteur Machiel Lagerweij: ze kijken hem verwachtingsvol aan. Naast Van Zetten zit hr-directeur Iman Eddini, die officieel geen onderdeel is van de directie.

'Iman en ik hebben voor jullie allemaal een beoordeling opgesteld,' begint Van Zetten. 'We hebben jullie functioneren samengevat in een cijfer tussen de één en de vijf. Vanmiddag wil ik jullie allemaal in mijn kantoor zien, daar krijgen jullie je beoordeling.'

Die middag melden de directieleden zich een voor een bij Van Zetten en de hr-directeur. Alle directieleden krijgen het cijfer twee, met uitzondering van Rob Heesen, die een vier krijgt. Ad Walter krijgt geen cijfer, gezien al het financiële gedoe met Lion staat zijn functioneren niet ter discussie. Behalve het cijfer krijgen de directieleden ook een rapport mee waarin staat wat ze de komende tijd moeten veranderen in hun gedrag en werkwijze.

Het gaat niet goed binnen de directie. Verschillende directieleden raken met de dag meer gefrustreerd. Iedereen voelt de druk om snel de prestaties te verbeteren, ze werken keihard, maar niets lijkt het tij te keren. De Slim-straten, de New Services, het opknappen van de winkels… het verandert allemaal niets aan het feit dat de omzet maar blijft teruglopen. Natuurlijk, de economie verkeert nog altijd in recessie, maar er zijn concurrenten die het wel goed doen. Bij Zeeman groeit de verkoop van kinderkleding wél. En Action dendert zo langzamerhand aan alle kanten over HEMA heen: de goedkopere concurrent groeit keihard in omzet, in winstgevendheid, in aantal winkels.

Door de aanhoudende druk is het onderlinge vertrouwen kleiner dan ooit. De directieleden proberen hun eigen hachje te redden, aan hun collega's te laten zien dat zíj echt wel goed bezig zijn. Van samenwerken komt hierdoor weinig meer terecht. Met name de inkoopdirecteuren Rob Heesen en Wilma Veldman kunnen nauwelijks door een deur, en de samenwerking tussen hen en marketingdirecteur Anne-Gien Haan loopt ook niet goed. Terwijl dit een cruciale tandem moet zijn: samen bepalen ze welke artikelen HEMA groot gaat inkopen, en tegen welke prijs die in de folder komen te staan. Nu zeggen ze onderlinge meetings af en ontlopen ze elkaar zoveel mogelijk.

Het helpt ook niet dat Ronald van Zetten volgens zijn collega's steeds minder goed aanspreekbaar is. Hij is kortaf, lijkt nog minder naar anderen te luisteren dan vroeger en treedt in discussies steeds dwingender op. Het lijkt erop alsof hij het beleid meer dan ooit naar zich toe trekt – alsof hij alles alleen wil oplossen. Hij overlegt nog wel met zijn vertrouwelingen Ad Walter en Rob Heesen, maar in de rest lijkt hij het vertrouwen min of meer te verliezen.

Dat hij zijn collega-directeuren nu een cijfer geeft, alsof het schoolkinderen zijn die een slecht rapport mee naar huis krijgen, is een bewuste keuze. Natuurlijk weet Van Zetten dat het een heftige stap is, nogal onconventioneel ook, en dat ze allemaal woedend op hem zullen zijn. Maar dat maakt hem nu even niet uit. Hij wil ze wakker schudden, duidelijk maken dat het op deze manier niet langer gaat. Als ze het bedrijf weer beter op de rails willen krijgen, zullen ze samen hun schouders eronder moeten zetten. Ophouden met dat gezeur en allemaal beter functioneren.

Maar helaas voor hem komt die boodschap heel anders over. De meeste directieleden zijn inderdaad woedend over de beoordeling. Ze raken er alleen meer door gefrustreerd, ze hebben nog meer het idee dat Van Zetten eigenlijk alles alleen wil oplossen. Aan hun houding verandert het weinig. Inkoopdirecteur Wilma Veldman houdt het een paar weken later zelfs helemaal voor gezien, zij stapt op. Van Zetten geeft haar takenpakket aan Rob Heesen, die nu in zijn eentje verantwoordelijk wordt voor alle inkoop.

Over één ding zijn alle overgebleven directieleden het in deze maanden wel eens: het is tijd voor een grotere ingreep dan de projecten die ze tot nu toe gedaan hebben. Ze moeten iets anders bedenken, iets groters, een echte aanpassing van de strategie. Van Zetten geeft alle directieleden daarom aan het begin van het najaar een opdracht: ze gaan reorganiseren. Elk directielid moet een plan maken waarbij ongeveer 20 procent van de werknemers op zijn of haar afdeling eruit gaat. Die plannen kunnen ze daarna samenvoegen tot één geheel. De organisatie moet efficiënter kunnen.

Een aantal directieleden merkt verbaasd op dat dat nooit gaat werken. Rücksichtslos in hun eigen afdelingen gaan snijden is niet slim. Ze kunnen veel beter meteen gezamenlijk kijken waar op het hoofdkantoor functies samengevoegd kunnen worden, hoe de organisatie efficiënter ingericht kan worden, en dat het liefst onder leiding van een externe adviseur, McKinsey bijvoorbeeld. Dan lijkt het minder alsof de directie zelf de botte bijl hanteert – zo doen heel veel bedrijven het. Maar Van Zetten is dat niet van plan, hij wil dat de directieleden eerst zelf aan de slag gaan.

De voortdurende druk op het bedrijf blijkt ook een andere relatie op het spel te zetten. Die tussen HEMA en haar franchisers. Eigenlijk is die samenwerking, sinds HEMA in de jaren vijftig het fenomeen franchising in Nederland introduceerde om ook in kleinere plaatsen het publiek te kunnen bereiken, altijd goed geweest. Ongeveer de helft van alle Nederlandse HEMA-filialen is in handen van een franchiser, deze winkels zijn goed voor meer dan 40 procent van de omzet.

De franchisenemers hebben zich in de jaren zeventig verenigd in de zogeheten Vereniging Aangesloten Bedrijven, kortweg de VAB, met een bestuur dat namens alle franchisers de contacten met HEMA onderhoudt. Die relatie is per definitie een beetje diffuus. In de ogen van klanten vormen HEMA en haar franchisers één bedrijf, de meeste mensen weten niet eens of ze hun Jip en Janneke-servies bij een franchisewinkel kopen of een 'eigen' filiaal. De franchisers profiteren mee van de reclamecampagnes die op het hoofdkantoor worden bedacht en ook van de inkoopmacht die HEMA's inkopers hebben in het Verre Oosten. Tegelijk hebben het moederbedrijf en de franchisers ook gewoon een zakelijke relatie: HEMA is hun leverancier, de enige zelfs, over de inkoopprijzen moet worden onderhandeld.

Daarbij kan het er soms hard aan toegaan, maar van oudsher komen de HEMA-directie en de franchisers er altijd wel uit. Dat komt ook doordat de bij HEMA aangesloten ondernemers uitstekend van hun filialen kunnen leven. Beter gezegd: ze zijn allemaal steenrijk. De jaarvergaderingen van de VAB zijn binnen het bedrijf legendarisch. Dan komen ze allemaal aanrijden in hun auto's, de een nog duurder dan de andere. Er is een franchisenemer die zich met een Bentley met chauffeur laat vervoeren. Een ander rijdt in een rode Ferrari, voor zijn vrouw heeft hij een geel exemplaar gekocht.

Vertrekkende HEMA-directieleden krijgen tot in de jaren negentig ook vrijwel nooit een afkoopsom mee. In plaats daarvan krijgen ze de kans om een of meerdere filialen over te nemen, ook als ze nooit eerder in hun leven ondernemer zijn geweest. Een eigen filiaal is een levenslange garantie op een prima inkomen, daar hoeft zo'n eigenaar eigenlijk weinig voor te doen. Veel franchisers verdienen per jaar veel meer geld dan Ronald van Zetten.

Maar sinds de verkopen bij HEMA teruglopen, een fenomeen waar de franchisers ook last van hebben, is het onderlinge contact harder geworden. In de loop van 2012 zijn tussen HEMA en de VAB steeds meer discussies ontstaan. Dan gaat het bijvoorbeeld over de inkoopprijzen van gebak die de franchisers moeten betalen. Of over de vergoeding die de franchisers ontvangen over de omzet die HEMA via internet binnenhaalt. Het grootste conflict gaat over het marketingfonds dat HEMA een paar jaar terug heeft opgericht, en waarin de vaste leveranciers geld storten. De franchisers willen een deel van dat geld. In hun winkel doen ze immers ook aan marketing.

De situatie is deze keer anders dan vroeger. Het lijkt er niet op dat de franchisers en de directie tot een oplossing komen. De VAB ligt op een ramkoers met het hoofdkantoor en de franchisers dreigen steeds vaker met rechtszaken. Dat komt overigens niet alleen door de tegenvallende omzetten. Het komt ook doordat aan het VAB-bestuur, dat van oudsher alleen uit een paar grote franchisenemers bestond, ook een echte advocaat is toegevoegd. François Defaix, partner bij firma AKD aan de Amsterdamse Zuidas, lijkt met zijn strak achterovergekamde haar en bijdehante manier van praten rechtstreeks te zijn weggelopen uit een Amerikaanse advocatenserie. Defaix houdt van procederen, het is zijn werk.

In oktober is Ronald van Zetten de hele discussie zat. Hij stuurt een brief naar het bestuur van de VAB, gedateerd op 19 oktober 2013, waarin hij zijn woede de vrije loop laat. Het VAB-bestuur 'legt alles anders uit', schrijft Van Zetten. Hij hekelt de 'aanvallende toonzetting' waarvan de franchisers zich sinds kort bedienen, en ook de 'constante dreigementen met langdurige en kostbare procedures'. Vilein voegt hij eraan toe dat de franchisers 'iedere vijf jaar de mogelijkheid [hebben] om afscheid van de formule te nemen'. Hij besluit de brief met een nauwelijks verholen dreigement: HEMA kan ook de relatie met de VAB verbreken en voortaan alleen nog zakendoen met individuele franchisers. 'Door de opstelling van de VAB dreigt ook de opstelling van HEMA jegens de VAB te wijzigen, hoezeer wij dat ook betreuren,' schrijft Van Zetten. 'Constructieve contacten met de individuele aangesloten bedrijven willen we zoveel mogelijk continueren.'[3]

De reactie van VAB-bestuurder Defaix laat niet lang op zich wachten. Hij kondigt in de pers aan een rechtszaak tegen HEMA te beginnen. Over de hoogte van het bedrag dat de VAB claimt doet hij nog geen uitspraken, later zal blijken dat de VAB een schadevergoeding van maar liefst 44,7 miljoen euro eist.[4] Op het hoofdkantoor schrikken ze van die reactie. Van Zetten geeft financieel directeur Ad Walter de opdracht om toch nog eens met de VAB te gaan praten. Een rechtszaak met een miljoeneninzet en ongetwijfeld allerlei negatieve publiciteit, dat is wel het laatste wat HEMA nu kan gebruiken. Defaix mag dan alleen uit zijn op procederen, de rest van het VAB-bestuur bestaat uit franchisers met een diepgeworteld HEMA-hart – kan Walter daar toch niet eens mee om tafel?

Ad Walter neemt die klus aan. Hij neemt contact op met het VAB-bestuur en regelt een nieuwe bespreking. Hij weet dat ze nooit 44,7 miljoen euro aan de VAB zullen betalen, dat geld is er niet eens – zoals de financiën er nu voor staan kunnen ze de tent dan net zo goed meteen opdoeken. Maar wellicht is er te praten over een ander bedrag. Een schikking waar beide partijen mee kunnen leven. Het telefoontje van Walter naar de VAB heeft in elk geval één effect: de franchisers stappen niet meteen naar de rechter, ze zijn bereid om met hem te praten. Maar voor dat kan gebeuren heeft Walter eerst iets anders aan zijn hoofd.

Door de ochtendnevel van dinsdag 8 januari 2014 begeven de zes directieleden van HEMA zich richting de haven van het Gooise dorp Huizen. Vanaf 9 uur komen ze samen in het Fletcher Hotel, een statig gebouw van hout en baksteen met magnifiek uitzicht over het Gooimeer. De bespreking, die zal plaatsvinden in een van de witgeverfde zaaltjes boven in het pand, zal de hele dag in beslag nemen, en ook nog de hele woensdag.

De opdracht van Ronald van Zetten, waarbij elke directeur een plan moest maken om 20 procent van het eigen personeel te ontslaan, is toch geen succes gebleken. De plannen bleken te weinig op elkaar afgestemd, uitvoering van die plannen zou een gemankeerd bedrijf opleveren. De directieleden zullen daarom toch een meer integraal plan moeten opstellen. Daarnaast zullen ze het gaan hebben over de strategie: wat kunnen ze bedenken om weer meer klanten naar hun winkels te trekken?

De noodzaak voor een dergelijk plan is in de tussenliggende maanden alleen maar groter geworden. De cijfers over heel 2013 geven aan dat HEMA opnieuw een slecht jaar achter de rug heeft. Net als in 2012 is de omzet van de bestaande winkels met meer dan 5 procent gedaald, maar voor het eerst hebben ze die teruggang niet meer kunnen maskeren met het openen van nieuwe filialen. De omzet van het hele bedrijf is met 5,4 procent teruggelopen. Het bedrijfsresultaat is met 15 procent teruggelopen, van 142 naar 119 miljoen euro. Het is slechts een kwestie van tijd voordat de banken opnieuw beginnen te zeuren.

De directieleden weten dat er een paar serieuze ingrepen nodig zijn. Maar ze voelen er weinig voor om met elkaar in de directiekamer een plan op te stellen en daarmee de rest van de organisatie te overvallen; dat zou alleen maar weerstand oproepen, en de sfeer op het hoofdkantoor is al slecht. De directie wil er daarom meer topmanagers bij betrekken, zodat de plannen meteen draagvlak hebben op het hoofdkantoor. Twintig mensen in totaal: behalve de directieleden ook verschillende afdelingshoofden, de directeuren personeelszaken en communicatie, en een financieel expert. Met dat team bereiden ze een nieuw toekomstplan voor. De leden van dit nieuwe bondgenootschap noemen zichzelf de 'Huizen-groep', omdat alle besprekingen plaatsvinden in het Fletcher Hotel in Huizen. De inzet is hoog: sommigen hebben het idee dat ze meewerken aan een poging om het bedrijf van de ondergang te redden.

Aan het eind van 2013 is de Huizen-groep een paar keer op vrijdagen bijeengekomen voor verkennende besprekingen. Ter ontspanning hebben ze met zijn allen een boottocht over het Gooimeer gemaakt. In het Fletcher Hotel hebben de aanwezigen nagedacht over het aanpassen van de organisatie van het hoofdkantoor, en over aanpassingen van de verkoopstrategie. Dat er straks mensen uit zullen moeten is onvermijdelijk. Rond de jaarwisseling is daarom alvast de ondernemingsraad geïnformeerd dat er helaas een nieuwe ingreep aankomt, om te beginnen op het hoofdkantoor. De reorganisatie moet voorlopig wel strikt geheim blijven.

Om de contouren van het plan definitief vast te stellen, vergadert de directie op 8 en 9 januari alleen. De rest van de groep sluit dan een week later aan voor een volgende tweedaagse sessie, waarin ze de details gezamenlijk kunnen uitwerken.

In de vergaderzaal is de sfeer op dinsdagochtend om te snijden. Iedereen is gestrest, allemaal voelen ze de vermoeidheid van een jaar waarin ze van alles probeerden om het tij te keren, maar waarin niets echt lukte. De dag begint met een presentatie van Ted van der Lee, voormalig formulemanager bij Super de Boer en een goede kennis van Van Zetten. Van der Lee is uitgenodigd om als expert van buitenaf zijn mening te geven over wat er allemaal misgaat bij HEMA. Van der Lee heeft vooraf gevraagd of hij alles mag zeggen wat hij denkt. Dat mag.

'Wat jullie je moeten afvragen is: wat zijn je unique sellingpoints?' begint Van der Lee zijn verhaal. 'Neem de rookworst. Heel Nederland kent jullie vanwege de rookworst. Maar in een onderzoek naar de waardering onder klanten kwam de HEMA-worst op de achtste of negende plaats uit. Dat zijn dingen waar jullie je ernstig zorgen over moeten maken.'

Niet alle directieleden zien daar meteen het belang van in. Ze hebben de afgelopen maanden heel andere dingen aan hun hoofd gehad dan de klantwaardering van de rookworst.

Op het gebied van marketing, zijn eigen vakgebied, moet HEMA volgens Van der Lee veel meer met 'jip-en-janneketaal' gaan werken. Heel simpele boodschappen, die in de folder, in reclamecampagnes en in de winkels exact hetzelfde moeten zijn. In de marketing van HEMA moeten de winkels veel meer centraal komen te staan. Dáár wordt immers het geld verdiend.

Marketingdirecteur Anne-Gien Haan ziet niets in dat plan. Volgens haar is dat het domste wat ze kunnen doen. Ze heeft de indruk dat de marketingafdeling daarmee in feite wordt afgeschaft, dat het alleen nog maar zal draaien om de promotie in de winkels. Terwijl: grote reclamecampagnes, met slogans als 'Echt HEMA' en 'Met liefde gemaakt', zijn altijd goud waard geweest. Of wat te denken van de stunt met het mannelijke model in de push-upbeha? Daar hadden de winkels weinig mee te maken, maar je hebt er wel een slimme marketingafdeling voor nodig. Ook worden sociale media steeds belangrijker – wie gaat het merk zonder marketingafdeling online onder de aandacht brengen? De winkelmanagers niet.

Van Zetten gaat meteen hard tegen Haan in. Hij heeft het plan van Van der Lee al omarmd. Volgens hem gaat het er juist helemaal niet om dat de marketingafdeling straks wordt afgeschaft, integendeel. Haar afdeling moet juist veel meer verantwoordelijkheid krijgen. De winkelmanagers moeten straks naar haar luisteren, niet andersom. Ze wordt alleen maar belangrijker voor het bedrijf – daar kan ze toch niet tegen zijn? Maar Haan kan zich daar toch niet in vinden (enkele weken later vertrekt zij daarom als marketingdirecteur).

Naarmate de dag vordert, valt het de aanwezigen op dat Ronald van Zetten nerveus is. Voortdurend kijkt hij op zijn telefoon, voortdurend kauwt hij in gedachten op kleine dingen die ze anders zouden kunnen doen. Op een gegeven moment vraagt hij zich hardop af waarom HEMA eigenlijk geen stoelen verkoopt. Hij googelt een plaatje van een stoel die hem bevalt en houdt het scherm voor het gezicht van inkoopdirecteur Rob Heesen: 'Kijk, zoiets moeten wij ook hebben. Belachelijk toch, geen stoelen?'

Aan het eind van de tweedaagse sessie in Huizen heeft de directie de plannen verder uitgewerkt. De organisatie van het hoofdkantoor zal op de schop gaan: er zullen tientallen mensen uit gaan, vele mensen krijgen een andere functie. Vooral de inkoopafdeling wordt anders ingericht: voortaan zijn niet meer de inkopers hoofdverantwoordelijk voor het assortiment, maar komen er *category managers* die de verantwoordelijkheid krijgen over bepaalde producten. Die artikelen houden ze in de gaten vanaf de inkoop tot en met de verkoop. Dan kan het niet meer gebeuren dat artikelen grootschalig worden ingekocht, terwijl ze nauwelijks verkopen.

Daarnaast gaan ze werken aan een heel nieuw assortiment, dat ze 'Blijmakers' zullen noemen. Kleine cadeautjes die op grote tafels in de winkel moeten komen, en die het winkelen bij HEMA weer leuker moeten maken. Het idee komt van Van Zetten zelf: hij denkt dat het de klanten zal aanspreken en tegen relatief lage kosten de omzet kan opkrikken.

Een week later bespreekt de directie de plannen met de rest van de Huizen-groep. Het is de bedoeling dat de hele operatie strikt geheim blijft, buiten de twintig mensen in het Fletcher Hotel mag niemand er iets van weten. Dat lukt niet helemaal. Op het hoofdkantoor valt het veel mensen op dat de hele directie dagenlang buitenshuis is, en dat de week daarop zelfs een grote groep twee dagen afwezig is. Niemand weet precies wat er gaande is, maar iedereen voelt aan dat er nieuws aan komt. De directie zou wel eens kunnen gaan reorganiseren. Veel mensen op het hoofdkantoor vrezen voor hun baan: het gonst van de geruchten over bezuinigingen, gedwongen ontslagen en het sluiten van bakkerijen.

Op vrijdag 14 februari ligt bij alle werknemers van het hoofdkantoor een brief op het bureau.

Amsterdam, februari 2014:

Na vijf jaar crisis liet de Nederlandse non-fooddetailhandel in 2013 een ontwikkeling van -5% zien. De uitdagende marktomstandigheden en het lage consumentenvertrouwen in Nederland zorgen ervoor dat de resultaten van HEMA onder druk staan. In de afgelopen periode is dan ook een aantal interne programma's opgezet om, met elkaar, het tij te kunnen keren. Ondanks alle inspanningen is dit helaas onvoldoende succesvol gebleken. Hierdoor blijven omzet en resultaten in Nederland achter.

Om de winstgevendheid en de groei op langere termijn te kunnen waarborgen, is het noodzakelijk stappen te nemen en de organisatie aan te passen aan de nieuwe realiteit. Hiertoe is een adviesaanvraag ingediend bij de ondernemingsraad.

Je wordt gevraagd maandag 17 februari a.s. aanwezig te zijn op kantoor. Tijdens deze dag worden alle medewerkers van het hoofdkantoor geïnformeerd welke veranderingen er zullen plaatsvinden. Ook worden die dag gesprekken gevoerd met betrokken medewerkers.

Je wordt dringend verzocht om afspraken met externen op die dag te verzetten naar een ander moment in de week.

Er wordt verwacht dat je bijgaande protocollen aandachtig leest en je je hieraan houdt. Volgende week horen jullie hoe de plannen eruitzien en wat deze betekenen.

Iedereen die het leest begrijpt wat eraan zit te komen. Er gaan inderdaad mensen uit. De twee meegestuurde protocollen verraden bovendien dat de directie op dit moment twee dingen verwacht: dat er straks mensen heel boos zullen zijn en dat de reorganisatie veel aandacht zal genereren vanuit de buitenwereld. Het 'persprotocol' wijst de medewerkers erop dat ze, mocht er onverhoopt een journalist vragen beginnen te stellen, zijn of haar naam en nummer moeten noteren en moeten doorverwijzen naar de afdeling persvoorlichting. Het belangrijkste bevel is onderstreept: 'Ga in geen geval zelf een gesprek met de journalist aan!'

Het 'socialmediaprotocol' waarschuwt vervolgens dat medewerkers hun eventuele woede straks ook niet mogen uiten via Twitter of Facebook: 'Medewerkers moeten zich onthouden van uitingen die reputatie- of economische schade kunnen toebrengen aan HEMA.'

In de vroege ochtend van maandag 17 februari 2014 druppelen de zevenhonderd werknemers een voor een het HEMA-hoofdkantoor binnen. Zonder uitzondering zijn ze nerveus; geen van allen weten ze of ze aan het eind van de ochtend nog een baan zullen hebben. Misschien is het wel voor het laatst dat ze dit loopje nemen: over de grijze klinkers van de NDSM-straat, door de zware glazen deur, langs de altijd vrolijke receptionist, door de ijzeren beveiligingspoortjes, dan linksaf de trap richting het Atrium op en van daaruit naar de eigen afdeling. Het is een route die ze inmiddels kunnen dromen.

Voordat ze naar binnen gaan krijgen alle werknemers eerst bij de ingang een pamflet in handen gedrukt door de leden van de ondernemingsraad (OR). De OR is het orgaan dat bij belangrijke besluitvorming namens de tienduizend werknemers met de HEMA-directie overlegt. 'Vandaag wordt iedereen geïnformeerd over de gevolgen op het hoofdkantoor, in de bakkerijen en het dc [distributiecentrum]. Als jij vandaag een gesprek hebt met je leidinggevende over jouw toekomst bij HEMA, dan wil de medezeggenschap je onderstaande informatie en tips meegeven,' zo begint het pamflet. Naast een aantal algemene adviezen heeft de ondernemingsraad drie dringende waarschuwingen die de collega's echt in hun oren moeten knopen. Ze zijn aangegeven met stevige *bullet points*:

- Zet deze dag nergens je handtekening onder.
- Zeg niets toe, neem bedenktijd, laat je niet opjagen.
- Als je leidinggevende je verplicht te vertrekken of op non-actief stelt, is er geen bezwaar om je spullen te pakken.

De waarschuwingen zijn het resultaat van een eerdere discussie tussen de ondernemingsraad en de HEMA-directie. Tien procent van het personeel op het hoofdkantoor gaat er vandaag uit, onder wie werknemers die al tientallen jaren bij HEMA werken en hoge managementposities vervullen. De directie vreest dat er mensen zullen zijn die na hun ontslag op hun computer bestanden met actueel werk proberen te kopiëren, of die uit woede zelfs informatie zullen wissen. Maar de ondernemingsraad vermoedt dat de directie de ontslagen werknemers gewoon zo snel mogelijk buiten de deur wil zetten, zonder dat ze fatsoenlijk afscheid kunnen nemen van hun collega's.

Omdat directie en OR niet tot een vergelijk zijn gekomen over de manier waarop de ontslagen mensen moeten worden behandeld, staan de OR-leden nu met het pamflet vol waarschuwingen voor de deur. Van Zetten en de andere directieleden zien het tandenknarsend aan. Alsof de druk nog niet hoog genoeg was.

Even later stapt Ronald van Zetten in een vol Atrium het podium op. Met de Huizen-groep heeft hij wekenlang naar dit moment toegewerkt, de dag die de ommekeer voor HEMA moet inluiden – sommigen binnen de groep spraken bevlogen over 'D-day'. Maar nu het zover is, kan Van Zetten niets anders dan beduusd voor zich uitkijken. De flair die zijn mensen nu al meer dan tien jaar van hun directeur gewend zijn, is volledig verdwenen. Nog voor hij begint te praten, zit er een brok in zijn keel. Hij is volledig in het zwart gekleed, alsof hij bij een begrafenis is.

Geëmotioneerd vertelt Van Zetten dat, zoals de meeste mensen al vreesden, een forse ingreep helaas onvermijdelijk is. In totaal moeten er zeventig mensen uit. Heel veel anderen zullen een nieuwe functie krijgen, waar ze vaak eerst op moeten solliciteren. Daarnaast gaan twee van de acht HEMA-bakkerijen dicht, in Haarlem en in Winschoten, ook daar gaan tientallen banen verloren. Door de teruglopende resultaten kunnen zijn directie en hij niet anders, zegt Van Zetten. Als de werknemers zo meteen teruglopen naar hun eigen afdelingen, vindt iedereen daarom een envelop op zijn of haar bureau. Daarin staat meer informatie.

Van Zetten besluit met te zeggen dat hij dit moment nooit had willen meemaken. Maar dat hij gelooft dat HEMA hiermee, hoe pijnlijk ook, een betere toekomst tegemoet gaat.

Terug op hun afdeling vinden de medewerkers inderdaad een envelop op hun bureau. Een deel van de mensen haalt na het openen opgelucht adem: zij behouden hun functie, of mogen verder onder een andere functietitel. Maar een heel groot deel krijgt een andere boodschap: zij moeten zich straks melden op de zevende verdieping, de afdeling human resources (hr). Daar krijgen ze van hun eigen leidinggevende en iemand van de hr-afdeling meer te horen over hun toekomst.

Door het hele pand gonst het daarna van de gespannen gesprekken. *Mag je blijven? Wat ga jij doen? Wie worden er op die andere afdeling ontslagen?* De rest van de dag krijgt het karakter van een onophoudelijke reeks rechtszittingen. Vanuit alle afdelingen nemen mannen en vrouwen de lift naar de zevende, om daar hun vonnis aan te horen. En of het nou de afdeling marketing is, inkoop, logistiek of financiën, overal zijn er mensen die huilend weer naar beneden komen. Overal worden mensen getroost, slaan collega's armen om elkaar heen. Het is de eerste grote reorganisatie sinds decennia, niemand is dit gewend. Ze werkten altijd bij een winnend bedrijf, en nu dit.

Op een gegeven moment slaat het verdriet om in woede. Een vrouw die in een functie net onder de directie zat en meer dan vijftien jaar in dienst is, blijkt te zijn ontslagen. Omdat de directie ontslagen mensen snel naar buiten wil hebben, loopt er een beveiliger met haar mee. Ze loopt terug naar haar bureau en is niet van plan meteen te vertrekken. Ze heeft hier jaren gewerkt, ze mag toch wel even achter haar eigen bureau gaan zitten? De ondernemingsraad heeft zelf gezegd dat ze het recht heeft om rustig haar spullen te pakken. Maar de beveiliger sommeert haar om het pand te verlaten. Tijdens het gesprek op de zevende heeft ze al te horen gekregen waarom dat is. De vrouw blijft zitten waar ze zit. Ze laat zich niet commanderen. Even later wordt ze, vloekend en tierend, door de beveiliger het Atrium door gesleept. Omdat alle afdelingen en alle verdiepingen daarop uitkijken, zien honderden mensen hoe een medewerkster die ze al jaren respecteren, die jarenlang heel veel voor het bedrijf heeft betekend, door de beveiliging het pand uit wordt geholpen.

Later die ochtend worden nog twee ontslagen werknemers met hulp van de beveiliging buitengezet, voor de ogen van tientallen collega's. Dat dit kan gebeuren, zullen verschillende betrokkenen later zeggen, is een teken dat HEMA héél ver is afgedreven van waar het oorspronkelijk voor stond.

15

Een cocktail van narigheid

Eén maand, langer heeft Ronald van Zetten niet nodig om zich te herpakken. Hij heeft ook niet de luxe om al te lang stil te staan bij het Atrium-debacle; daarvoor is er veel te veel te doen. Op 17 maart 2014 betreedt hij daarom hetzelfde podium als een maand eerder, deze keer om een groep vertegenwoordigers namens de vijftig grootste leveranciers toe te spreken. De leveranciers zijn uitgenodigd in het Atrium voor een '*suppliers*-dag', waarbij de nabije toekomst van HEMA ter sprake zal worden gebracht. Volgens de uitnodiging is het een 'brainstorm', al verloopt de communicatie in werkelijkheid vooral in één richting.

Van Zetten voelt zich zichtbaar beter op zijn gemak. Zijn flair is terug, het vertrouwen in de toekomst ook, zo lijkt het. HEMA gaat een uitstekende toekomst tegemoet, zegt hij tegen de leveranciers in het Atrium. Samen met zijn team werkt hij hard aan het vergroten van de omzet, vertelt hij, vooral door het bedrijf internationaal te blijven uitbreiden. Na de successen in Frankrijk is namelijk de tijd rijp om in Europa andere nieuwe markten te betreden. HEMA gaat naar Spanje: over een maand gaat aan de Calle de Fuencarral in Madrid het eerste filiaal open. Naar Engeland: nog voor de zomer gaan de eerste drie winkels in Londen open. In Frankrijk waagt het bedrijf bovendien de stap vanuit de regio rond Parijs naar de zuidelijker gelegen steden Bordeaux en Marseille.

De leveranciers horen het welwillend aan. Ze zijn van de directeur niet anders gewend. Ze hebben ook geen idee van de interne onrust en de nijpende financiële situatie. Ze weten wel dat HEMA een paar lastige jaren heeft gehad, maar dat neemt niet weg dat het winkelconcern voor de meesten van hen een van de grootste afnemers is, ook met een paar procentjes minder omzet. Maar één ding blijkt wel veranderd. Na de lunch, als de leveranciers in zaaltjes verdwijnen waar ze met hun contactpersoon kunnen overleggen, zitten ze niet meer tegenover de inkopers die ze al jaren kennen. Nu zitten ze tegenover een *category manager*. Bij sommigen is het dezelfde persoon met een nieuwe functietitel, maar bij veel anderen is het heel iemand anders. In alle gevallen heeft deze category manager voor de leveranciers een boodschap waar ze van opkijken. Sterker nog: ze zijn woedend als ze horen wat HEMA voor ze in petto blijkt te hebben. Want het mooie verhaal over groei en internationale uitbreiding ten spijt, komt het erop neer dat de leveranciers stevige nieuwe voorwaarden moeten accepteren, willen ze nog langer hun producten aan HEMA blijven leveren.

HEMA gaat openstaande rekeningen voortaan niet meer na 90, maar na 120 dagen betalen. HEMA eist een korting op de huidige inkoopprijzen van 6 procent. En als klap op de vuurpijl eist HEMA ongeveer 4 procent terug van alle betalingen uit het jaar ervoor. De category managers vertellen er uiteraard niet bij dat het geen maatregelen uit luxe zijn – dat HEMA, om snel de financiële resultaten te verbeteren, simpelweg niet anders kán dan de leveranciers nog iets verder uitknijpen.

Als de leveranciers aan het eind van de middag weer buiten staan, zijn ze het over één ding eens: dit kunnen ze niet accepteren. Onder veel slechtere voorwaarden hun artikelen gaan leveren en ook nog eens forse bedragen uit 2013 terúgbetalen? Dat kan HEMA helemaal niet maken. 'Een contract is een contract. Daar houd je je aan,' foetert een woordvoerder van branchevereniging Vereniging Importeurs Verre Oosten (VIVO) nadat hij een verslaggever van *De Telegraaf* heeft gebeld. 'Het is geen normale gang van zaken dat op bestaande afspraken wordt teruggekomen, dat mag natuurlijk niet.' De branchevereniging kondigt meteen aan een arbitrageprocedure te beginnen tegen deze 'gangsterpraktijken'. 'Een leverancier die vorig jaar voor 2 miljoen euro spullen aan de HEMA verkoopt, wordt even gevraagd of hij per direct 80.000 euro terugstort. Dat is onbehoorlijk.'[1]

In de directiekamer is een eventuele rechtszaak uit de hoek van de leveranciers niet de grootste bedreiging. In de loop van het voorjaar doemt namelijk een nieuw probleem op, een probleem dat iedereen binnen de directie zag aankomen. De banken dreigen opnieuw hun leningen op te zeggen. Nog geen jaar na de amend and extend is het de geldschieters nu echt menens. Of HEMA in 2013 wel of niet aan de afgesproken bankconvenanten heeft voldaan is een punt van discussie, dankzij wat financieel kunst- en vliegwerk is het bedrijf formeel misschien net binnen de afgesproken grenzen gebleven, maar in 2014 breken ze de convenanten zeker. Voor de banken is dat genoeg reden om definitief het vertrouwen in HEMA op te zeggen. Dit betekent niet dat ze direct de 759 miljoen euro opeisen die HEMA heeft geleend: zo veel geld heeft het bedrijf bij lange na niet in kas, dat zou een acuut faillissement betekenen. Daar hebben de banken zelf ook geen baat bij, want dan zien ze hun geld helemaal niet meer terug. Ze helpen HEMA daarom graag met een andere oplossing: het uitgeven van obligaties, zogenoemde *high-yield bonds*, waarmee HEMA bij andere geldschieters honderden miljoenen euro's kan proberen op te halen. Daarvoor krijgt de directie in Amsterdam-Noord een paar maanden de tijd.

Zonder dat de buitenwereld er enige weet van heeft, begint Ronald van Zetten daarom in het voorjaar van 2014 aan een rondreis door Europa. In Londen, Frankfurt, Parijs en Amsterdam spreekt hij zaaltjes toe die gevuld zijn met bankiers en andere potentiële geldschieters. Het voelt bijna alsof HEMA weer te koop staat. Van Zetten probeert de geldschieters ervan te overtuigen dat een investering in HEMA echt geen weggegooid geld is, bovendien kunnen ze op de high-yield bonds een aantrekkelijke rente verwachten. Een paar medewerkers van Lion verschansen zich tegelijkertijd op het hoofdkantoor om de huidige financiële situatie van HEMA gedetailleerd in kaart te brengen. Ze worden daarbij geholpen door een aantal bankiers van Credit Suisse, die ook ineens elke ochtend het pand in Amsterdam-Noord binnenwandelen. Gezamenlijk werken ze aan een uitgebreid document: wie geld wil ophalen op de financiële markten, moet een prospectus van honderden pagina's opstellen waarin elk detail, alle cijfers, alle sterktes en zwaktes en elk mogelijk toekomstscenario zijn uitgewerkt. Twee advocatenkantoren, in Londen en Amsterdam, schrijven eraan mee, om de uit te geven obligaties van een stevige juridische basis te voorzien.

Op 5 juni wordt publiekelijk bekend dat HEMA met een volledige herfinanciering bezig is. Op die dag doet kredietbeoordelaar Standard & Poor's een bericht uitgaan waarin staat dat HEMA van plan is om voor meer dan 700 miljoen euro obligaties te gaan uitgeven. Standard & Poor's heeft de financiële situatie van HEMA geanalyseerd en geeft het bedrijf de beoordeling B+. Dat is vijf categorieën onder het meest betrouwbare niveau (AAA) en slechts één stap boven het niveau waarop de kredietbeoordelaar wanbetaling verwacht (CCC). Doordat HEMA zo vol zit met schulden wordt het volgens Standard & Poor's een uitgesproken speculatieve belegging.[2] Met name de aandeelhouderslening van Lion Capital, tegen een rente van 13,5 procent per jaar, is volgens de kredietbeoordelaar een risico. De HEMA-directieleden zijn uiteraard niet blij met die beoordeling, maar stiekem zien ze er ook een bevestiging in van wat ze al dachten: Lion Capital heeft HEMA bij de overname wel heel agressief gefinancierd.

Op vrijdagmiddag 13 juni zit Van Zetten in Londen met een clubje van zes bankiers om tafel. De HEMA-directeur is opgetogen, want de dag ervoor is het eindelijk gelukt om de herfinanciering rond te krijgen. Een consortium van zes banken – Credit Suisse, ABN Amro, Citigroup, Royal Bank of Scotland, BNP Paribas en J.P. Morgan – is officieel bereid om als eerste koper van de obligaties op te treden. In totaal lenen ze 715 miljoen euro aan HEMA, in ruil voor een jaarrente van 6,25 of 8,5 procent. Het is de bedoeling dat de banken de leningen daarna zo snel mogelijk bij andere beleggers gaan onderbrengen.

Van Zetten en de bankiers zijn bezig het papierwerk in orde te maken, na het weekend zullen de contracten officieel worden getekend. Maar dan krijgt Van Zetten ineens een mail binnen waar hij van schrikt. Het *Financieele Dagblad* heeft al een paar keer bij de afdeling persvoorlichting aangekondigd dat de krant werkt aan een artikel over de situatie binnen HEMA, maar echt concreet is dat nooit geworden. Tot nu. Op zijn telefoon leest Van Zetten het conceptartikel dat de volgende dag al in de zaterdagkrant zal verschijnen. Het *FD* blijkt met verschillende mensen te hebben gesproken over de interne situatie. De krant heeft problemen in het vizier gekregen die tot nu toe voor de buitenwereld verborgen bleven. Maar in het conceptartikel staat ook nieuws dat echt niet klopt.

Van Zetten belt zijn persvoorlichter op, die in Amsterdam zit. 'Zorg ervoor dat dat eruit gaat. En als ze niet luisteren, stel dan een bericht op waarin we schrijven dat het artikel niet correct is.'

De volgende ochtend opent het *Financieele Dagblad* met een ronkende kop: 'HEMA onder curatele van eigenaar Lion. Ingewijden uiten kritiek op raad van commissarissen en topman Van Zetten.' Binnenin staat het verhaal over meerdere pagina's uitgesmeerd. De strekking: het bedrijf draait slecht, de financiële problemen zijn groter dan iedereen denkt en topman Ronald van Zetten maakt zich schuldig aan 'zonnekoninggedrag' – hij luistert alleen nog maar naar zichzelf en zijn directe vertrouwelingen. Volgens ingewijden met wie de krant sprak, heeft Lion Capital hem de regie over het bedrijf uit handen genomen. 'Er loopt een legertje mensen van de banken en van Lion rond op het hoofdkantoor om te zien wat er gebeurt.'

De geïnterviewden spreken van een 'cocktail van narigheid' die het bedrijf teistert. 'HEMA staat in de fik,' zegt een van de bronnen. 'Het is onbegrijpelijk dat Lion nog niet heeft ingegrepen. Ze verkwanselen ons nationaal erfgoed,' zegt een ander.[3]

Van Zetten is woedend. Dat Lion de regie van hem heeft overgenomen is feitelijk onjuist, het 'legertje mensen van de banken en van Lion' hielp alleen maar mee met de herfinanciering. Zijn persvoorlichter had dat feit vrijdagmiddag heel makkelijk aan de auteur van het FD-artikel kunnen uitleggen, want dat ze met de herfinanciering bezig waren, was allang geen geheim meer. Waarom heeft ze dat niet gedaan?

Van Zetten is ook bang dat de banken nu alsnog zullen afhaken. De contracten zijn nog niet getekend, nu lijkt het erop dat hij tijdens zijn presentaties door heel Europa een belangrijk feit heeft verzwegen. Kwaad spreekt hij de voicemail van zijn persvoorlichter in. 'Waarom heb je dit niet voorkomen? Je hebt ons in een financiele crisis gestort!'

Vrijwel alle Nederlandse media nemen het verhaal uit de zakenkrant over. Voor het eerst wordt voor het grote publiek duidelijk dat er bij hun geliefde HEMA achter de schermen van alles aan de hand is. Drie dagen later blijkt de angst dat de financiers vlak voor de finish zouden afhaken ongegrond geweest. Op dinsdag 17 juni tekenen HEMA, Lion Capital en de banken voor de herfinanciering van 715 miljoen euro. Van Zetten en zijn directie hebben weer even lucht. Maar voor de directeur is het geen reden tot feest. Hij baalt ervan dat HEMA door een gedeeltelijk onjuist krantenartikel in het brandpunt van de belangstelling is komen te staan. Hij is ervan overtuigd dat een klein aantal mensen die boos op hem zijn, geprobeerd hebben om hem te beschadigen, of misschien zelfs weg te krijgen – ook al brachten ze daarmee mogelijk de toekomst van HEMA in gevaar.

Ook voor financieel directeur Ad Walter zijn het intensieve maanden. Hij is minder zongebruind dan normaal, zullen collega's later zeggen. Walter staat erom bekend dat hij altijd goed voor zichzelf zorgt: som komt hij om halftien 's ochtends op zijn werk aan, daarvoor heeft hij dan rustig een paar baantjes getrokken in zijn vaste zwembad in Bussum. Sommige collega's maken daar wel eens grappen over, vooral de mensen die zichzelf als echte retailers zien. Echte winkelmensen beginnen altijd vroeg en werken lang door, menen zij. Walter is directeur van winkelketen Praxis geweest en werkt al jaren bij HEMA, maar hij voelt zich vooral prettig op kantoor. De inrichting van een winkel, dat zegt hem niet zoveel.

Dat wil niet zeggen dat Walter niet met HEMA is begaan. Integendeel: het wordt voor zijn collega's steeds duidelijker dat Walter zich grote zorgen maakt over de toekomst. Zijn collega-directieleden Van Zetten, Heesen en Jonker geloven heilig in het plan van de Huizen-groep, dat volgens hen een ommekeer voor HEMA kan inluiden. Walter trekt, zoals financieel directeuren wel vaker doen, tijdens directiemeetings gewoon de zogeheten trendlijnen door. 'Min 5,3 procent like-for-like in 2012, min 5,5 procent like-for-like in 2013, dan gaat de bestaande omzet ook dit jaar met ruim vijf procent onderuit. Kun je gewoon uittekenen,' zegt hij dan.

Walter wijst zijn collega's er in zulke vergaderingen ook verschillende keren op dat ze wel alle scenario's in hun plannen moeten meenemen. Dus ook het donkerste scenario: dat HEMA de schuldencrisis uiteindelijk niet overleeft. De andere directieleden hebben er volgens hem te weinig oog voor dat zoiets echt zou kunnen gebeuren. Hij spreekt steeds vaker hardop uit dat hij bang is voor een faillissement. En hij kan het weten; niemand weet beter dan hij hoezeer HEMA zucht onder de financiële constructies van Lion Capital.

Door zijn angstige houding zijn ook scheurtjes ontstaan in de vroeger zo hechte relatie tussen Walter en Van Zetten. De financieel directeur en algemeen directeur werken al jaren samen; Walter was ooit de baas van de jonge Van Zetten bij Praxis, na het vertrek van Joost Sliepenbeek in 2009 heeft Van Zetten hem weer bij HEMA binnengehaald. Ze vormen jarenlang een tandem. Van Zetten is de uitgesproken plannenmaker, Walter de bedachtzame tweede man die uitzoekt hoe die plannen betaald kunnen worden.

Maar nu het tegenzit, ontstaat er wantrouwen. Van Zetten wil blijven uitstralen dat het allemaal weer helemaal goed komt met HEMA, daarbij helpen de constante waarschuwingen van Walter niet. Van Zetten trekt ook steeds meer inkoopdirecteur Rob Heesen naar zich toe als zijn belangrijkste vertrouweling. Ad Walter, op zijn beurt, toont zich negatief over de toekomst in gesprekken met de ondernemingsraad waarbij Van Zetten niet aanwezig is, terwijl hij zich op de vlakte houdt in besprekingen waar Van Zetten wél bij is.

In juli 2014 voeren Van Zetten en Walter een nieuwe bespreking met Lion Capital. Het is een maand na de herfinanciering. In de maanden die achter ze liggen heeft Walter zich, behalve met de financiële sores, ook met iets anders beziggehouden: het conflict met de franchisers. Hij heeft een reeks moeizame besprekingen met het bestuur van de VAB achter de rug, maar het is hem gelukt om weer enigszins op voet van vertrouwen te komen met de bestuurders. De franchisers respecteren hem. Walter heeft ze uitgelegd dat HEMA een claim van 44,7 miljoen in de huidige situatie nooit kan voldoen, dat zou het voortbestaan van het bedrijf ernstig in gevaar brengen. Bovendien weten de franchisers zelf ook wel dat ze geen aanspraak kunnen maken op zo veel geld. Maar de financieel directeur heeft ook duidelijk gemaakt dat hij de klachten van de franchisers begrijpt. De hoge inkoopprijzen voor gebak, de te lage vergoedingen voor verkoop via internet en de onenigheid over het marketingfonds: HEMA heeft de franchisers de afgelopen jaren misschien wel wat uitgeknepen.

Uiteindelijk is het Walter zelfs gelukt om de dreigende rechtszaak van tafel te krijgen. HEMA zal de franchisers tegemoetkomen, met een vergoeding die een stuk lager ligt dan het eerder geëiste bedrag. In totaal ontvangen de franchisers volgens het schikkingsvoorstel ongeveer 10 miljoen euro. Voordat het akkoord definitief is, moet de directie de goedkeuring hebben van Lion Capital.

Om die reden hangen Walter en Van Zetten vandaag aan de telefoon voor een conferencecall met Robert Darwent en Mary Minnick. Walter zit in Amsterdam, Van Zetten zit vanwege een vakantie in de Verenigde Staten, de Lion-mensen zitten in Londen. Meteen nadat het onderwerp ter sprake komt, blijkt dat Lion helemaal niet van plan is om met de franchisers te schikken. Mary Minnick en Robert Darwent willen niet dat er 10 miljoen euro vanuit het bedrijf naar de franchisers gaat. Ze gaan overigens ook niet akkoord met 8 miljoen, of met 1 miljoen – wat Lion betreft krijgen de franchisers helemaal niets. Het is prima dat Walter heeft geprobeerd de relatie goed te houden, maar alle betalingen uit het verleden zijn gewoon gebaseerd op contracten. Zijn de franchisers daar niet blij mee? Uitstekend, *see you in court*. Dan zullen ze daar wel zien wie er gelijk heeft. Zomaar 10 miljoen betalen? '*That's unacceptable*,' zegt Darwent aan de telefoon. 'Zoek een granaat om naar ze te gooien. *We're going to nuke them down*.' Hij voegt eraan toe dat Ad Walter, die deze onacceptabele oplossing heeft aangedragen, vanaf nu niet meer op het franchisersdossier zit. Er moet een juridisch expert van buitenaf komen om de discussie met de franchisenemers verder te voeren.

Na afloop van het telefoongesprek is Walter witheet. Op Lion Capital natuurlijk, omdat ze zijn zorgvuldig uitonderhandelde deal hebben getorpedeerd. Maar dat niet alleen. Hij is ook woedend op Van Zetten. Dit soort geblaf van Lion is bepaald niet nieuw. Normaal gesproken ging Van Zetten er altijd hard tegenin en legde hij rustig uit dat zulke dingen in Nederland nu eenmaal anders werken dan in Groot-Brittannië. Hier onderhandel je met elkaar, kom je er samen uit; je gaat niet meteen naar de rechter. Uiteindelijk kwam hun voorstel er dan vaak wel door. Maar deze keer heeft Van Zetten zich tijdens het gesprek compleet op de vlakte gehouden. Hij is niet tegen Lion in gegaan, heeft de deal van Walter nauwelijks verdedigd. Nu staan ze ineens met lege handen. De VAB gaat nu zonder enige twijfel alsnog naar de rechter – een stap die de franchisers niet veel later inderdaad met veel bombarie zullen zetten. Ad Walter heeft zich nog niet vaak zó in de steek gelaten gevoeld.

Dat Van Zetten de zoveelste discussie met Lion laat lopen, heeft een simpele oorzaak: hij heeft te veel ander gedoe aan zijn hoofd. Volgens het plan van de Huizen-groep worden alle 520 Nederlandse winkels in korte tijd omgebouwd, de inrichting wordt aangepast en er komt ruimte voor de tafels met Blijmakers. De operatie, die de HEMA-mensen intern Make-Over noemen, is in volle gang en moet half september afgerond zijn. Maar terwijl dat project loopt, regent het nieuwe problemen. De reorganisatie op het hoofdkantoor blijkt in de eerste maanden minder succesvol dan gedacht: op veel plekken worden ontslagen medewerkers dusdanig gemist dat ervoor in de plaats weer interim-managers moeten worden ingehuurd. Per saldo schiet HEMA er niet meteen iets mee op.

Daarnaast neemt het aantal klachten van filiaalmanagers in de loop van 2014 hand over hand toe. HEMA is, terwijl de verkoop daalde, in dezelfde hoeveelheden haar producten blijven inkopen, in de hoop dat de verkoop ooit weer zou aantrekken. Maar de praktijk wijst uit dat het spul in toenemende mate in de winkelmagazijnen achterblijft. Op veel plekken puilen de winkelvoorraden zo langzamerhand uit – sommige winkelmanagers klagen er zelfs over dat de pallets met te veel ingekochte voorraad tot in de winkel staan. Logistiek blijkt het onmogelijk om het daar weg te halen, want ook het distributiecentrum in Utrecht barst al uit haar voegen. Door het hele land heen staat hierdoor voor enkele tientallen miljoenen euro's aan voorraad te verpieteren. Van Zetten weet dat de oplossing simpel is: de boel afprijzen, het bijna gratis weggeven, dan zijn die voorraden zo weg. Een financiële afschrijving doen en klaar. Maar ook dat mag niet van Lion Capital: de Britten geven geen toestemming voor een miljoenenafschrijving, daarvoor ontbreekt simpelweg de financiële speelruimte. En dus blijft HEMA ermee zitten.

Ook een groot deel van het winkelpersoneel is boos op de directie. Om verder in de kosten te snijden, heeft de directie bedacht dat de pauzes van werknemers voortaan niet meer doorbetaald zullen zijn. Natuurlijk hebben ze nog wel recht op pauze, een halfuur tot een uur per dag, maar die tijd moeten ze aan het eind van hun dienst langer doorwerken. Zonder dat het HEMA een cent extra kost, gaat zo de productiviteit van het personeel 5 tot 10 procent omhoog. De vakbonden en de ondernemingsraad zijn woedend – na veel discussies gaat het plan daarom aan het eind van de zomer weer van tafel.

Bovendien heeft Van Zetten in dezelfde zomer dat Walter en hij met Lion discussiëren over de franchisers, met de Britten al ruziegemaakt over een heel ander onderwerp. Die ruzie ging over de plannen voor het aankomende jaar, 2015. Volgens Van Zetten is HEMA door de voortdurende druk om de marges te verhogen nog altijd te duur. Het bedrijf moet de prijzen flink gaan verlagen, en dat met een grote reclamecampagne onder de aandacht van het

Nederlandse publiek brengen. In het plan dat hij heeft opgesteld, rekende hij uit dat deze operatie 30 miljoen euro zal kosten. Hij vond dat Lion dat geld maar eens in HEMA moest investeren. Daarop heeft Darwent gezegd dat HEMA best budget kan krijgen voor die campagne – dan sluit het bedrijf toch gewoon een nieuwe banklening af?

In het HEMA-filiaal aan het Beursplein in Rotterdam is op de ochtend van 15 september 2014 aan alles gedacht. Voor de journalisten die de presentatie van 'de nieuwe HEMA' bijwonen zijn er croissants en kleine tompoezen, er is koffie, thee en jus d'orange. Operatie Make-Over is zo goed als klaar. De presentatie aan het publiek moet een feestelijk moment zijn, waarbij de voortdurende crisissfeer tijdelijk naar de achtergrond verdwijnt. Ronald van Zetten zal de bijeenkomst even later zelfs een 'historisch momentje' noemen. Maar op het moment dat hij plaatsneemt achter het spreekgestoelte, kan hij niet verbloemen dat hij moe is. De slopende maanden die achter hem liggen zijn hem aan te zien.

'Wat fijn dat u in zulke groten getale bent gekomen,' trapt Van Zetten zijn speech af. 'Dit geeft ons ook de gelegenheid om een paar misverstanden die er mogelijkerwijs zijn uit de weg te ruimen. Dus dat wil ik eerst even doen.' Nu het voltallige Nederlandse journaille hier voor hem zit, kan hij het niet laten om nogmaals te reageren op het artikel dat drie maanden eerder in het *Financieele Dagblad* heeft gestaan. 'Een van de misverstanden was dat wij onder curatele zouden staan, of dat er allerlei adviseurs in opdracht van Lion rondliepen. Die liepen er wel in opdracht van Lion, maar nog veel meer in opdracht van de banken, om die prospectus [voor de uitgifte van obligaties] voor te bereiden. Dat is toch iets heel anders.'

Van Zetten doet zijn best om een positieve draai te geven aan de veranderingen die HEMA vandaag bekendmaakt. Maar het kost hem zichtbaar moeite om daarbij zijn vroegere flair op te brengen. 'We zijn een bedrijf in verandering,' zegt Van Zetten. 'We hebben een reorganisatie moeten doorvoeren, helaas, maar het was ook noodzakelijk, omdat we meer snelheid wilden hebben in het bedrijf.' Het jaar 2014 is volgens hem een 'transitiejaar'.

Klanten zullen merken dat HEMA na operatie Make-Over op veel vlakken een ander bedrijf is geworden, vertelt Van Zetten. Alle 520 Nederlandse winkels zijn in een paar maanden tijd volledig omgebouwd. Producten liggen niet langer in lange rijen met schappen. Voortaan staan overal in de winkel grote tafels waar artikelen op liggen. Hiermee moet het aantal impulsaankopen omhooggaan: mensen lopen dan vaker tegen spullen aan waarvan ze niet wisten dat ze ze wilden hebben, is het idee. En het assortiment is aangevuld met een nieuwe productgroep: de Blijmakers, kleine cadeau-artikelen vanaf 50 cent. Zo is er een usb-stick in de vorm van een rookworst, en zijn er feestelijk ingepakte pakketjes van vier paar sokken of drie zakdoeken.[4] In totaal komen de tafels in de winkels vol te liggen met 620 verschillende Blijmakers. Van Zetten is ervan overtuigd dat die de omzet hard zullen laten stijgen. Hij pocht dat ze hier in Rotterdam al uitverkocht zouden zijn, als zijn mensen er een paar dagen eerder geen zwarte doeken omheen hadden gezet.

Verder gaat HEMA snel extra investeren in online verkoop: de fotokiosken in de winkel, waar mensen vroeger hun foto's konden laten afdrukken, zijn omgebouwd tot internetzuilen waar klanten producten kunnen bestellen die ze thuis kunnen laten bezorgen. De voedingsafdeling heeft voortaan meer aandacht voor duurzaamheid: superfoods als gojibessen en chiazaad zijn aan het assortiment toegevoegd, net als zuurdesembrood. Er komt een biologische rookworst. Maar de belangrijkste verandering is misschien wel de slogan: 'Echt HEMA' verdwijnt na bijna twintig jaar uit de reclames en wordt vervangen door 'HEMA maakt gewoon bijzonder'.

'Echt HEMA stond natuurlijk jarenlang voor heel goed en vertrouwd. Maar tegelijkertijd vertelt het weinig over wie of wat we zijn. En we willen ons profiel duidelijker maken,' zegt Van Zetten. 'Wij denken hiermee duidelijk te maken dat we met een nieuwe organisatie, met een nieuwe communicatiestrategie, met een nieuwe warenindeling en met een nieuw assortiment helemaal klaar zijn voor de toekomst. Klaar om weer verder te kunnen groeien.'[5]

Maar wat Van Zetten er in het Rotterdamse filiaal niet bij vertelt, is dat hij zelf al besloten heeft dat hij dat niet heel lang meer wil meemaken. Na de laatste discussies met Lion is voor hem de maat vol. Hij heeft er nu met veel pijn en moeite een stevige vernieuwing door gekregen, hij gelooft oprecht in de kansen van operatie Make-Over, maar het is wel een van zijn laatste kunstjes. Hij heeft al eerder getwijfeld of hij moest aanblijven als directeur, maar deze keer is het voor hemzelf duidelijk: de tijd is rijp om te vertrekken. Alleen: hij wil HEMA pas uit handen geven als de omzet weer beter loopt. Eerder vertrouwt hij het bedrijf niet aan Lion Capital toe, het lijdt voor hem geen twijfel dat de Britten er na hem een directeur zullen neerzetten die precies doet wat zij zeggen. Van Zetten heeft dus nog wat tijd nodig, voor hij opstapt.

Hij weet nog niet dat het zeer de vraag is of hij die tijd zal krijgen.

16
Ingrepen

Lyndon Lea heeft nooit zo veel interesse getoond in HEMA. Misschien, zo denken veel mensen op het hoofdkantoor, omdat het merk niet zo sexy is. Niet zoals de kledingmerken AllSaints, John Varvatos of American Apparel, die Lion ook kocht. Of de stiletto's van Jimmy Choo, de champagne van Perrier-Jouët. Of de stijltangen van GHD, met zangeres Katy Perry als boegbeeld. Dat zijn merken waar Lea zich meer mee identificeert. Maar in de loop van het najaar van 2014 is zijn geduld op. Natuurlijk weet hij van de voortdurend teruglopende omzetten, en van het bedrijfsresultaat dat is ingezakt waardoor de volledige herfinanciering noodzakelijk werd. Maar verschillende betrokkenen vermoeden dat er nog een reden voor is: financieel directeur Ad Walter.

In de loop van het najaar is Walter op eigen houtje naar Londen gevlogen. Dat heeft hij nooit eerder gedaan, sterker nog: niemand uit de directie onderhoudt normaal gesproken individueel contact met de Britse investeerders. Maar aan de angst die Walter al een tijdje heeft voor een faillissement, is nu zijn conflict met Ronald van Zetten toegevoegd. In Londen praat Walter uitgebreid met de mensen van Lion over de moeizame financiële situatie, over de matige omzetten. Verschillende van zijn directe collega's zullen het later omschrijven als een judaskus: in het voortdurende conflict tussen Lion Capital en Ronald van Zetten kiest Walter, de jarenlange vertrouweling van de HEMA-directeur, nu ineens de kant van Lion.

Kort na dit bezoek besluit Lyndon Lea in Londen dat het genoeg is geweest, vertellen verschillende betrokkenen later. De Lion-oprichter weet als geen ander dat de oplossing in zulke gevallen voor de hand ligt. Het vervangen van het management bij bedrijven in de Lion-portefeuille is iets wat hij tientallen keren eerder heeft gedaan. Als de situatie erom vraagt moet je durven ingrijpen in de bedrijfsleiding, vindt hij. 'Het juiste management aan het juiste bedrijf koppelen is het beste dat we als investeerder kunnen doen,' zegt hij daar eens over.[1] En in de loop van het najaar besluit Lea inderdaad dat het bij HEMA tijd is geworden om in te grijpen.

De sfeer in het vliegtuig naar Londen is een beetje ongemakkelijk. Normaal gesproken vinden de kwartaalvergaderingen met de raad van commissarissen plaats op het hoofdkantoor, gewoon in een zaaltje met tl-licht in Amsterdam-Noord. Veel hebben die ontmoetingen nooit om het lijf gehad. Ronald van Zetten vertelde wat er allemaal goed en fout was gegaan in de afgelopen drie maanden, Ad Walter presenteerde de meest recente cijfers. President-commissaris Robert Darwent luisterde aandachtig toe, maar stelde nauwelijks vragen. Commissaris Mary Minnick bereed vaak een van haar stokpaardjes: de directie zou een HEMA-klantenkaart moeten invoeren, meer aandacht moeten besteden aan marketing en de expansie naar Frankrijk vindt ze onzin. Meer dan losse flodders waren dat niet, Van Zetten en zijn team konden haar mening ongestraft negeren.

De twee commissarissen die niet van Lion Capital waren, lieten nog minder van zich horen. Voormalig ABN Amro-bankier Dolf Collee, als 'werknemerscommissaris' mede aangesteld door de ondernemingsraad, reed eens in de drie maanden plichtmatig naar Amsterdam-Noord. Hij leek het commissariaat vooral te beschouwen als een leuk erebaantje. Anders Moberg, de vroegere Ahold-baas, kwam bij veel vergaderingen zelfs helemaal niet opdagen. Hij was dan wel telefonisch aanwezig, vanuit zijn woning in Dubai of zijn buitenhuis in Zuid-Frankrijk, zodat in het jaarverslag kon staan dat alle commissarissen alle vergaderingen hadden bijgewoond, '*either in person or via conference call*'. Maar als iemand tijdens de meeting een vraag aan Moberg had, wat wel eens voorkwam aangezien hij de enige commissaris was met ervaring in de detailhandel, bleek de telefoonlijn vaak praktisch dood. ‘Anders? Anders?’ vroegen ze dan. De directieleden stelden zich dan voor dat hij even koffie was gaan zetten, of buiten een sigaar stond te roken.

Maar nu heeft Lion de directieleden gevraagd om voor de vergadering van 2 december 2014 naar Londen te komen. Voor Van Zetten is dat al de tweede keer binnen een maand: ook in november moest hij voor een bespreking op stel en sprong het vliegtuig in. Voorafgaand aan die vergadering heeft hij in de straten van Londen nog het navigatiesysteem getest van de gloednieuwe HEMA-smartphone die hij heeft laten ontwikkelen; het bleek voor geen meter te werken. Hoewel de modellen H3 en H5 nog maar net op de markt zijn, heeft de directeur zijn eigen toestel daarna stilletjes weer ingeruild.

De vier directieleden in het vliegtuig weten dat ze tegenover de Britse eigenaar zoals altijd een front moeten vormen, maar inmiddels is dat niet meer vanzelfsprekend. Ieder hebben ze hun eigen gedachten over de toekomst van het bedrijf. Wat het ongemak nog eens versterkt, is dat Dolf Collee vandaag met ze meevliegt. De HEMA-commissaris weet al wat straks in Londen de boodschap van de commissarissen zal zijn, maar hij mag daar vooraf niets over zeggen. Dat er een stevige bespreking aan zit te komen, dat Lion mogelijk dingen anders wil zien, voelt iedereen wel aan. Anders waren ze niet zo plotseling in Londen uitgenodigd. Maar tot verbazing van de directieleden houdt Collee zich niet op de vlakte: hij praat tijdens de vlucht volop met Van Zetten en zijn team mee. Hij deelt hun kritiek op de passieve houding van de Britse investeerder, op het feit dat ze nooit een cent extra in HEMA hebben gestoken, op het eeuwige gezeur over de expansie. Zonder op de aanstaande meeting in te gaan wekt Collee de indruk dat hij een medestander is – Nederlanders onder elkaar, verantwoordelijk voor een bedrijf waar het hele land van houdt.

Als ze even later op het vliegveld in een taxi stappen, stoot Rob

Heesen een van zijn collega's aan: 'Die Collee moet je niet vertrouwen. Hij praat nu met ons mee, straks bij Lion doet hij het tegenovergestelde.'

De immense vergaderzaal met de mahoniehouten tafel in het Lion-kantoor doet vandaag nog net iets statiger aan dan anders. De zachte stoelen, de keurige dame die thee en koffie schenkt, het majestueuze uitzicht op de tuinen aan de overkant: alles lijkt te benadrukken hoe Brits de eigenaar van HEMA ook alweer is.

Zoals gewoonlijk begint de vergadering met Van Zetten die het woord voert. Hij is positief over de periode die achter ze ligt, vertelt hij, en meer dan de vorige keren lijkt hij het te menen. De verkoop via internet is in de loop van 2014 met enkele procenten gestegen, de omzet in Frankrijk is weer met 7 procent gegroeid. In Nederland wijst alles erop dat operatie Make-Over een succes wordt: ze zien dat de omzetten weer beginnen aan te trekken, vertelt Van Zetten. 'Dit zijn allemaal duidelijke signalen dat we weer de goede kant opgaan.'

Maar Darwent en Minnick luisteren het verhaal minder schaapachtig aan dan anders. Vooral Mary Minnick plaatst bij elk punt dat Van Zetten aandraagt kritische kanttekeningen. Ze oogt verbeten en lijkt voortdurend pogingen te doen om op Van Zetten in te hakken. 'Jullie investeren opnieuw in winkels in Frankrijk, maar er is nog steeds geen marktonderzoek gedaan. Ik vind dat geen goede zaak,' zegt ze.

'O, *shut up*,' reageert Van Zetten. 'Die winkels in Frankrijk zijn een groot succes. Hou nou toch eens op!'

Niet lang daarna neemt de veel kalmere Robert Darwent het woord. 'Wij hebben ook een mededeling te doen.' Hij laat een korte stilte vallen. 'Er komt een nieuw iemand in onze raad van commissarissen. Het gaat om een zeer ervaren *retail executive*. Zijn naam is Andrew Jennings.'

Darwent loopt de gang op en komt even later terug met naast hem een ranke man met een kaal hoofd, in een duur pak. De man stelt zich vriendelijk aan iedereen voor. *'Hello, I'm Andrew Jennings. How do you do?'*

Jennings is uiterst voorkomend. *More British than the ancient Englishmen*, zal iemand hem later noemen. Hij blijkt de voormalige topman van internationaal beroemde winkelketens als Harrods, Saks Fifth Avenue, het Zuid-Afrikaanse Woolworths en het Duitse Karstadt. Hij is niet zomaar een toevoeging aan de raad van commissarissen, vertelt Darwent: Jennings zal zo snel mogelijk aantreden als de nieuwe president-commissaris. Hij zal zelf een stap terug doen, en gewoon commissaris worden. Mary Minnick vertrekt zelfs helemaal als commissaris. Officieel zullen deze veranderingen worden doorgevoerd na de volgende aandeelhoudersvergadering, in maart of april, maar Andrew Jennings zal in Londen per direct als eerste aanspreekpunt voor HEMA fungeren. Bovendien komt hij vanaf januari meerdere dagen per week in Amsterdam-Noord werken. Een adviesbureau waar hij goede banden mee heeft, Boxwood, komt met hem mee. Samen gaan ze de HEMA-organisatie doorlichten.

De eerste gedachte die sommige directieleden te binnen schiet is: what the fuck? Deze ingreep zagen ze niet aankomen. Iedereen snapt dat het tijdperk waarin Lion op afstand van HEMA stond, vanaf dit moment voorbij is. De directieleden zitten de rest van de vergadering netjes uit. De laatste agendapunten lopen ze rustig af, een voor een, maar het voelt onwezenlijk. Ze weten allemaal wat er zojuist gebeurd is: Lion heeft de touwtjes in handen genomen, op een moment waarop ze het niet verwachtten.

Na afloop zal het de directieleden niet lang kosten om te achterhalen dat de ingreep op initiatief van Lyndon Lea is uitgevoerd. Lea vond het tijd om andere mensen op HEMA te zetten, de ervaren retailer Andrew Jennings komt uit zijn Londense netwerk. Die moet Lions moeizame investering in HEMA eindelijk uit het slop gaan trekken. Robert Darwent doet vrijwillig een stap opzij.

Ronald van Zetten bewaart tijdens de bespreking zijn kalmte, maar na afloop is hij pissig. Hij heeft in de zomer al besloten dat zijn tijd er bijna op zit, sindsdien heeft hij geen enkele poging meer gedaan om tegenover Lion zijn minachting te verbergen. Hij heeft zelfs in oktober al met een adviseur gepraat over hoe hij zijn vertrek het beste kan aanpakken. Maar deze motie van wantrouwen voelt toch vernederend. Hij komt bovendien net op het moment dat het weer wat beter begint te gaan. Van Zetten is ook kwaad op de achterbakse Dolf Collee, die hem vooraf in het vliegtuig nog naar de mond praatte. En hij is strijdbaar: deze stap van Lion is precies de reden dat hij niet eerder vertrokken is. Hij wist dat de Londenaren dan iemand uit hun eigen club aan het roer zouden zetten, iemand die eerder de belangen van Lion dient dan die van HEMA. Misschien is hij, als schild tussen Lion en het bedrijf, op dit moment wel harder nodig dan ooit.

Op 8 januari 2015 zit Van Zetten met logistiek directeur Alex Jonker en het nieuwe directielid Paul Havinga (directeur verkoop, internationaal en franchisers, opvolger van de kort daarvoor vertrokken Machiel Lagerweij) in het vliegtuig naar New York. Het drietal is op weg naar Retail's Big Show, een driedaagse conferentie in Manhattan die met meer dan 30.000 bezoekers geldt als de belangrijkste vakbeurs over detailhandel ter wereld. Topmensen van de Amerikaanse winkelgiganten Walmart en Home Depot houden er speeches, ontwikkelaars showen er de laatste technologieën voor het bijhouden van voorraden en het verwerken van online bestellingen. Enthousiaste nerds tonen hoe winkels met slimme ledverlichting een aantrekkelijker aanzicht krijgen. Allemaal zaken waar ze bij HEMA iets aan kunnen hebben.

De directieleden laven zich aan alle indrukken, ze halen er inspiratie uit. De dag voor de conferentie hebben ze een winkelronde door New York gemaakt, langs de hipste winkels van SoHo en Brooklyn, ook om inspiratie op te doen. Zelfs al zouden ze er niets concreets uit halen, dan is de trip tenminste goed voor de sfeer. Het hotel waar het drietal verblijft, Hotel Gansevoort in het Meatpacking District, is goed. Ze dineren in fijne restaurants en doen 's ochtends gemoedelijk een hardlooprondje door Central Park. Alle strubbelingen in Amsterdam zijn even vergeten.

Maar Van Zetten is niet voor de ontspanning naar New York gekomen. Hij heeft een ander onderwerp hoog op zijn agenda staan: hij wil onderzoeken of HEMA er winkels kan openen. Uitbreiden naar Spanje en Engeland is al gelukt, ook al is het nog maar met een enkele winkel. De filialen in Frankrijk zijn een succes. Nu droomt hij van de stap naar Amerika. Recentelijk hebben ook de Nederlandse winkelketens Suitsupply en Rituals zich met succes in New York gevestigd. Waarom zou HEMA het dan niet kunnen?

Om een antwoord op die vraag te zoeken, schudden Van Zetten en zijn collega's op een ochtend in de hotellobby de hand van de New Yorkse vastgoedadviseur Robin Abrams, een ravissante blonde dame. Zij vertelt de Nederlanders alles over de markt voor winkelvastgoed in Manhattan, schetst welke locaties het meest geschikt zouden zijn en welke kansen er voor een bedrijf als HEMA in New York kunnen liggen.

Van Zetten luistert de uiteenzetting van Abrams ademloos aan, in zijn hoofd zijn alle raderen alweer volop in werking. De eerste HEMA in New York openen, dat zou echt geweldig zijn. Alleen op de vraag wat de eigenaar van de mogelijke uitbreiding vindt, blijft Van Zetten het antwoord schuldig. Bij Lion Capital weten ze nergens van. Naar alle waarschijnlijkheid zullen ze het niet steunen. Maar in de ogen van Van Zetten is dat nooit een probleem geweest. Een uitbreidingsplan maken, een concrete huurlocatie aandragen, de kosten vanuit het eigen investeringsbudget betalen – dan staakten Darwent en Minnick altijd hun protesten wel. Hij heeft maar één keer hoeven dreigen met opstappen, dat was bij de eerste winkel in Frankrijk. Door het beperkte budget ging de uitbreiding maar met een klein aantal winkels per keer, maar toch. Nu heeft Lyndon Lea er die Jennings tussen gezet, maar wie zegt dat hij het in New York niet op dezelfde manier voor elkaar kan krijgen?

Als Van Zetten op 14 januari met Jonker en Havinga weer in het vliegtuig naar huis zit, voelt hij zich helemaal opgefrist. Hij heeft weer het gevoel dat zijn tijd bij HEMA nog wat moois kan brengen.

Maar begin februari is de voltallige directie in Amsterdam-Noord alweer verwikkeld in de volgende bespreking waarbij een hele reeks problemen op tafel ligt. De cijfers over het eind januari afgesloten boekjaar zijn bekend. Op het eerste gezicht ziet het er opnieuw niet best uit. De bedrijfsomzet is in 2014 weer gedaald, dit jaar met 1,3 procent – iets minder slecht dan in de twee jaar ervoor. Het bedrijfsresultaat, de EBITDA, is omlaaggegaan van 121 naar 103 miljoen euro. Het nettoverlies bedraagt, vanwege een aantal afschrijvingen, maar liefst 189,2 miljoen. De directieleden hebben weinig fantasie nodig om zich voor te stellen wat voor krantenkoppen dat binnenkort weer zal opleveren.

Maar de slechte cijfers zijn niet het enige probleem. De onverkochte voorraden zijn in de loop van 2014 nog verder gegroeid – in tientallen filialen puilen de magazijnen nu echt uit. Maar Lion geeft nog steeds geen toestemming om de boel in de uitverkoop te doen. Al deze voorraden staan nog voor de volledige inkoopwaarde in de boeken. Het bijna gratis weggeven zou inmiddels gepaard moeten gaan met een afschrijving van enkele tientallen miljoenen euro's, terwijl de resultaten al zo slecht zijn. Door het probleem niet op tijd aan te pakken, is het nu bijna onbeheersbaar geworden.

In de dagen voor de directiemeeting is er bovendien een vervelende kwestie ontstaan met de kredietverzekeraars, die alle producten verzekeren die door de leveranciers aan HEMA worden geleverd. Een paar dagen eerder is bekend geworden dat kredietverzekeraar Coface weigerde nog langer leveranties aan V&D te verzekeren, vanwege het risico dat het warenhuisconcern haar rekeningen niet meer zou kunnen betalen. V&D verkeert al tijden in financiële problemen. Het Centraal Boekhuis is daarna meteen gestopt met het leveren van boeken aan V&D.

Vanwege dat nieuws zijn de kredietverzekeraars ineens ook zenuwachtig geworden over de leveranties aan HEMA. Ze vragen zich af of HEMA, dat immers ook al tijden met omzetdalingen en nettoverliezen kampt, niet dezelfde kant opgaat als V&D. De verzekeraars hebben daarom ook hun maximale dekking van de HEMA-inkoop omlaaggebracht, van 50 naar 25 miljoen euro. Op het hoofdkantoor heeft dat kortstondig tot paniek geleid. In de dagen voor de directievergadering hebben Ad Walter en Rob Heesen tot diep in de nacht met tientallen leveranciers aan de lijn moeten hangen, om ze ervan te overtuigen dat hun rekeningen echt gewoon betaald zullen worden. Het is gelukt; geen enkele leverancier heeft de samenwerking opgezegd. Maar een deel van de inkoop komt nu wel onverzekerd naar de HEMA-winkels. Noodgedwongen stellen ze het vertrouwen van de leveranciers ernstig op de proef.

En dan heeft financieel directeur Walter tijdens de vergadering nog een slecht nieuwtje te melden. 'Ik heb met Lion gesproken,' zegt hij. 'We krijgen in augustus waarschijnlijk een probleem met onze cashflow.' Doordat de hoeveelheid geld in kas steeds verder is teruggelopen, komt er een moment aan dat HEMA niet meer alle openstaande rekeningen kan betalen. Het ziet ernaar uit dat ze dat punt komende zomer gaan bereiken.

Als in de directiekamer zoals altijd de saucijzenbroodjes op tafel komen na een paar uur vergaderen, en de vijf directieleden de problemen een voor een langslopen, snappen ze dat ze in een behoorlijk lastig parket zitten. Slechte jaarcijfers, uitpuilende winkelmagazijnen, zenuwachtige kredietverzekeraars, een dreigend kastekort. En dan is er ook nog de nieuwste oekaze uit Londen, die hun bewegingsruimte de komende tijd ernstig zal beperken. Vanwege alle problemen heeft Lion een paar dagen eerder een totale bevriezing van het investeringsbudget afgekondigd. Voorlopig mag de directie geen andere uitgaven meer doen dan de projecten die al lopen: het ombouwen van de Nederlandse winkels, en het verder uitrollen van het Blijmakers-assortiment. Afdelingsmanagers moeten elke uitgave groter dan 5000 euro eerst aan de directie voorleggen. Lager geplaatste managers mogen zonder toestemming van bovenaf zelfs nog maar 1500 euro uitgeven. Sommige bedrijfsleiders klagen dat ze niet eens meer klein onderhoud aan hun winkel mogen uitvoeren.

Het komt erop neer, concluderen de directieleden, dat Lion de geldkraan nu echt zo ver mogelijk heeft dichtgedraaid. Voor Ronald van Zetten betekent dat vooral één ding: de hele internationale expansie komt voorlopig stil te staan. Geen New York. Geen nieuwe winkels in Europa, helemaal niets. De komende tijd gaan alleen nog een paar buitenlandse filialen open waarvan het huurcontract al was ondertekend. Hij is daar woedend over: hoe kunnen ze in Londen nou de hele boel in het slot gooien? Ze moeten vooruit, ze moeten júist ruimte hebben om te investeren. Bovendien gaat het net weer wat beter: operatie Make-Over begint echt een succes te worden. De jarenlange omzetdaling is sinds september eindelijk tot staan gebracht. In het laatste kwartaal van 2014 groeit de omzet in bestaande winkels weer met 2 procent, het eerste kwartaal van 2015 zal zelfs een omzetgroei van 8,2 procent laten zien.[2]

Hij is sowieso al kwaad vanwege de slechte resultaten over 2014. Die zijn alleen de eigenaar uit Londen aan te rekenen, maar hij mag zich er straks weer publiekelijk voor verdedigen. Het nettoverlies van 189 miljoen euro wordt volledig veroorzaakt door de financiële structuur die Lion bij HEMA heeft aangebracht. Het bedrijf heeft in het afgelopen jaar eenmalig 120 miljoen euro aan zogeheten goodwill moeten afschrijven – dat is papieren waarde die Lion erin heeft gestopt toen het in 2007 een veel te hoge prijs voor HEMA betaalde. En de financieringskosten bedroegen in totaal 96,3 miljoen euro, waarvan bijna 50 miljoen euro in de vorm van rentelasten richting de obligatiehouders stroomde. Van dat geld hadden ze een heleboel nieuwe winkels kunnen openen. Rond de herfinanciering van de zomer blijkt maar liefst 18,7 miljoen euro uitgekeerd aan het clubje advocaten, bankiers en consultants dat HEMA adviseerde.

Zonder al deze financiële strapatsen was HEMA een kerngezond bedrijf geweest, met een omzet van 1,07 miljard euro en een winst die moeiteloos tientallen miljoenen euro's zou bedragen. Er zouden geen leveranciers zijn uitgeknepen, er hoefden geen mensen ontslagen te worden, er hadden geen bakkerijen dicht gehoeven en er waren geen enquêtes geweest waarin driekwart van het personeel klaagde over de gigantische werkdruk. Dat besef is voor Van Zetten steeds moeilijker te verkroppen. De tijd waarin hij geloofde dat Lion Capital goed zou kunnen zijn voor HEMA, ligt ver achter hem.

Eén club ziet de ontwikkelingen binnen het bedrijf met stijgende verbazing aan: de centrale ondernemingsraad. In de raad die namens de tienduizend werknemers contact onderhoudt met de directie, beginnen ze zich af te vragen wat er eigenlijk allemaal aan de hand is. Allereerst is er de onduidelijkheid over de nieuwe president-commissaris. Andrew Jennings is nog niet officieel benoemd, de ondernemingsraad is nergens officieel over geïnformeerd. Maar de OR heeft het gerucht opgevangen dat commissaris Mary Minnick door hem vervangen zou worden. Dat de Brit een positie op het hoofdkantoor heeft gekregen is een slecht bewaard geheim – ze konden hem zelf al in Amsterdam zien rondlopen.

Maar als de leden van de ondernemingsraad met Van Zetten aan tafel zitten en de mogelijke benoeming van Jennings ter sprake komt, houdt de HEMA-directeur zich chagrijnig op de vlakte. 'Het is niet mijn besluit,' zegt hij. 'Als jullie daar meer over willen weten, moeten jullie bij de aandeelhouder zijn.'

Ook over het dichtdraaien van de geldkraan door Lion heeft de ondernemingsraad vragen. Zijn er soms financiële problemen waar zij niet van afweten? Zit er na de reorganisatie en de herfinanciering nu alweer allerlei onrust aan te komen? Nog een reorganisatie, of moeten ze zich zelfs voorbereiden op iets ergers? De vijf leden van de ondernemingsraad hebben stellig de indruk dat Lion Capital de touwtjes steeds steviger in handen neemt, en dat de relatie tussen eigenaar en directie in rap tempo grimmiger is geworden dan ooit. Maar ze krijgen er niet goed de vinger achter wat er precies speelt.

Dat ergert vooral de jonge voorzitter van de OR, de dertiger Mark Stolk. In het voorafgaande jaar heeft hij veel moeilijke discussies met Van Zetten moeten voeren, maar tijdens die gesprekken hebben de twee wel veel respect voor elkaar gekregen. Stolk is een man van de werkvloer, net als Van Zetten. Hij werkt al jaren als vorkheftruckchauffeur in het distributiecentrum in Utrecht. Om ook iets met zijn sociale gevoel en vlotte babbel te kunnen doen, is hij in 2011 actief geworden in de OR. Als autodidact heeft hij zich ontwikkeld tot expert op het gebied van ondernemingsrecht en bedrijfsfinanciën – hij weet nu alles van amend and extend-deals en high-yield bonds. In discussies met de bedrijfstop is hij bepaald niet bang om zijn mening te verkondigen. Doordat hij een deel van zijn jonge jaren in Engeland doorbracht, spreekt hij bovendien uitstekend Engels. Veel werknemers, en ook zijn collega's in de OR, dragen hem op handen.

Terwijl de kritiek op Van Zetten uit alle hoeken toeneemt, blijft Stolk de directeur steunen. Stolk is ervan overtuigd dat Van Zetten het beste met HEMA voorheeft, hij betwijfelt of over Lion Capital hetzelfde gezegd kan worden. En hij ziet in hoe Van Zetten zijn beleid altijd met verve tegenover de Britse eigenaar heeft verdedigd. Niet veel directeuren zouden daar volgens hem toe in staat zijn. Zonder Van Zetten zou Lion volgens hem nog veel meer het beleid bepalen dan nu het geval is. Het is zeer de vraag of dat goed nieuws zou zijn voor de werknemers.

Door de goede band die hij met Van Zetten heeft opgebouwd, snapt Stolk niet zo goed waarom de directeur weigert open kaart te spelen, nu het opnieuw ingewikkeld lijkt te worden. Hij vraagt daarom aan Van Zetten of die er bezwaar tegen heeft als Stolk met enkele experts in ondernemingsrecht gaat praten, om te onderzoeken op welke manier de OR zich het beste kan voorbereiden op nieuwe ingrepen, een nieuwe reorganisatie bijvoorbeeld. Van Zetten vindt dat geen probleem.

In het volgende overleg met de ondernemingsraad, dat half februari 2015 plaatsvindt, hebben Stolk en zijn collega's een nieuw verzoek aan Van Zetten. Ze vragen hem of de ondernemingsraad formeel het 'enquêterecht' kan verkrijgen. Een van de juridische experts die Stolk raadpleegde, heeft hem dat geadviseerd. Het enquêterecht is een zwaar middel. Daarmee is het mogelijk om de ondernemingskamer van het gerechtshof in Amsterdam te vragen een onderzoek in te stellen naar wanbeleid binnen een onderneming. De rechtbank stelt na zo'n verzoek doorgaans een bewindvoerder van buitenaf aan die, in afwachting van het onderzoek, de dagelijkse leiding over het bedrijf overneemt. Volgens de wet zijn er vier partijen die dit enquêterecht hebben: vakbonden, aandeelhouders, raden van commissarissen en de bestuurders zelf. De ondernemingsraad heeft het recht niet, maar kan het van een van deze vier partijen krijgen overgedragen.

Stolk windt er tijdens het gesprek met Van Zetten geen doekjes om. 'Ronald, jij hebt ook wel eens gezegd dat je de druk van Lion voelt toenemen. Zou jij bereid zijn om ons dat enquêterecht te geven?'

Van Zetten zit niet goed genoeg in de materie om die vraag meteen te kunnen beantwoorden, maar hij belooft dat hij het zal uitzoeken. Een paar dagen later belt hij Stolk op. 'Dag Mark, ik heb het inderdaad uitgezocht. Ik ga het niet doen. Als ik jullie dat enquêterecht zou geven, dan kunnen jullie het bedrijf helemaal platleggen. Dat drijft zo'n enorme wig met Lion, dat maakt de relatie die ik met ze heb helemaal kapot.'

Stolk realiseert zich dat Van Zetten daar gelijk in heeft.

Nu hij geen budget meer heeft voor de internationale expansie en nu de consultants van Boxwood en Andrew Jennings hem op de vingers proberen te kijken, is er voor Ronald van Zetten nauwelijks ruimte over om nieuwe dingen te bedenken. Maar er ligt nog wel één plan waar hij graag mee verder wil: het voornemen om met een grootschalige campagne de prijzen te verlagen. In de voorgaande zomer kreeg hij daarvoor bij Lion de handen niet op elkaar, en extra geld om het uit te voeren kreeg hij zeker niet. Hij is er daarom met een klein clubje mensen op eigen houtje mee verdergegaan. Met directieleden Paul Havinga en Rob Heesen heeft hij een voorlopig plan opgesteld, een reclamebureau heeft alvast wat ideeën voor advertenties ontwikkeld.

Op 2 maart 2015 zit het drietal in een vergaderzaaltje in het midden van het land klaar om de campagne te bespreken. Van Zetten heeft er drie experts van buitenaf bijgehaald om de campagne van advies te voorzien, allemaal marketingdeskundigen. Een van hen is René Repko, de vroegere marketingdirecteur. Een paar weken eerder heeft Van Zetten vanuit Londen de boodschap gekregen dat hij de prijzen echt niet mag verlagen, omdat dat de toch al moeizame winstgevendheid alleen maar verder onder druk zet. Maar Van Zetten trekt zich er niets van aan. Het verlagen van de prijzen is in het belang van HEMA: het trekt meer klanten, het haalt misschien klanten terug die eerder voor hun boodschappen naar Action of Zeeman zijn overgestapt, uiteindelijk zal het bedrijf er baat bij hebben.

Met zijn zessen bespreken ze manieren om de prijsperceptie van HEMA omlaag te krijgen. Hoe gaan mensen inzien dat ze bij HEMA helemaal niet zo veel geld kwijt zijn? Ze analyseren de advertentie-ideeën, en aan het eind van de dag heeft het gelegenheidsteam een campagne in de steigers staan die snel over het land uit te rollen moet zijn. De titel van de campagne luidt: 'Heel Holland helpt'.

Waar dat op neerkomt blijkt drie weken later, in de ochtend van 25 maart 2015. In een groot aantal dagbladen verschijnt een paginagrote advertentie: 'Nederland helpt HEMA, HEMA helpt Nederland'. Volgens de begeleidende tekst komt HEMA met een campagne die nog niet eerder is voorgekomen: het Nederlandse publiek mag de komende tijd gaan aangeven wat 'de meest onmisbare' producten van HEMA zijn. Het bedrijf belooft dan de prijs van honderden van deze producten te zullen verlagen. In interviews zegt inkoopdirecteur Rob Heesen die ochtend dat de prijsverlagingen 'substantieel' zullen zijn. 'Afhankelijk van het soort product gaat de prijs met 20 tot 50 procent omlaag.'

Heesen vertelt er niet bij waarom hij ineens de pers te woord staat, en niet Van Zetten. Een paar dagen eerder is intern de bom gebarsten.

17

Verheugd en trots

OR-voorzitter Mark Stolk zit op een zondagmiddag in maart 2015 rustig thuis als ineens zijn telefoon gaat. Het is Ronald van Zetten. Stolk neemt op. Uit het geruis op de achtergrond maakt Stolk op dat Van Zetten in de auto zit. Hij hoort meteen dat het mis is. 'Mark,' zegt Van Zetten geëmotioneerd, 'Lion heeft mij zojuist ontslag aangezegd. Vanaf morgen ben ik geen directeur meer van HEMA.'

Stolk weet even niet wat hij moet zeggen. 'Jezus.'

'Twaalf jaar,' zegt Van Zetten. 'Twaalf jaar heb ik hier al mijn tijd in gestoken. En nu pakken zij het verdomme in één middag af.'

Van Zetten is verdrietig en kwaad tegelijk. Hij heeft zijn stinkende best gedaan, HEMA door de grootste crisis uit haar bestaan geloodst, de rol van Lion altijd verdedigd tegenover de buitenwereld. Hij heeft ladingen kritiek van medewerkers, de pers, zelfs van zijn eigen directieleden over zich heen laten komen. En nu knikkeren ze hem eruit. Robert Darwent, officieel nog altijd voorzitter van de raad van commissarissen, heeft het hem een paar minuten eerder officieel meegedeeld tijdens een gesprek op het hoofdkantoor.

Het zat eraan te komen. Van Zetten weigerde samen te werken met de aanstaande president-commissaris Andrew Jennings en de consultants van Boxwood, klaagde over de weigering van Lion om de overtollige voorraden af te schrijven. Nu hij toch het 'Heel Holland helpt'-project heeft doorgezet, terwijl Lion allang heeft gezegd dat hij dat niet moest doen, is de maat vol. Van Zetten moet weg.

Ondanks zijn emoties is de boodschap voor hem ook niet echt een verrassing. Hij had zelf ook al besloten dat zijn tijd als HEMA-directeur er zo goed als op zit, hij wachtte alleen nog op het juiste moment. Hij heeft allang met een advocaat gesproken. Maar de angst voor wat Lion nu zal gaan doen, die is niet weg. 'Ik maak me zorgen maak over wat er nu gaat gebeuren,' zegt hij tegen Stolk. Hij vreest dat Lion HEMA nu zal opknippen in verschillende bv's, waarna de verschillende bedrijfsonderdelen snel geld kunnen opleveren. Lion zou zo de zes overgebleven bakkerijen kunnen verkopen aan de hoogste bieder, of langjarige huurcontracten van winkels op A-locaties kunnen doorverkopen. Het is afwachten, maar de toekomst is allerminst zeker. Het staat alleen vast dat zijn opvolger iemand zal zijn die minder lastig zal zijn voor Lion dan hij.

'Ik ben blij dat we dat enquêterecht toch nog geregeld hebben,' besluit Van Zetten het gesprek.

Zonder dat verder iemand ervan afwist, blijken Van Zetten en Stolk te hebben doorgepraat over de vraag of de ondernemingsraad het enquêterecht moest verkrijgen. Dat zou de OR in de strijd met Lion een machtig wapen in handen geven: als er binnen HEMA iets zou gebeuren wat de ondernemingsraad niet bevalt, zouden ze het recht hebben om bij de rechter een onderzoek naar wanbeleid aan te vragen. Een bewindvoerder van buitenaf zou het roer overnemen.

Als statutair bestuurders van HEMA hebben Walter en Van Zetten de mogelijkheid om de OR het recht in handen te geven. Walter wilde daar vanaf het begin niet aan meewerken: het zou bij Lion ongetwijfeld overkomen als een regelrechte oorlogsverklaring. Maar een week voor zijn ontslag hebben Van Zetten en Stolk het plan met zijn tweeën stiekem doorgezet. Ze hebben met behulp van hun beide advocaten een tekst opgesteld, en die naar elkaar gefaxt zodat ze er allebei hun handtekeningen onder konden zetten. De ondernemingsraad heeft het enquêterecht gekregen. Voor Van Zetten is het een verzekering tegen eventuele schadelijke acties van Lion na zijn ontslag, dat er onvermijdelijk aan komt.

Van Zetten en Stolk zijn de enigen die weten dat de toekomst van HEMA nu deels in handen ligt van de ondernemingsraad. Ze twijfelen er niet aan dat de mensen bij Lion woedend zullen zijn als ze er lucht van krijgen.

Op maandagochtend beginnen tienduizend mensen hun werkweek zoals ze gewend zijn: ze lopen in gekleurde polo hun eerste rondje door de winkel, drinken koffie op het distributiecentrum, zetten op het hoofdkantoor hun computer aan. Niemand weet dat op datzelfde moment hun baas, de man die jarenlang het uithangbord van hun bedrijf was en die in de krant vaak mister HEMA werd genoemd, niet langer hun baas is. Althans, bijna niemand weet het. Het kleine clubje mensen dat het wel weet, is verwikkeld in een reeks verhitte telefoongesprekken.

Ad Walter is woedend dat de actie met het enquêterecht blijkt doorgezet. 'Dit is onbehoorlijk bestuur,' foetert hij tegen Stolk. 'Ronald had dit niet zonder mijn toestemming mogen doen. Ik ben ook statutair bestuurder van HEMA.'

'Dat klopt,' zegt de OR-voorzitter koel. 'En volgens mij ben je vanaf vandaag de enige. Betekent dit dat jij vanaf vandaag de eerste man bent?'

Ook in Londen zijn ze woedend. Commissaris Dolf Collee scheldt Stolk vijf minuten lang de huid vol. Stolk hoort de tirade aan en merkt daarna kalm op dat de raad van commissarissen de ondernemingsraad niet heeft geraadpleegd over het voorgenomen ontslag van Van Zetten, terwijl dat wettelijk verplicht is.

Ronald van Zetten overlegt met zijn advocaat hoe nu verder te handelen. Hij wil zijn ontslag best accepteren, maar dan heeft hij wel recht op een vertrekvergoeding.

Al met al weten op maandag alleen de commissarissen, de directie en de ondernemingsraad dat Ronald van Zetten de middag ervoor door Lion Capital ontslagen is. Hoe verhit de gemoederen ook zijn, ze spreken af dat verder voorlopig niemand ervan hoeft te weten. Dat is meteen het enige waar alle betrokkenen het over eens zijn, want in de dagen daarop loopt de onderlinge spanning verder op. Lion Capital hoopte met het ontslag van Van Zetten van de weerstand uit Nederland verlost te zijn, maar het tegendeel blijkt het geval.

Mark Stolk, een deel van zijn tijd nog altijd heftruckchauffeur in het distributiecentrum, weet dat een ondernemingsraad volgens de Nederlandse regels het recht heeft om te spreken op aandeelhoudersvergaderingen. De eerstvolgende aandeelhoudersvergadering van HEMA vindt plaats op 13 april, formeel moet daar het ontslag van Ronald van Zetten bekrachtigd worden. In de praktijk is die vergadering bij HEMA altijd een vrij besloten toestand; Lion Capital is immers de enige aandeelhouder, die bovendien zelf de voorzitter van de raad van commissarissen aanlevert die de vergadering voorzit. Als Robert Darwent namens de aandeelhouder een vraag wil stellen, moet hij die als president-commissaris zelf beantwoorden.

Maar nu dient Stolk een formeel verzoek in om tijdens de aandeelhoudersvergadering het woord te mogen voeren. Niet omdat hij het oneens zou zijn met het ontslag van Van Zetten, ook al stelt hij zijn vraagtekens bij de procedure; Van Zetten kan prima voor zichzelf opkomen. Stolk wil, als vertegenwoordiger van de tienduizend HEMA-werknemers, vooral twee prangende vragen beantwoord zien. Wie neemt er vanaf nu eigenlijk de besluiten? En vooral: wat is Lion Capital nou in godsnaam met het bedrijf van plan?

De raad van commissarissen wijst zijn verzoek af. Stolk stuurt vrijwel meteen daarop een conceptdagvaarding naar de rechtbank in Amsterdam. Dan eist de ondernemingsraad van HEMA het spreekrecht wel op via de rechter. Een kopie van de dagvaarding gaat ook naar de raad van commissarissen. Dolf Collee, de oud-bankier die formeel nog steeds namens de HEMA-werknemers in de raad van commissarissen zit, belt Stolk daarna op en scheldt hem opnieuw minutenlang de huid vol.

Collee – die door de werknemers hierna dringend verzocht zal worden om na afloop van zijn termijn te vertrekken – is ongetwijfeld bang dat een rechtszaak van de HEMA-werknemers tegen de eigen bedrijfstop veel negatieve publiciteit met zich mee kan brengen. Maar er speelt ook iets anders. De zittende commissarissen van Lion, Robert Darwent en Mary Minnick, begrijpen überhaupt niet waarom de ondernemingsraad ineens zo veel macht kan uitoefenen. In Angelsaksische landen bestaat zoiets niet. Nu zien ze zich ineens geconfronteerd met een clubje lagere werknemers, dat brutaal spreekrecht opeist rond een cruciaal onderdeel van de besluitvorming, namelijk het ontslag van Van Zetten. Terwijl daarbij als een zwaard van Damocles een mogelijk onderzoek naar wanbeleid boven hun hoofd blijkt te hangen. Darwent en Minnick zijn verbijsterd dat zoiets kan.

Het blijkt dat de ondernemingsraad Lion Capital volledig in de tang heeft. Er zit daarom weinig anders op dan alsnog met die club te gaan praten. Ook bij Lion hebben ze weinig trek in een rechtszaak.

Eigenlijk raadt iedereen Mark Stolk aan om niet met Lion aan tafel te gaan. Zijn advocaat zegt het, Ronald van Zetten zegt het ook: hij is zelf verwikkeld in vervelende juridische gesprekken over zijn vertrek. Ze vrezen dat de Britten Stolk met een bataljon advocaten zullen intimideren, en wie weet wat voor documenten hij dan allemaal zal ondertekenen. Hij zal er spijt van krijgen.

Maar Stolk heeft zijn keuze gemaakt. Lion Capital heeft hem uitgenodigd voor een gesprek in het Sheraton Hotel op Schiphol. Hij moet komen zonder advocaat of adviseur, hij mag alleen de vicevoorzitter van de ondernemingsraad meenemen. Stolk vindt dat geen probleem. Hij is helemaal niet bang voor Lion, hij is vooral benieuwd.

Tien minuten voor de ontmoeting begint, zit Stolk samen met zijn vicevoorzitter met een beker koffie voor zijn neus in de Starbucks op Schiphol Plaza. De vicevoorzitter is nerveus, ze zit te trillen als een rietje.

Stolks telefoon gaat. Het is opnieuw Van Zetten. De ontslagen HEMA-directeur heeft hem eerder geadviseerd om, als hij dan toch zo koppig is om met Lion te gaan praten, dan op zijn minst zijn telefoon op tafel te leggen, op de speaker, met zijn advocaat aan de andere kant van de lijn. Dan kan die controleren of de ondernemingsraad zich niet laat inpalmen. Maar nu klinkt Van Zetten ontspannen. 'Mark, ik ben eruit met Lion. Het is opgelost.'

Lion blijkt zijn ontslag formeel te hebben teruggedraaid. Omdat de ondernemingsraad niet werd geraadpleegd, was het vermoedelijk toch niet rechtsgeldig. Vanwege de dreiging van een onderzoek naar wanbeleid zijn ze opnieuw met hem in gesprek gegaan. Formeel zal Van Zetten nu vrijwillig opstappen, die boodschap zullen ze ook naar buiten brengen. In ruil daarvoor krijgt hij een vertrekpremie mee van 1,6 miljoen euro.

Een paar minuten later openen Stolk en zijn vicevoorzitter de deur van een klein zaaltje in het Sheraton. Achter de deur blijken zes mensen al op ze te zitten wachten. Ad Walter kennen ze, net als Dolf Collee. Beiden blijken nu letterlijk aan de kant van Lion te zitten. De overige vier kennen ze niet. Het blijken Robert Darwent, Mary Minnick en hun advocaat, plus een speciaal ingehuurde tolk Nederlands-Engels. Als de OR-bestuurders gaan zitten, is het in de ruimte muisstil. Op de tolk na lijken alle aanwezigen nerveus over wat er nu gaat gebeuren, ook Darwent en Minnick. Stolk pakt de koptelefoon op die voor hem op tafel ligt, voor de vertalingen, en zet hem op zijn hoofd. Hij kijkt de blonde man aan die recht tegenover hem zit. Dat zal Robert Darwent wel zijn, denkt hij.

Omdat niemand iets zegt, besluit Stolk het gesprek te beginnen. Hij legt de koptelefoon weer op tafel – hij spreekt toch vloeiend Engels, tot grote verrassing van de mensen tegenover hem. 'Ik wil jullie graag duidelijk maken dat ik hier vandaag niet zit vanwege jullie conflict met Ronald,' zegt Stolk. 'Ik zit hier voor de tienduizend mensen die hij HEMA werken. Ik wil gewoon nu eindelijk een keer duidelijk krijgen waar we met zijn allen aan toe zijn.'

Stolk en zijn vicevoorzitter zien Robert Darwent en Mary Minnick ontspannen. Kennelijk is het een toon die ze niet hadden verwacht. Ze zijn verrast dat de ondernemingsraad het ontslag van Van Zetten niet ter discussie stelt, en dat ze niet uit zijn op rechtszaken. Het ijs blijkt meteen gebroken. In de uren die volgen werken ze een akkoord uit. De ondernemingsraad ziet af van een rechtszaak over het spreekrecht op de aandeelhoudersvergadering en zal geen gebruik meer maken van het enquêterecht; Lion Capital zal de ondernemingsraad voortaan bij elk belangrijk besluit consulteren. Ze gaan proberen een nieuwe start te maken.

Na die middag is het tijdperk-Van Zetten definitief voorbij. Een paar dagen later, op 1 april 2015, gaat tegen het einde van de middag een persbericht naar buiten.

Ronald van Zetten treedt af als directievoorzitter op 13 april 2015

CEO Ronald van Zetten over zijn vertrek: 'Ik ben er trots op te kunnen zeggen dat ons bedrijf op koers ligt na een moeilijk overgangsjaar.

Na 12 jaar aan het roer van HEMA te hebben gestaan en deze succesvol naar toekomstige groei te hebben hervormd, is het nu tijd voor mij om het stokje over te dragen. Ik zal de komende periode blijven om het bedrijf te helpen in de overgangsperiode en zal na mijn vertrek aan boord blijven als adviseur van HEMA.

Ik wil alle HEMA-medewerkers bedanken voor hun inzet en harde werk in de afgelopen 12 jaar, waarin we uitgroeiden tot een internationaal bedrijf met bijna 700 winkels in 7 landen. De afgelopen twee jaar waren moeilijk doordat de economische crisis een impact had op ons bedrijf, maar ik ben trots op de manier waarop we deze uitdaging aangingen en geloof dat we nu goed op weg zijn naar herstel. Ik ben blij dat ik HEMA in goede conditie en in de handen van sterke mensen achterlaat. Ik ben ook verheugd en trots dat ik HEMA kan toevertrouwen aan het nieuwe leiderschap.

Aandeelhouder Lion Capital over het vertrek van Ronald van Zetten: 'Wij willen graag van deze gelegenheid gebruikmaken om Ronald te bedanken voor zijn buitengewone bijdrage aan de ontwikkeling van HEMA. Wij waarderen vooral zijn visie in het leiden van HEMA naar internationale expansie, de vele succesvolle concepten die hij heeft ontwikkeld en de vele producten die hij heeft toegevoegd aan HEMA's aanbod. Wij danken Ronald voor zijn leiderschap gedurende deze moeilijke periode en voor het leggen van de fundamenten voor toekomstige groei.'

18

De slagers en de geest

Het nieuwe tijdperk begint op dinsdagochtend 14 april 2015. Daar staan ze te glimmen in het Atrium: Tjeerd Jegen, de nieuwe HEMA-directeur, en daarnaast Andrew Jennings, de nieuwe president-commissaris. Alle werknemers die het Atrium binnenlopen krijgen een hand: eerst van Jegen, dan van Jennings. De Brit draagt een duur donkerblauw pak met een roze das, Jegen een iets minder duur pak met een das in oranje en grijs. Dit zijn de mannen die het vanaf nu gaan doen. Door het glazen dak schijnt de zon uitbundig naar binnen; het is de eerste echt mooie dag van het jaar.

Zowel Jegen als Jennings blijkt een praatje te houden. Allebei introduceren ze zichzelf, ze vertellen kort wat ze hiervoor in hun carrière allemaal hebben gedaan, en ze vertellen dat ze ernaar uitkijken om voor HEMA aan de slag te gaan. Het hele Atrium staat vol: tussen de zuilen met plaatjes van rookworsten en kinderschoenen staan een paar honderd mensen te luisteren. Veel mensen staan er met gemengde gevoelens. Een deel van de mensen snapt dat er wel iets moest gebeuren, dat het onder Ronald van Zetten niet beter ging. Hij luisterde niet echt meer naar ze, kwam met het ene na het andere plan, leek in paniek te raken toen het maar niet beter werd. Maar hij was ondanks alles wel de leider met wie ze zich verbonden voelden, hun Mister HEMA. Hij was wel hún vervelende baas.

De meesten zeggen het niet hardop, maar dat Van Zetten zo plotseling en roemloos is vertrokken, doet toch pijn. Iedereen weet ook dat hij degene was die de Britse eigenaar altijd op afstand hield. Dat de keurige heer Andrew Jennings zichzelf nu in het Engels voorstelt als de nieuwe *chairman*, zien veel aanwezigen als een teken dat vanaf nu alles wel eens heel anders zou kunnen worden. Daar zijn ze minder blij mee.

Van de nieuwe directeur Tjeerd Jegen heeft vrijwel niemand eerder gehoord. Dat is niet zo gek, want de op dat moment 43-jarige Schiedammer heeft meer dan vijftien jaar in het buitenland gewerkt. Op het eerste gezicht heeft hij zich vanuit het niets terug naar Nederland laten katapulteren om de nieuwe baas te worden bij HEMA. Jegen is na zijn studie bedrijfskunde in Rotterdam bij Ahold gaan werken, waar hij zich onder meer bezighield met de uitbreiding van het supermarktconcern naar Tsjechië, Slowakije en Polen. Voor het Britse supermarktbedrijf Tesco werkte hij vervolgens in Thailand en Maleisië. In de zomer van 2011 is hij met zijn vrouw en twee kinderen naar Australië verhuisd, waar hij directeur supermarkten werd bij detailhandelsconcern Woolworths, het grootste van het land (niet te verwarren met het vroegere Amerikaanse F.W. Woolworth's, of het Zuid-Afrikaanse Woolworths-concern). In die positie zat hij niet in de raad van bestuur, wel was hij verantwoordelijk voor een onderneming met een jaaromzet van meer dan 46 miljard Australische dollar (ongeveer 35 miljard euro).[1]

Naar eigen zeggen was Jegen in Australië helemaal op zijn plek. In de weekenden ging hij uit vissen of stond hij achter de barbecue wat vlees te roosteren. Hij hield van de Australische wijnen.[2] Als supermarktbaas introduceerde hij het programma 'Cheap Cheap', waarbij Woolworths de prijzen van de meest gekochte producten fors omlaag gooide: brood, bananen, kipfilet. Op die manier probeerde hij een prijzenoorlog met de belangrijkste concurrenten Aldi en Coles te winnen. Dat lukte niet; volgens analisten omdat andere producten van Woolworths juist te duur bleven. 'Tegen kerst 2014 stortte de hele boel in elkaar,' concludeerde de Australische analist James Greenhalgh. De resultaten van Woolworths bleven achter bij die van de concurrentie, Jegens positie kwam ernstig onder druk te staan. De benoeming van 'outsider' Jegen in zo'n sleutelrol was volgens de analist 'een fout'.[3]

Op 27 februari 2015 bracht de Woolworths-directie de 'zwakke' resultaten naar buiten. Het Cheap Cheap-programma was volgens hen 'niet zo succesvol geworden als verwacht'. De bedrijfstop kondigde aan dat ingrijpen in de supermarktdivisie noodzakelijk was, 'om marktleider te blijven en het verkoopmomentum te herstellen'.[4] Tjeerd Jegen had de avond ervoor zelf al zijn vertrek bekendgemaakt. Via Instagram, zijn favoriete sociale medium. 'Na vijftien jaar te hebben doorgebracht buiten mijn thuisland Holland, keer ik met mijn familie terug naar Europa,' schreef Jegen. 'Woolies is de afgelopen drie jaar een fantastische reis geweest. [...] Mijn familie heeft heel erg genoten van het leven in Australië en we nemen geweldige herinneringen met ons mee.'

Jegen liet in het midden wat hij in Europa precies ging doen. Maar het heeft er alle schijn van dat hij al de perfecte uitweg uit zijn precaire situatie had gevonden. Hij wist namelijk dat hij de nieuwe baas zou worden bij HEMA – ruim voordat zijn voorganger Van Zetten dat wist, trouwens. Een columnist van de gezaghebbende zakenkrant *Australian Financial Review* wist op de dag van zijn vertrek al te melden dat Jegen met een aantal headhunters uit Europa had gesproken: 'Er wordt aangenomen dat zij op zoek zijn naar een *chief executive* voor een grote Europese retailer'.[5] Het dienstverband van Jegen bij Woolworths eindigde officieel ook pas op 12 april; vanaf 13 april zou hij bij HEMA in dienst treden.

De nieuwe president-commissaris Andrew Jennings zegt later tegen verschillende insiders dat hij Jegen zelf in Australië heeft opgevist. Jennings is een bekend gezicht in de zakenwereld down-under; hij is adviseur van de raad van bestuur van Myer, een van de grootste warenhuisketens in het land. Bovendien woont zijn dochter er.

De lange, gesoigneerde Brit die op de eerste dag van het nieuwe tijdperk naast Tjeerd Jegen in het Atrium staat, zegt de meeste

HEMA-mensen ook weinig. De 66-jarige Andrew Jennings komt officieel niet in de HEMA-directie te zitten. Wat zijn rol wel precies zal worden, is de meesten niet helemaal duidelijk. Tijdens de presentatie wekt hij de indruk de meerdere van Jegen te zijn, het lijkt alsof de Nederlander op hem leunt. Hij oogt als een soort éminence grise, maar dan zonder haar.

Alleen een klein groepje insiders weet dat Jennings niet naar HEMA is gekomen om, zoals zijn voorganger Robert Darwent, vier keer per jaar de laatste stand van zaken aan te horen. Deze insiders hebben hem in de maanden hiervoor zien aanschuiven in directiemeetings, op het moment dat hij officieel nog geen enkele functie had. Ze hebben hem zien discussiëren met Ronald van Zetten – dat waren clashes waarbij onomstotelijk duidelijk werd dat de tijd waarin Van Zetten goeddeels zijn gang kon gaan, voorbij was. Lyndon Lea heeft hem niet voor niets naar Amsterdam gestuurd.

Binnen het hoofdkantoor maakt Jennings er geen geheim van wat zijn nieuwe rol is. Hij is naar Amsterdam-Noord gekomen om het beleid te gaan bepalen, zegt hij. Tjeerd Jegen is niet meer dan een uithangbord, handig voor het contact met het Nederlandse personeel en de media. In een bijeenkomst met senior managers claimt Jennings eens dat Jegen zijn loopjongen is: 'Ik heb iemand gezocht die zou doen wat ik zeg.' Zelf hoeft Jennings niet meer zo nodig op de voorgrond te treden: hij is in een fase van zijn carrière beland waarin hij liever wat meer op de achtergrond opereert.

In zijn lange carrière is Jennings (geboren in 1948) directeur geweest bij bekende warenhuizen van over de hele wereld. Naar eigen zeggen is hij een geboren ondernemer: als kind kweekte hij al zijn eigen groenten om ze te verkopen. Op zijn achttiende ging hij bij het warenhuisconcern Debenhams in Londen werken en na een paar jaar vertrok hij naar Zuid-Afrika, waar hij manager werd van de winkelketen Greatermans uit Johannesburg. Greatermans hield zich strikt aan de wetten voor rassenscheiding onder de apartheid. Jennings maakte zich daar niet druk om. 'Ik vond het geweldig. Het bedrijf had een moderne manier van denken,' zou hij later zeggen.[6]

Begin jaren negentig keerde Jennings terug naar Londen, waar hij manager werd van het chique warenhuis Harrods. Daarna werd hij directeur bij House of Fraser (Engeland), Brown Thomas (Ierland), Holt Renfrew (Canada), Saks Fifth Avenue (VS), Woolworths (Zuid-Afrika) en Karstadt (Duitsland). Vaak waren het bedrijven met een omzet die vele malen groter was dan die van HEMA nu. Jennings ontpopte zich als een leider die zich graag van een aantal stokpaardjes bedient: 'Het kerkhof van de retail is gevuld met merken die ooit relevant waren,' zegt hij dan. Een man van pakkende soundbites, zeggen kennissen. Een man die snapt dat in de detailhandel alles draait om het realiseren van gunstige verkoopmarges. In de Britse pers werd hij eens liefkozend de '*Mick Jagger of Margins*' genoemd.

Jennings is ook een man met een grote liefde voor Italië, het modeland bij uitstek. In 1986 begon Jennings in Zuid-Afrika al met het importeren van Italiaanse kleding, in een periode waarin veel Westerse landen het land boycotten vanwege de apartheid. In 2001 organiseerde hij bij het Canadese Holt Renfrew de campagne 'Viva Italia', waarmee de import van Italiaanse producten in Canada een forse impuls kreeg. Bij Saks Fifth Avenue deed hij dat met de campagne 'Wild About Cashmere' later nog eens dunnetjes over. De Italiaanse regering was hem daar zo dankbaar voor dat president Carlo Azeglio Ciampi hem in 2005 benoemde tot Grootofficier in de Orde van Verdienste van de Republiek Italië.[7] Dat is drie treden hoger dan prinses Beatrix, die in Italië slechts als ridder door het leven gaat.

Nadat eind 2013 zijn contract bij Karstadt afliep, kondigde Jennings het einde van zijn carrière als topman aan. Hij verhuisde terug naar Londen, zei hij. 'Op het moment dat ik in december in Duitsland mijn zakelijke carrière afsluit, begin ik aan een nieuw hoofdstuk, met een portefeuille van verschillende bestuurlijke, private-equity en adviesrollen.'[8] Allereerst werd hij in februari 2014 adviseur van het Australische Myer-concern, waar de bestuursvoorzitter hem juichend binnenhaalde. Met Jennings kreeg de Myer-directie volgens de topman toegang tot veertig jaar aan internationale retailervaring, alsmede 'een wereldwijd perspectief op innovatie en merken'.

Bij HEMA wordt van hem hetzelfde verwacht; in elk geval door zijn opdrachtgevers in Londen. Jennings is twee à drie dagen in de week aanwezig op het hoofdkantoor. En hij is niet de enige die door Lion Capital naar Amsterdam-Noord is gestuurd om orde op zaken te stellen. In zijn kielzog komt in het voorjaar van 2015 ook Tim Isaacs het bedrijf binnen. Op papier is Isaacs de nieuwe financieel directeur, als opvolger van Ad Walter die kort na Van Zetten is opgestapt. In werkelijkheid is Isaacs meer een soort bedrijvendokter. Lion Capital heeft hem de opdracht gegeven om in zes maanden tijd het hele bedrijf overhoop te gooien, in ruil voor een vergoeding van 2,5 miljoen euro (door HEMA te betalen).

Isaacs werkte na zijn studie economie als accountant bij Arthur Andersen en werkte jaren als zakenbankier voor Merrill Lynch. Sinds 2006 werkt hij voor verschillende private-equitybedrijven die in Londen kantoor houden. Als een van de bedrijven in hun portefeuille het niet goed doet, halen ze Isaacs binnen om de boel terug op de rails te brengen. Vanwege zijn nietsontziende snijwerk in organisaties wordt hij wel eens 'The Butcher' genoemd, de slager. Grote clubs als Carlyle en Bain Capital maken van zijn diensten gebruik, en nu Lion dus ook.

Een slachtpartij wordt het zeker. Allereerst gaan, al dan niet vrijwillig, binnen een aantal maanden alle directieleden eruit die door Lion Capital worden gezien als onderdeel van 'team-Ronald van Zetten'. Commercieel directeur Heesen, financieel directeur Walter, logistiek directeur Alex Jonker: alle drie vertrekken ze niet lang na de Britse invasie. Alleen verkoopdirecteur Paul Havinga en hr-directeur Gwen Melcherts blijven zitten; zij zijn nog maar een paar maanden in dienst. Heesen wordt opgevolgd door de Brit Trevor Perren, een vertrouweling van Andrew Jennings. Bij Woolworths in Zuid-Afrika werkten ze jaren samen. De andere nieuwelingen in de directie zijn Adriana Hoppenbrouwer (marketing) en Mischa Simons (inkoop hardwaren).

Daarnaast beginnen de Britten aan een operatie om fors in de kosten te snijden. Directieleden moeten zich elke twee weken aan het bureau van Isaacs melden om hun uitgaven te verantwoorden. Elke grote uitgave moet vooraf door Isaacs worden goedgekeurd. Er komt ook een groot besparingsplan voor de winkels. De directie zet voor alle Nederlandse filialen de uitgaven aan onder andere elektriciteit, schoonmaak en klein onderhoud op een rij. De nieuwe norm wordt het gemiddelde van die uitgaven voor alle winkels. Elk filiaal dat boven het gemiddelde zit, moet gaan besparen. Dat levert een besparing van miljoenen euro's op. Maar zodra het plan klaar is, stelt Isaacs de norm meteen iets scherper: HEMA bespaart nog véél meer als alle filialen zich moeten spiegelen aan de tien procent meest efficiënte filialen.

Deze norm blijkt iets te ambitieus. Werknemers blijken eigenhandig problemen met elektra te gaan oplossen, of grote raampartijen te gaan lappen, om maar kosten te helpen besparen. Dat wordt te gevaarlijk en de norm wordt weer versoepeld.

Zonder het als een officiële reorganisatie aan te kondigen, snijdt de nieuwe directie bovendien opnieuw flink in de loonkosten. Die moeten van Isaacs binnen twee jaar worden teruggebracht van bijna 17 naar 14,5 procent van de omzet. Stilletjes gaan er in 2015 bijna vierhonderd Nederlandse medewerkers uit, blijkt uit het jaarverslag, vrijwel allemaal parttimers zonder vast contract.[9]

Om het probleem met de uitpuilende voorraden op te lossen, krijgt de nieuwe directie wél toestemming van Lion om te gaan afschrijven. Op twintig plekken in het land opent HEMA speciale outletwinkels. Tijdelijke filialen, waar onder de naam 'HEMARKT' artikelen uit de oude voorraad te koop zijn, tegen tientallen procenten korting. Deze outlets worden een succes. In een jaar slinkt de overtollige voorraad fors. HEMA schrijft er bijna 13 miljoen euro op af.

Bij de nieuwe bedrijfsleiding ligt nog een vraagstuk op tafel dat extra inkomsten kan opleveren: de mogelijke verkoop van winkelpanden op de meest populaire locaties. Lion Capital ziet dat als een manier om snel wat extra geld uit HEMA te halen. In populaire winkelstraten als de Nieuwendijk en Kalverstraat in Amsterdam en het Beursplein in Rotterdam beschikt HEMA over huurcontracten die nog ruim tien jaar lopen. De huurprijzen die HEMA betaalt zijn over het algemeen lager dan de huidige marktwaarde. Een andere huurder zou er dus geld voor over kunnen hebben om die contracten over te nemen. Over het HEMA-filiaal aan de Nieuwendijk wordt met een aantal kandidaten serieus onderhandeld. Bedrijven als H&M, ZARA en Roland Kahns CoolCat blijken bereid om rond de 3 miljoen euro te betalen om het huurcontract over te nemen. Alleen is er dan één probleem: de HEMA verdwijnt. Verschillende directieleden dringen er daarom op aan die stap alleen te zetten wanneer er een ander pand in de buurt voor in de plaats komt. Anders komt het erop neer dan Lion het bedrijf begint te strippen, in ruil voor een paar miljoen euro extra cash.

Uiteindelijk gaat het doorverkopen van de huurcontracten niet door, ook omdat de ondernemingsraad zich er stevig tegen uitspreekt. Maar dat de dingen bij HEMA meer dan ooit gaan zoals eigenaar Lion dat wil, lijdt geen twijfel. Isaacs en Jennings beginnen veel gesprekken met: 'Ik heb het met Lion overlegd, en zo gaan we het doen: ...' Ook de consultants van bureau Boxwood die nu op het hoofdkantoor rondlopen, verklaren hardop dat ze hun bevindingen direct aan Londen rapporteren. 'Lion was volledig *in control*,' zullen verschillende betrokkenen daar later over zeggen.

Aan de top leidt het meteen tot een geheel nieuwe bedrijfscultuur. Op het hoofdkantoor is de voertaal voortaan Engels. Nederlandse journalisten die per mail vragen aan de directie stellen, krijgen alleen nog in het Engels antwoord. 'We zijn tenslotte een internationaal bedrijf,' zegt de afdeling persvoorlichting dan. De citaten die de journalisten gebruiken, mogen ze in hun krant of tijdschrift zelf eerst terugvertalen naar het Nederlands.

Tegelijk met het in de kosten snijden maken de slagers zelf enorme kosten. President-commissaris Andrew Jennings overnacht in Amsterdam altijd in hotel De L'Europe, het vijfsterrenhotel waarvan het restaurant over een Michelinster beschikt. Bij buitenlandse trips laat hij zijn assistente vooraf naar zijn hotel bellen, om zeker te stellen dat hij niet in een kamer slaapt, maar in een suite. Daarin dient bovendien een kingsize bed te staan. Alles op kosten van

HEMA. Jennings heeft bedongen dat hij niet, zoals eerdere commissarissen, 40.000 euro per jaar krijgt plus een reiskostenvergoeding; hij krijgt een jaarlijkse vergoeding van rond de 350.000 euro plus vergoeding van al zijn uitgaven.[10]

Op het hoofdkantoor vragen sommigen zich daarom af hoeveel gevoel Jennings, die voornamelijk bij luxe warenhuizen werkte, eigenlijk voor HEMA heeft. Op het hoofdkantoor stuurt hij zijn secretaresse met enige regelmaat op pad om verse muntthee te gaan kopen. HEMA verkoopt zelf muntthee, maar Jennings houdt niet zo van thee uit zakjes. Tijdens een van zijn eerste winkelbezoeken vraagt hij een medewerker waarom er in het filiaal niemand bij de ingang staat om de gasten te begroeten. De medewerker moet hem uitleggen dat ze al een tijdje proberen om de kosten te drukken, en dat HEMA bovendien nooit zo'n soort warenhuis is geweest.

Het zwaartepunt van de beleidsvorming ligt ook steeds vaker niet op het hoofdkantoor, maar in hotel De L'Europe. Daar houdt Jennings ontbijtsessies met zijn voornamelijk Britse vertrouwelingen: Isaacs en Perren, later ook de directieleden Adrian Porteous en Richard Flint. Informeel worden in de brasserie van De L'Europe vaak de grote lijnen uitgezet.

De nieuwe HEMA-directeur Tjeerd Jegen is bij die ontbijtsessies lang niet altijd aanwezig. Jegen is op papier de hoogst verantwoordelijke, de man die HEMA weer op koers moet brengen, maar zijn speelruimte is zeer beperkt. Anders dan Ronald van Zetten legt Jegen zich daar vanaf dag één bij neer. Hij weet waar hij aan begonnen is.

Op zijn eigen manier probeert Jegen wel zijn stempel te drukken. Hij verzamelt alle klachten die medewerkers en klanten over HEMA hebben en schrijft ze op gele post-its, die hij in zijn werkkamer ophangt. Al snel hangt zijn werkplek vol problemen: van de kwaliteit van de panty's tot de rommeligheid van de winkels. Hij schaft de aparte directievleugel op de derde verdieping af, waar eerder alleen een klein clubje mensen met een speciaal pasje naar binnen kon. De directieleden komen gewoon tussen de andere medewerkers te zitten. Op de derde verdieping zetelt voortaan de klantenservice, als symbool van het feit dat HEMA voortaan beter naar haar klanten zal luisteren.

Jegen doopt het hoofdkantoor om in '*support office*', om te benadrukken dat niet het hoofdkantoor, maar de winkels de kern van HEMA vormen. Het hoofdkantoor is er slechts ter ondersteuning. Al het personeel, ook op het hoofdkantoor en in de directie, krijgt een button met daarop zijn of haar voornaam en daarboven de tekst: 'Ik help u graag.' Met hulp van een extern projectbureau laat Jegen zes kernwaarden opstellen, die in grote witte letters op de muren van het Atrium komen te hangen. Zowel in het Nederlands als in het Engels, uiteraard:

- klant op nummer 1, *our customer first*;
- we winnen samen, *we win together*;
- we houden het eenvoudig, *we keep things simple*;
- afspraak is afspraak, *we do what we say*;
- kwaliteit in alles wat we doen, *quality in everything we do*;
- elke cent telt, *every penny counts*.

De acties van Jegen zijn voor een belangrijk deel symbolische ingrepen die nauwelijks iets kosten, maar ze zijn niet onnodig. Onder Ronald van Zetten was een kloof ontstaan tussen de directie en de rest van het bedrijf. Alsof alleen de directie wist wat goed was voor HEMA. De vernieuwingen van Jegen herinneren iedereen eraan, als een soort wake-upcall, waar het bij HEMA ook alweer om draait.

Jegen weet ook naar de buitenwereld te laten zien dat er bij HEMA een frisse wind waait. Via Instagram toont hij foto's van zichzelf tijdens tientallen winkelbezoeken, van een wielertocht in HEMA-tenue, van een bezoek aan de HEMA-campingwinkel tijdens Lowlands en van zijn eerste zelf gesmeerde sandwich in de lunchroom in Groningen (rucola, mozzarella, tomaat en pesto). In interviews neemt hij stevig afstand van het beleid van zijn voorganger. Tegen *de Volkskrant* zegt hij in Londen dat 'de basis niet goed op orde' was: 'De winkels moeten logischer worden,' aldus Jegen. 'In Nederland heb je bijvoorbeeld een handdoekenwand, waar alle handdoeken hangen; die voor het strand, voor in de keuken, de badkamer. Hier in Londen, maar ook in Frankrijk en Spanje, hangen de badkamerhanddoeken naast het prullenbakje voor in de badkamer, en naast de tandpastahouder en de tandpasta. We denken hier veel meer vanuit klantoplossingen. We moeten in Nederland af van die supermarktindeling, waar je uren kwijt bent aan zoeken.'[11]

Tegen het *Algemeen Dagblad* zegt hij dat hij geschrokken is van de 'pakhuizen vol' onverkochte voorraden. 'We zijn nog zeker twee jaar bezig om alles uit te verkopen.' Over de webwinkel, waarbij klanten taarten en foto's apart moeten bestellen, en het soms enkele dagen duurt voordat een pakket er is, zegt Jegen: 'Daar schaam ik me diep voor.' Bovendien moet de internationale uitbreiding volgens hem veel harder gaan. Vooral in Frankrijk kunnen er volgens hem 'honderden' filialen bij. 'Omdat elke nieuwe winkel bijdraagt aan het financiële resultaat. Op een derde van het oppervlak halen we daar met een derde van het assortiment een beter rendement dan in een gemiddelde Nederlandse winkel.'[12]

Af en toe heeft hij vreemde onhandigheden. Zo suggereert hij in het AD dat het Jip en Janneke-assortiment zijn beste tijd gehad heeft, waarna het land in rep en roer is en zijn woordvoerder nog dezelfde dag in verschillende kranten moet verklaren dat HEMA 'nog steeds superblij' is met het duo. Er komen alleen misschien een paar andere kinderhelden bij. In NRC *Handelsblad* zegt hij, de baas van veruit de grootste bakkerij van Nederland, dat hij geen tompoezen eet. 'Suiker is een killer.'[13]

Maar binnen het hoofdkantoor, dat nu support office heet, vinden veel mensen die foutjes niet het grootste probleem. Ze vragen zich vooral af in hoeverre Jegen eigenlijk de touwtjes in handen heeft. Tijdens discussies zegt Jegen vaak dat hij het betreffende onderwerp 'eerst met Andrew gaat bespreken'. Bij een directievergadering in de zomer van 2015 zegt Jennings dat HEMA nu met een horizon van twee à drie jaar werkt: binnen die periode wil Lion Capital de resultaten hebben verbeterd en een nieuwe poging doen om het bedrijf te verkopen.

'Nou, drie of vier jaar kan ook,' zegt Jegen daarop ter geruststelling tegen zijn collega's. Waarop Jennings ineens ijzig kalm antwoordt: 'Nee, Tjeerd, je hebt twee jaar de tijd.'

Binnen het support office krijgt Jegen de bijnaam '*The Ghost*', de geest. Omdat hij wel regelmatig praatjes houdt in het Atrium en af en toe een winkel bezoekt, maar verder in feite onzichtbaar is. De meest gehaaide managers, de types die zich bij de baas willen inlikken, gaan koffiedrinken met Andrew Jennings, niet met Tjeerd Jegen.

Twee directieleden besluiten daarom in de zomer van 2015 onafhankelijk van elkaar om Jegen te waarschuwen. Intern denkt een groot aantal mensen dat hij een marionet is van Lion Capital. Maar belangrijker dan dat: als statutair directeur is hij wel juridisch aansprakelijk voor alles wat er bij HEMA gebeurt. Volgens deze collega's moet hij opletten: als de Britten met hun acties het bedrijf beschadigen, is hij ervoor verantwoordelijk. Hij moet niet te veel over zich heen laten lopen door Andrew Jennings en Tim Isaacs.

Van de twijfels die er intern over hem bestaan, is weinig te merken als Jegen op donderdag 21 april 2016 na zijn eerste volledige jaar als topman de jaarcijfers presenteert. Voor de gelegenheid zijn de veelal Nederlandse journalisten uitgenodigd om naar het Opera Ambassador Hotel in Parijs te komen, om daar in een zaaltje vol tierelantijnen de nieuwste resultaten te ontvangen. Naast Jegen op het podium zit Ivo Vliegen, de nieuwe Belgische financieel directeur; hij heeft het stokje in november overgenomen van Isaacs, die na zes maanden klaar was met zijn beulswerk.

De eerste tekenen van herstel die Ronald van Zetten en zijn team begin 2015 meenden te zien, blijken zich de rest van het jaar te hebben voortgezet. De omzet is in 2015 eindelijk weer gestegen, met 5,8 procent, naar 1,14 miljard euro in totaal. Vooral in de Nederlandse winkels zijn de verkopen weer aangetrokken. De outletwinkels zijn een succes geworden, operatie Make-Over werpt zijn vruchten af. De economische crisis lijkt bovendien eindelijk voorbij. De Nederlandse economie is met bijna twee procent gegroeid en het consumentenvertrouwen is sinds maart 2015 weer positief. HEMA noteert nog altijd een nettoverlies van 72,5 miljoen euro, maar dat wordt slechts veroorzaakt door de ruim 51 miljoen euro rentelasten op de obligaties en een aantal eenmalige afschrijvingen.

Jegen is verheugd over de resultaten, zegt hij. 'We liggen op koers met onze plannen.' Na de presentatie van de jaarcijfers loopt hij met alle genodigden trots een rondje door de gloednieuwe HEMA aan de Rue de Rivoli, een paar weken eerder geopend en volgens hem het filiaal met 'waarschijnlijk het mooiste uitzicht van al onze winkels'. Voor de deur staan de lentebloesems in bloei, het uitzicht op de Parijse straten is vanuit de winkel inderdaad prachtig. Het is 'de HEMA-winkel van de toekomst', zegt Jegen tegen een journalist van *De Telegraaf*. Veel beter dan de huidige Nederlandse zaken, vindt hij. 'De winkel is helderder, frisser en overzichtelijker. Producten staan niet kriskras door elkaar. In Nederland en Frankrijk is tachtig procent van de klanten vrouw. Als een vrouw kleding zoekt in een Nederlandse winkel, moet ze overal kijken: bij panty's, bij lingerie, bij truitjes. Hier staat alles bij elkaar, zodat je een overzichtelijk geheel krijgt en geïnspireerd raakt om iets te kopen.'[14]

Wat hij maar wil zeggen: ook de Nederlandse filialen zullen over enige tijd worden omgebouwd naar het internationale concept. Geen winkels meer met schappen en bakken vol spullen, maar 'werelden': alles voor de badkamer in de ene hoek, alles voor kantoor in de andere hoek, kinderkleding en dameskleding duidelijker gescheiden. Minder volgepropte winkels. Het klinkt misschien als een minieme aanpassing, maar volgens Jegen wordt het 'een revolutie voor de klant'. In de loop van 2016 zullen om te beginnen vijf winkels als *pilot stores* worden omgebouwd. Als de nieuwe inrichting een succes blijkt, zal daarna ook de rest van alle filialen in Nederland worden omgebouwd.

Het is de tweede ingreep van Jegen die zichtbaar zal worden voor de klanten: een maand voor het winkelbezoek in Parijs heeft hij bekendgemaakt dat de oude slogan 'Echt HEMA' weer terugkeert in de reclamecampagnes. 'HEMA maakt gewoon bijzonder' bleek niet aan te slaan en veel mensen klaagden erover dat ze de vertrouwde slogan misten.

Jegen verzwijgt in Parijs wel dat hij in zijn eerste volledige jaar tegen een aantal zeer bekende problemen aan is gelopen. Hij mag dan de Nederlandse winkels willen aanpakken, veel sneller willen gaan in het buitenland en zich schamen voor de webwinkel, het budget om al die dingen tegelijk aan te pakken is er helemaal niet. Lion Capital steekt er nog steeds geen cent in en de rentelasten zijn nog steeds enorm, dus alle vernieuwingen moet Jegen doen uit het kleine investeringsbudget dat er is. Om precies te zijn is het 28,4 miljoen euro.[15] 'Daar konden we buiten Nederland vijftien winkels mee openen, investeren in ICT, en bestaande winkels verbeteren,' moet Jegen later in een interview met het blad *Management Scope* erkennen. 'Door onze financiële structuur, die hoge rentelasten met zich meebrengt, voelt het alsof we groeien met de handrem erop.'[16]

En hij heeft nog een probleem: de ruzie met de franchisers sleept zich nog steeds voort. In december 2015 heeft Jegen samen met het bestuur van de franchisevereniging VAB vol trots een akkoord naar buiten gebracht. HEMA zou 23,2 miljoen euro aan de franchisers overmaken, daarmee waren alle claims over en weer eindelijk van tafel. Lion Capital had toch ingezien dat hun eerdere stelling, dat er geen cent naar de franchisers mocht gaan, niet houdbaar was. 'De grootse ambities van HEMA worden niet langer overschaduwd door discussies uit het verleden,' juichte Jegen bij de bekendmaking van de deal.[17]

Maar in werkelijkheid bleek het een overeenkomst die minder lang standhield dan de meeste vredesakkoorden in het Midden-Oosten. In januari 2016 zaten het VAB-bestuur en de HEMA-directie alweer tegenover elkaar, geflankeerd door een batterij advocaten, omdat in de schikking nog geen overeenstemming was bereikt over de precieze vergoeding aan de franchisenemers voor de inkomsten via e-commerce. Tijdens een tweetal presentaties bleek dat de verwachtingen van de twee partijen miljoenen uiteen lagen, waarna de HEMA-directie en de VAB elkaar ervan beschuldigden dat ze terugkwamen op hun eerdere afspraak. Een briefwisseling die daarop volgde, maakte de sfeer alleen maar grimmiger. De partijen zijn weer terug bij af. Een paar dagen voor de feestelijke bekendmaking van de jaarcijfers in Parijs heeft het bestuur van de VAB per brief een nieuwe rechtszaak aangekondigd.

Vanaf de buitenkant gezien past hotel-restaurant Merlet, gelegen in de duinen bij Schoorl, uitstekend bij HEMA. Het is een no-nonsense gebouw van rood baksteen en grijze dakpannen. Er hadden zo vier rode letters boven de ingang gekund. Van binnen is het wat chic en de keuken is culinair van zeer hoog niveau; hij zal niet veel later een Michelinster krijgen. Rookworsten staan er niet op de menukaart.

Het is in elk geval een goede plek voor een directie-uitje. Als de voltallige directie op een ochtend in september 2016 aanschuift voor de vergadering, is de sfeer prima. De avond ervoor hebben de acht directieleden een gezamenlijke kookworkshop gevolgd, en die ochtend zijn ze om halfzeven opgestaan voor wat lichamelijke beweging op het nabijgelegen klimduin. De Belgische financiële man Ivo Vliegen, de Nederlanders Tjeerd Jegen, Paul Havinga (directeur verkoop), Mischa Simons (inkoop hardwaren en food), Adriana Hoppenbrouwer (marketing) en Mariëlle de Macker (hr) en de Britten Trevor Perren (inkoop mode) en Richard Flint (internationaal): de onderlinge sfeer in de HEMA-directie is wel eens slechter geweest.

Precies een jaar eerder was de directie hier ook. Dat was vlak na het vertrek van Ronald van Zetten en zijn vertrouwelingen, toen was het nog zoeken naar hoe het verder moest onder de nieuwe leiding. Nu hebben de directieleden zich uitgebreid voorbereid. Iedereen heeft een investeringsplan opgesteld voor zijn of haar afdeling, voor het jaar 2017. Lion Capital heeft eerder in het jaar aan de directieleden verteld dat er een groter budget onderweg is. Zonder extra geld lukt het nooit om HEMA weer goed op de rails te krijgen, die conclusie hebben ze in Londen eindelijk ook getrokken. De mannen van Lion steken zelf opnieuw geen extra geld in HEMA, maar hebben een specialist van Citigroup ingehuurd om vers kapitaal te zoeken. Het liefst in de vorm van nieuwe obligaties. Het investeringsbudget voor het nieuwe jaar hangt mede af van deze zoektocht.

Maar zodra financieel directeur Ivo Vliegen het woord neemt, zien de directieleden dat er geen goed nieuws aan komt. 'Het is niet goed gekomen,' zegt Vliegen in zijn Engels met Vlaamse tongval. Het verwachte nieuwe kapitaal blijkt niet gekomen. 'Er is alleen geld voor de investeringen die absoluut noodzakelijk zijn,' zegt Vliegen. De buitenlandse expansie, bijvoorbeeld, kan de komende tijd niet sneller dan met tien tot vijftien winkels per jaar. Richard Flint, pas een paar weken eerder binnengekomen als speciale directeur voor de internationale expansie, schrikt daarvan. Een nieuwe webwinkel bouwen met een rimpelloos bestelsysteem en thuisbezorging binnen een dag, zoals Tjeerd Jegen in allerlei interviews heeft aangekondigd, zit er voorlopig niet in. De Nederlandse winkels ombouwen naar het internationale concept en kleine stapjes blijven zetten in het buitenland, meer zit er voorlopig niet in.

Maar dat is niet erg, zegt Vliegen, want dat betekent dat ze zich nu op een ander plan gaan richten. Vanaf deze ochtend in Schoorl gaan ze er alles aan doen om HEMA een andere eigenaar te bezorgen. En wel binnen twee jaar tijd. Vliegen en Jegen weten ook al hoe dat moet gebeuren: ze gaan het bedrijf met zijn allen in één jaar verkoopklaar maken, en daarna met HEMA de financiële markt op. Net als in 2007, toen Lion het bedrijf net had overgenomen, gaat alles weer draaien om het opkrikken van de EBITDA, het bedrijfsresultaat waarop potentiële kopers hun biedingen baseren. Op dit moment ligt de EBITDA iets boven de 100 miljoen euro, in twee jaar moet dit cijfer omhoog naar 154 miljoen euro, zegt Vliegen. Als een koper dan bereid is om acht keer het bedrijfsresultaat te betalen, kan HEMA voor 1,2 miljard euro in handen komen van een nieuwe eigenaar.

Dat is de doelstelling die Jegen en Vliegen voorafgaand aan de meeting in Schoorl uit Londen hebben doorgekregen. Verkopen, voor 1,2 miljard euro, uiterlijk in 2018.

In de praktijk betekent dit dat ze drie dingen zullen doen. Investeringen die pas vanaf 2019 rendement zullen opleveren, doen ze zeker niet meer – Vliegen zegt het er voor de zekerheid maar even bij. Ze zullen nog een klein aantal winkels openen in nieuwe landen, maar dat is vooral om het internationale karakter van het HEMA-merk te benadrukken.

Daarnaast moeten ze zo snel mogelijk de marges gaan verhogen. Zowel de kosten omlaagbrengen door goedkoper in te kopen, als de prijzen verhogen. Klanten gaan dan wel meer geld betalen voor artikelen van mindere kwaliteit, maar dat is nu even niet hun probleem.

Voorafgaand aan de bijeenkomst in Schoorl leek de verkoop voor de meeste directieleden nog een stip aan de horizon. Nu is dat ineens het enige doel. Het is zover: ze gaan HEMA verkopen. En nu echt.

19

Een tompoes met een panda

In zekere zin staat HEMA sinds de overname door Lion in 2007 altijd te koop. Dat is hoe het spel van private equity werkt: als er een geïnteresseerde koper met een mooie zak geld langskomt, dan is het bedrijf verkocht. Maar sinds de bijna-verkoop aan Ahold in 2011 doet zo'n kans zich niet meer voor. Op één keer na.

Het is zaterdag 16 januari 2016, een paar maanden voor het directie-uitje in Schoorl, als HEMA-directeur Tjeerd Jegen en verkoopdirecteur Paul Havinga het Hotel Okura in Amsterdam-Zuid binnenwandelen. Ze zijn vroeg: ze worden om halftwee 's middags verwacht, het is net twaalf uur geweest. Toch blijken ze niet de eersten. In de lobby van het Okura treffen ze Cees van der Hoeven en zijn assistent. Die zitten wat onderuitgezakt op een bankje.

Van der Hoeven, de voormalige bestuursvoorzitter van Ahold, heeft de ontmoeting geregeld. Hij doet veel zaken in het Midden-Oosten en vanuit die regio is een investeerder in beeld gekomen die HEMA misschien wil overnemen. Het gaat om Hasan Abdullah Ismaik uit Jordanië, die volgens het zakenblad *Forbes* tot de honderd rijkste mensen van het Midden-Oosten behoort. Hij is zelfs de eerste Jordaniër die zich miljardair mag noemen, zijn privévermogen wordt geschat op 1,4 miljard dollar. Vanuit zijn hoofdkantoor in Abu Dhabi runt Ismaik een imperium van bouwbedrijven, winkelcentra en andere investeringen. Hij is tevens eigenaar van de Duitse voetbalclub TSV 1860 München.

Ismaik heeft tegen Van der Hoeven gezegd dat hij graag een gesprek wil hebben met de topman van HEMA, om te praten over een overname. Van der Hoeven vond het geen probleem om zo'n gesprek te arrangeren; hij kent Tjeerd Jegen nog uit hun gezamenlijke Ahold-tijd.

Jegen en Havinga hebben begrepen dat ze met een investeerder uit Jordanië gaan praten, maar verder weten ze niet zo goed wat ze van de afspraak moeten verwachten. De directieleden vinden het een wat vreemd verhaal, want wat moet een steenrijke sjeik met de Nederlandse HEMA? Maar ze hebben besloten om maar eens met de man te gaan praten – ook omdat eigenaar Lion dat dringend verzocht heeft, trouwens. Omdat ze niet met lege handen willen aankomen, heeft Tjeerd Jegen vooraf een paar goodiebags gemaakt. In de tasjes zit een usb-stick in de vorm van een roze tompoes, en een zakje chips met rookworstsmaak.

Na een heleboel kopjes koffie in de lobby blijkt Ismaik tegen drieën gereed om zijn bezoek te ontvangen. Jegen, Havinga, Van der Hoeven en diens assistent mogen meekomen naar een suite boven in het vijfsterrenhotel. Als het viertal de suite binnenloopt, blijkt de sjeik aan het hoofd van een lange tafel te zitten. Hij is corpulent en heeft een flinke baard. Hij is gekleed in een spijkerbroek en een coltrui. Om hem heen staat een gevolg van een man of zes, gekleed in tulbanden en lange gewaden. Ismaik gebaart dat de vier Nederlanders aan het andere uiteinde van de tafel mogen gaan zitten.

De Jordaniër blijkt zich al aardig in HEMA te hebben verdiept. Hij heeft gezien dat er behoorlijk wat schulden in het bedrijf zitten. Meer dan 700 miljoen euro aan obligaties, die moeten worden afgelost bij een eventuele verkoop. Maar hij is daar niet zo van onder de indruk, zegt hij. Hij heeft geld zat om er iets aan te doen. Hij wil het Nederlandse bedrijf graag beter leren kennen. Dat is wat hem betreft ook de bedoeling van dit gesprek in het Okura: hij wil de HEMA-directie graag een aantal vragen stellen.

Het kost de Nederlanders wat moeite om meteen te begrijpen wat Ismaik zegt. Zijn Engels is matig en het helpt ook niet dat twee van zijn assistenten tegelijkertijd proberen zijn woorden te verduidelijken.

Een echte presentatie hebben Jegen en Havinga niet voorbereid. Wel leggen ze met alle plezier uit wat ze bij HEMA aan het doen zijn. Hoe ze steeds meer Nederlandse winkels ombouwen naar het Werelden-concept dat in Frankrijk en Duitsland lijkt aan te slaan, waarbij de badhanddoeken naast het badkamerprullenbakje staan. Hoe ze hun bedrijf voorzichtig internationaal uitbreiden. Als de Jordaniër graag wil weten welke producten het populairste zijn, beginnen de directieleden aan een enthousiast verhaal over tompoezen en fietslampjes – het lijkt erop dat de mannen in de gewaden aan de overkant zich daarbij niet echt een voorstelling kunnen maken.

Nadat de directieleden zijn uitgepraat, begint Ismaik aan zijn verhaal. Hij ziet grote kansen voor HEMA in het Midden-Oosten, zegt hij. Hij bezit zelf een aantal winkelcentra. In die winkelcentra, en ook in andere winkelcentra in de regio, is volgens hem grote behoefte aan een keten zoals HEMA. In de hele Golfregio is een overdaad aan westerse luxewinkels te vinden, ook aan goedkope ramsjwinkels is geen enkel gebrek. Maar winkels met een assortiment dat daartussenin zit, met artikelen voor alledag, daar ontbreekt het aan. HEMA zou in zijn regio een gat in de markt kunnen vullen. Hij denkt aan honderdvijftig tot tweehonderd winkels in het hele Midden-Oosten, zegt Ismaik.

Als het gesprek een tijdje bezig is, stapt een van zijn assistenten naar voren. Hij legt een grote rol voor de sjeik op tafel. Daarin blijken sigaren te zitten met de dikte van een stevige boomtak. Ismaik steekt de brand in een van de exemplaren en kijkt de Nederlanders aan de overkant indringend aan.

De directieleden vragen zich af of hij straks blij zal zijn met het zakje rookworstchips.

Na de kennismaking is het tijd om met Ismaik en zijn gevolg een filiaal te bekijken. Jegen en Havinga hebben vooraf twee luxe taxibusjes geregeld, chiquer dan de simpele personenbusjes waarmee ze zelf altijd het land doorkruisen. Het gezelschap gaat naar de HEMA aan het Gelderlandplein, verderop in Amsterdam-Zuid, een ritje van minder dan tien minuten. Maar de gasten blijken niet geheel tevreden met het aangeboden vervoer. Een van de mannen pleegt wat telefoontjes en na een paar minuten komen er twee Maybachs voorrijden, grote zwarte luxeauto's met geblindeerde ramen. Ismaik en zijn gevolg stappen in.

De investeerder uit Jordanië neemt HEMA uiteindelijk niet over. Zijn overnameplan is serieus: hij heeft met behulp van de zakenbank Rothschild een uitgebreid plan van aanpak opgesteld. Hij voert behalve met Jegen begin 2016 ook een gesprek met president-commissaris Andrew Jennings, die veel voelt voor het plan om honderden winkels te openen in Abu Dhabi en omgeving. Ismaik begint daarna aan onderhandelingen met Lion Capital. Vanwege zijn matige Engels vraagt hij Cees van der Hoeven om namens hem deze gesprekken met de Britse eigenaar te voeren. Van der Hoeven onderhandelt in opdracht van Ismaik drie keer in Londen met Robert Darwent en Lyndon Lea. De mannen van Lion Capital willen heel graag van HEMA af, zo blijkt tijdens die gesprekken.

Dat HEMA niet in Arabische handen komt, is omdat Ismaik toch van de overname afziet. De HEMA-obligaties worden verhandeld op de beurs van Luxemburg, waar ze op het moment van onderhandelen nog ongeveer de helft waard zijn van de oorspronkelijke uitgifteprijs, iets meer dan 350 miljoen euro. Maar het blijkt praktisch niet mogelijk om al die obligaties voor die prijs over te nemen. De stukken verwisselen normaal gesproken nauwelijks van eigenaar. Zodra duidelijk wordt dat een onbekende partij obligaties begint op te kopen, zal de prijs rap omhoogschieten naar de eerdere uitgifteprijs, concluderen Ismaik en zijn adviseurs. En de volle mep betalen, daar heeft hij toch geen zin in. De deal gaat niet door.

Voor Tjeerd Jegen en zijn directie betekent het dat ze HEMA moeten voorbereiden op een grondiger verkoopproces. Om de resultaten op te krikken, worden hier en daar subtiel de prijzen van producten verhoogd. Dat heeft het gewenste effect: de omzet groeit weer een beetje. Ook het bedrijfsresultaat stijgt, naar 108 miljoen euro in 2016 en naar 124 miljoen euro in 2017. Het helpt daarbij ook dat de economie eindelijk weer goed draait, en dat eind 2015 concurrent V&D failliet is gegaan.

Echte investeringen doet de directie nu helemaal niet meer. De website, waar Jegen zich eerder nog voor schaamde, blijft zoals hij was. Ook de buitenlandse expansie gaat op een laag pitje. De belangrijkste winkels die er nog wel bij komen, zijn zogeheten 'flagshipstores', in Barcelona, Londen en Frankfurt. Dat zijn filialen in grote winkelstraten, die meteen veel aandacht trekken van pers en publiek. Deze winkels zijn vooral bedoeld om tegenover mogelijke kopers de internationale potentie van het HEMA-merk te benadrukken. Bij de opening van zulke winkels zet Tjeerd Jegen nog altijd graag een plaatje op Instagram; op de achtergrond is dan ook altijd het lachende gezicht van Andrew Jennings te zien.

In april 2017 lekt via zakenblad *Quote* voor het eerst uit dat de HEMA-directie zich voorbereidt op de nieuwe verkooppoging. Aan het begin van de zomer brengt ook *De Telegraaf* dit nieuws. Toch duurt het tot 28 september voordat de directie het officieel bevestigt: HEMA staat te koop. 'Er zijn een aantal opties mogelijk. Het zou kunnen zijn dat een retailbedrijf HEMA koopt, het zou kunnen zijn dat een andere investeringsmaatschappij HEMA koopt, maar het kan ook zijn dat we naar de beurs gaan,' zegt Jegen die dag op radiozender BNR *Nieuwsradio*. 'We gaan nu de formele gesprekken in. Een aantal partijen heeft zich gemeld. De verwachting is dat het een goede groep bedrijven wordt, waarmee we gesprekken gaan voeren.' Het is een 'belangrijk proces', zegt Jegen: 'We gaan een keuze maken voor de toekomst van HEMA. Dat moeten we zorgvuldig doen, daar gaan we de tijd voor nemen. Dat gaat wel een aantal maanden duren.'

Om precies te zijn wil Lion Capital een kleine drie maanden later, op 15 december, de eerste biedingen binnen hebben. Maar al snel blijkt dat het verkoopproces niet zo vlekkeloos verloopt als Lion Capital en Jegen hopen. Integendeel: de ene na de andere tegenvaller steekt de kop op. In interviews benadrukt Jegen voortdurend hoe hard HEMA wel niet groeit, maar als eind oktober de cijfers over het derde kwartaal van 2017 bekend worden, blijkt dat de feiten iets anders liggen. Ten opzichte van hetzelfde kwartaal een jaar eerder is de omzet in de Nederlandse winkels zelfs iets gedaald. Dat is pijnlijk, want meer dan driekwart van de omzet komt nog altijd uit de Nederlandse winkels. In Frankrijk en Duitsland blijkt de omzet uit de bestaande winkels ook gedaald. Dat de omzet als geheel een klein beetje is gegroeid, komt doordat er in het buitenland een paar nieuwe winkels open zijn gegaan. Mogelijke kopers prikken daar zeker doorheen.

Dat de omzet in Nederland iets daalt, heeft bovendien een reden. Klanten klagen steeds vaker over het feit dat ze meer lijken te moeten betalen voor minder goede producten – ze weten nog niet dat dat een bewuste strategie is om de marges te verhogen. Volgens het *Financieele Dagblad* zijn sommige prijzen sinds het aantreden van Jegen en Jennings tussen de 15 en 100 procent verhoogd. Een T-shirt dat eerder 6,50 kostte, is nu 7,50. Het damesvest ging van 12 naar 15 euro, de koffiepads van 1 euro naar 1,25 en het ontbijtje ging van 1 naar 2 euro. Ook het softijs is in prijs verdubbeld.[1] Op de HEMA-website zijn de recensies van de vernieuwde damesonderbroek, die nu 4 euro kost in plaats van 3 euro, vernietigend. Vrijwel alle klanten geven de slip één van de vijf sterren.

'Nieuwe leverancier waarschijnlijk. Totaal anders dan voorheen.'

'De kwaliteit is nu echt om te huilen. Je kunt ze na één keer dragen direct de prullenbak in gooien.'

'De nieuwe versie is waardeloos! Veel dunner en slechte pasvorm. Jammer, hoor.'

'Ik vind het vreselijk dat de basisslips zijn veranderd. Ik ben diep teleurgesteld.'[2]

En de boze klanten zijn niet de enigen die een soepel verkoopproces in de weg zitten. Ook de franchisers zijn opnieuw op oorlogspad. Begin december, vlak voordat de eerste biedingen op HEMA binnen moeten zijn, onthult het tijdschrift *HP/De Tijd* dat de franchisenemers opnieuw twee rechtszaken tegen het moederbedrijf zijn gestart. De eerste zaak draait erom dat de franchiseondernemers een hogere vergoeding willen ontvangen voor de verkopen via internet. Volgens de franchisers schaden die immers de verkoop in hun eigen winkel. Hierover hadden beide partijen eind 2015 al een akkoord bereikt, maar volgens de franchisers is HEMA de belofte niet nagekomen om hiervoor enkele miljoenen euro's schadevergoeding te betalen. Ten tweede eist franchisevereniging VAB dat HEMA de opgezegde contracten van twee kleine franchisewinkels alsnog verlengt – volgens de VAB zijn die contracten door de directie opgezegd als represaille tegen de klagende ondernemers.[3]

Kortom: HEMA is een winkelbedrijf waar weinig groei in zit, dat verwikkeld is in rechtszaken en waarvan de klanten ontevreden zijn. Desondanks komen er kort voor de door Lion gestelde deadline twee biedingen binnen. Het Amerikaanse private-equitybedrijf Clayton, Dubilier & Rice heeft interesse in een overname, net als een consortium van Nederlandse investeerders, met daarin onder meer de fondsen Gilde, Alpinvest en Parcom. Maar er is één probleem: geen van beide partijen is bereid om de door Lion gevraagde 1,2 miljard euro op tafel te leggen. Beide biedingen zitten daar fors onder.

Voor Robert Darwent en Lyndon Lea blijkt die teleurstelling het startschot voor nog veel meer ellende. HEMA verkopen blijkt nog veel lastiger dan ze van tevoren hadden ingeschat. De twee mogelijke kopers krijgen de kans om zich via een due diligence verder in de financiële situatie bij HEMA te verdiepen. Maar nadat teams van beide partijen de boeken hebben doorgepluisd, haken ze allebei af. De schuld van 750 miljoen euro die in de boeken staat is simpelweg te groot om HEMA winstgevend te krijgen, en vervroegde aflossing kan alleen tegen een boete van 60 miljoen euro. Volgens de investeerders is HEMA een te risicovolle investering. Half februari 2018 ligt het hele verkoopproces stil.

Tot opluchting van Darwent en Lea dient zich in het voorjaar een andere mogelijke koper aan. Core Equity Holdings uit Brussel, een club van jonge investeerders die pas een jaar eerder hun eerste fonds hebben geopend, heeft serieuze interesse in een overname.

Ook zij willen geen 1,2 miljard euro betalen – maar dat er weer een koper in beeld is, is in elk geval iets. Binnen een paar weken staat er een akkoord op papier. Core Equity is bereid om HEMA voor ongeveer 1 miljard euro van Lion over te nemen. De Belgische investeerder denkt het probleem van de hoge rentelasten bij HEMA te kunnen omzeilen door fors te investeren in groei van het internetplatform.

'HEMA wordt Bema,' meldt *De Telegraaf* op 9 mei trots op de voorpagina. Maar dat blijkt te vroeg gejuicht. De onderhandelingen lopen nog, en een paar weken later haakt ook Core Equity alsnog af. Dat komt door het gedoe met de franchisers. De financieel experts van Core hebben hun overnameplan nog eens doorgerekend, en het is toch 'niet winstgevend te maken', zegt een van de betrokkenen tegen *De Telegraaf*. Want omzetgroei realiseren op internet klinkt leuk, maar niet als een te groot deel daarvan bij de franchisers terechtkomt. En in januari heeft HEMA de rechtszaak over een andere verdeling van de online inkomsten verloren.[4]

Dat de zoveelste mogelijke koper afhaakt, komt op het hoofdkantoor in Amsterdam-Noord aan als een mokerslag. Helemaal omdat het nieuws al op straat lag: ze zouden toch eindelijk van Lion worden verlost? Is HEMA dan echt een onverkoopbaar bedrijf geworden? Binnen de directie is het daarna onrustig – volgens sommigen lijken de crisistijden van 2014 en 2015 weer helemaal teruggekeerd. Tjeerd Jegen en zijn directieleden trekken zich een paar dagen terug om tijdens een heisessie de situatie te analyseren. De paniek wordt versterkt doordat de resultaten maar blijven tegenvallen. In het eerste kwartaal van 2018 blijkt de omzet in de bestaande winkels opnieuw met ruim 1 procent gedaald. De winkels in Frankrijk en Duitsland hebben zelfs fors minder artikelen verkocht: min acht en min negen procent. De Britse eigenaren zoeken een zondebok voor de slechte resultaten. Die wordt gevonden in de persoon van inkoopdirecteur Mischa Simons: zij dient te vertrekken, samen met zeker drie leden van haar inkoopteam. Al houdt de HEMA-woordvoerder het er desgevraagd op dat Simons toe was aan een 'sabbatical'.

Nu er geen enkele koper meer in beeld is, besluit Lion Capital dat de directie dan maar de hele loopgravenoorlog met de franchisers volledig moet uitvechten. Begin juli ploft bij het bestuur van franchisevereniging VAB een woedende brief op de mat. 'Gebleken is dat uw rol als franchisenemer binnen het huidige retaillandschap als zeer problematisch wordt ervaren,' schrijft de HEMA-top in die brief. 'Er is daardoor een negatief toekomstperspectief voor HEMA zolang zij gebonden is aan de huidige franchiseovereenkomst.'[5]

De suggestie die uit de brief spreekt, een suggestie die op hetzelfde moment ook op het hoofdkantoor veel te beluisteren valt, is deze: Lion Capital, en dus de HEMA-directie, wil het liefst helemaal van de franchisers af. Dat kan natuurlijk niet; de franchisenemers baten bijna de helft van alle Nederlandse winkels uit en zorgen voor 40 procent van de totale omzet – het moederbedrijf heeft bij lange na niet genoeg geld in kas om al die ondernemers uit te kopen. Maar nu HEMA ondanks een geweldige economische bloeiperiode slecht draait, nu er nergens een koper te vinden blijkt, kan de directie het al jaren slepende conflict met de franchisers net zo goed op de spits drijven, vindt de eigenaar in Londen. Een oplossing voor die andere problemen is er voorlopig toch niet.

Dat de nieuwe oorlog met de franchisers juist tot de verkoop van HEMA zal leiden, kunnen Darwent en Lea op dat moment nog niet vermoeden.

Paul Loeff en Evert de Boer zijn van die typische HEMA-franchisers. Allebei zijn het succesvolle ondernemers: Loeff bezit filialen in Harderwijk (twee stuks), Heerde en Zeewolde, De Boer is eigenaar van de HEMA's in Noordwijk, Voorschoten en Noordwijkerhout. Allebei zijn ze miljonair, houden ze van mooie auto's. Loeff is voorzitter van franchisevereniging VAB. De Boer is officieel geen lid van het bestuur, maar voert op bijeenkomsten met de franchisers altijd het hoogste woord.

Op het terras van hotel Huis ter Duin in Noordwijk schijnt op zaterdag 14 juli een heerlijk zonnetje, maar het gemoed van Loeff en De Boer is zwaar. Dat ze een brief van de HEMA-directie hebben ontvangen is op zich al bijzonder, want de directie stelde zich eerder al eens op het standpunt dat het de VAB niet meer erkende als spreekbuis van de franchisers. Kennelijk wordt in Amsterdam-Noord hun bestaan nog wel erkend. Maar daar is meteen ook alles mee gezegd. HEMA is haar franchisers liever kwijt dan rijk, dat wisten ze al, en nu krijgen ze zelfs te horen dat het hún schuld is dat Lion Capital niet van HEMA af komt.

Loeff en De Boer zitten zo wat te klagen, als een goede bekende van De Boer het terras op komt wandelen. Het is Harry Mens, ondernemer en presentator van het RTL-programma *Business Class*. Ze begroeten elkaar vriendelijk.

'Harry, kom er even bij zitten,' zegt De Boer.

Mens gaat zitten en bestelt een glaasje wijn. Ze zijn teleurgesteld in de HEMA-directie, zeggen Loeff en De Boer. Ze krijgen boze brieven. De directie heeft zelfs gedreigd de overeenkomsten op te zeggen van alle HEMA's die in handen zijn van bestuurders van de VAB. In totaal zijn dat 24 winkels, daarmee zou de HEMA-directie zichzelf van miljoenen aan inkomsten beroven. Maar zo diep zit de rancune kennelijk. Voor VAB-voorzitter Loeff zou een dergelijke stap betekenen dat hij persoonlijk in allerlei procedures met HEMA verwikkeld zou raken.

De franchisers hebben het idee dat Tjeerd Jegen vanuit Londen de opdracht heeft gekregen om oorlog met ze te maken. Bij Lion Capital is men al jaren gefrustreerd vanwege het optreden van de franchisers. Het leek erop dat ze van de Britten verlost waren, zegt Loeff, maar dat feest is niet doorgegaan. Nu gaat het misschien nog wel jaren duren voordat er een nieuwe eigenaar is.

'Waarom kopen jullie het zelf niet?' vraagt Harry Mens ineens.

Loeff en De Boer kijken hem vragend aan.

'Ik meen het. Wat jullie nodig hebben is een Nederlandse koper. Iemand die met zijn poten in de klei staat en die wel met jullie wil samenwerken. Ik weet al iemand. Kennen jullie Marcel Boekhoorn?'

Loeff en De Boer zien geamuseerd hoe Mens zijn mobieltje uit zijn jaszak haalt.

Marcel Boekhoorn heeft heel weinig bedenktijd nodig. 'Of ik iets voor HEMA kan betekenen? Dat vind ik een geweldig idee. Laten we een keer gaan praten,' zegt hij.

Zelfs voor zijn doen is dat snel. De Nijmeegse ondernemer opereert altijd op intuïtie. Hij heeft een hekel aan ellenlange onderhandelingen over details, hij haat papierwerk. Maar zijn bereidwilligheid om over het plannetje van Mens na te denken heeft nog een reden. Begin 2016 heeft Boekhoorn van dichtbij meegemaakt hoe de steenrijke Jordaniër Hasan Abdullah Ismaik gesprekken met Lion Capital voerde over de overname van HEMA. Cees van der Hoeven, die toen namens Ismaik in Londen onderhandelde, werkt normaal gesproken voor Ramphastos Investments, het investeringsfonds van Boekhoorn. Ook de assistent die erbij was, Corné Melissen, werkt voor Boekhoorn. Tijdens die gesprekken hield Boekhoorn zich bewust op de achtergrond, omdat hij de indruk had dat de Jordaniër HEMA alleen wilde kopen. Maar op het moment dat Harry Mens hem belt, beseft hij dat twee van zijn medewerkers alles al van HEMA weten. Samen met de zakenbank Rothschild hebben ze in 2016 de hele financiële situatie van het bedrijf doorgepluisd – in feite heeft hij een kant-en-klaar overnameplan in een la liggen.

Bovendien heeft hij zelf jaren eerder ook een poging gedaan om HEMA te kopen. In 2007 was dat, toen Lion er uiteindelijk met de buit vandoor ging. Boekhoorn en zijn team hadden destijds uitgerekend dat het bedrijf ongeveer 800 miljoen euro waard was, dus dat bedrag legden ze op tafel bij toenmalige eigenaar KKR. Maar Todd Fisher vond het veel te weinig. Boekhoorn schopte het niet eens tot de laatste drie kandidaat-kopers. Dat vond hij jammer, want hij heeft warme gevoelens voor het merk. Boekhoorn, volgens zakenblad *Quote* goed voor een privévermogen van 1,9 miljard euro, draagt nog altijd HEMA-sokken.

De moeizame zoektocht naar een nieuwe eigenaar heeft hij het afgelopen jaar met veel interesse gevolgd. De kandidaten die een voor een afhaakten, hij vond het pijnlijk voor zo'n trots merk. Maar hij wist ook al dat er voor hem misschien een gouden kans in besloten lag. Goed of laat komt er een moment dat Lion Capital wanhopig wordt en tegen elke prijs van HEMA af wil. En precies dan slaat een slimme ondernemer toe. Boekhoorn wil met alle plezier die slimme ondernemer zijn. Dus ja, hij gaat graag met Harry Mens en de franchisenemers praten.

Boekhoorn houdt van het kopen en verkopen van bedrijven – in Nederland is er vermoedelijk geen betere op dat vlak. Tegenover *Quote* omschreef hij zichzelf ooit als een 'dealjunkie'. Maar hij is een ondernemer, geen private-equityeigenaar. Hij steekt veel eigen geld in de bedrijven die hij overneemt, en hanteert geen vaste periode waarbinnen het bedrijf weer verkocht moet zijn. Hij wil bedrijven beter maken, echt laten groeien. Zijn eigen investering eerst in een belastingparadijs parkeren, om het geld daarna tegen een jaarrente van 13,5 procent aan het overgenomen bedrijf uit te lenen, zoals Lion bij HEMA deed, zou Boekhoorn niet zo snel doen. Het bedrijf met ongezond hoge schulden opzadelen ook niet.

Het ondernemen op gevoel heeft hem ver gebracht. Boekhoorn werkte ooit als accountant, gespecialiseerd in fusies en overnames, maar als dertiger besloot hij voor zichzelf te beginnen. Hij maakte fortuin met investeringen in telecombedrijf Telfort en broodjesketen Bakker Bart. Dankzij lucratieve deals verdiende hij honderden miljoenen euro's en behoorde hij ineens tot de rijkste mensen van Nederland. Natuurlijk gaan er wel eens dingen mis. Zo richtte Boekhoorn ooit zijn eigen krant op, dagblad *De Pers*, die na een paar jaar ter ziele ging. Maar zijn humeur lijdt niet onder zulke zakelijke missers, want als er één ding is wat Boekhoorn tekent: hij is altijd vrolijk. 'Het leven is veel te mooi, man,' zegt hij daar ooit over. 'Het stomste wat mij kan overkomen is dat ik 's avonds chagrijnig naar bed ga omdat ik een paar knaken verloren heb.'[6] Boekhoorn houdt kantoor in zijn eigen dierentuin, Ouwehands Dierenpark in Rhenen. Zijn bureau staat recht boven het gorillaverblijf. Zijn geslaagde missie om in 2017 twee panda's uit China te halen, leverde hem veel media-aandacht op.

Bij Marcel Boekhoorn lopen twee dingen dwars door elkaar heen: zakelijk inzicht, en de drang om volstrekt te doen waar hij zelf zin in heeft. Een paar dagen na het telefoontje van Mens zit hij al met de franchisers aan tafel om over HEMA te praten. Op donderdag 19 juli wandelt hij rond lunchtijd het Postillion Hotel in Bunnik binnen. Hij heeft zijn rechterhand, Corné Melissen, meegenomen. In het afgehuurde zaaltje zitten drie mannen op hen te wachten: Harry Mens, VAB-voorzitter Paul Loeff en Rinse Visser, de advocaat van de franchisers. Boekhoorn en Loeff kennen elkaar toevallig: ze hebben vroeger samen getafeltennist.

Het wordt geen lang gesprek. Boekhoorn heeft serieuze interesse in HEMA, zegt hij, maar voor hij ermee aan de slag gaat stelt hij één voorwaarde: het slepende conflict met de franchisers moet worden opgelost. De HEMA-directie én de franchisevereniging VAB moeten zo snel mogelijk stoppen met al dat juridische gedoe dat beide partijen de afgelopen jaren al miljoenen euro's aan advocaten en rechtszaken heeft gekost. Boekhoorn vertelt dat hij ooit eigenaar was van de Bakker Bart-keten, waarvan de meeste winkels ook door franchisers worden gerund, en volgens hem is het in feite niet zo ingewikkeld. De HEMA-franchisers moeten een fair percentage krijgen van de verkoopprijs en een fair percentage van de online inkomsten. En die afspraken elke drie jaar evalueren. Veel meer is het niet.

Van de miljoenen euro's die de franchisers nog van HEMA tegoed menen te hebben, wil Boekhoorn, mocht het tot een overname komen, de helft vergoeden. Daarmee moeten alle conflicten de wereld uit zijn. '*We stick the stok in the middle*,' zegt Boekhoorn lachend tegen Loeff en zijn advocaat.

VAB-voorzitter Loeff vindt het een goed voorstel. Hij moet het uiteraard voorleggen aan de 96 leden van de franchisevereniging, maar dat Boekhoorn serieuze plannen heeft om HEMA over te nemen, is op zich al geweldig nieuws. Een ondernemer met hart voor de zaak, die de rol van de franchisers serieus neemt – dat is een heel andere benadering dan de franchisevoorzitter de laatste jaren gewend is. Boekhoorn stelt voor een gesprek te arrangeren tussen Loeff en HEMA-directeur Jegen. Loeff gaat graag op die uitnodiging in.

'Laat mij maar met Lion aan de gang gaan,' zegt Boekhoorn aan het einde van het gesprek in Bunnik. 'Dan zullen we zien of het gaat lukken.'

Begin september vliegen Boekhoorn en Melissen naar Londen voor een gesprek met Robert Darwent van Lion Capital. De Nijmeegse ondernemer heeft besloten om het plan door te zetten: hij gaat een bod doen op HEMA. Hij is ervan overtuigd dat het bedrijf veel beter kan presteren dan het nu doet. Er zit genoeg toekomst in. Als die schuldenlast maar wat minder zou zijn, dan ontstaat er ruimte om veel sneller uit te breiden in het buitenland. In Nederland moet HEMA veel meer een winkel zijn waar mensen regelmatig even binnenlopen – hij zou er bijvoorbeeld afhaalpunten voor postpakketten in openen. Voorafgaand aan de trip naar Londen heeft Boekhoorn zijn contacten bij drie Nederlandse banken gepolst met de vraag of ze het bestaande rekening-courantkrediet willen voortzetten met hem als eigenaar. De banken zijn aan boord.

Als Boekhoorn even later aan Grosvenor Place tegenover Darwent zit, blijkt de Brit bloednerveus. Voor de mannen van Lion Capital is het erop of eronder: het afgelopen jaar haakte de ene na de andere koper af, Boekhoorn is in feite hun laatste kans om voor HEMA een koper te vinden. Boekhoorn en Melissen pakken allebei een visitekaartje uit hun jasje en schuiven het in de richting van Darwent.

Niet veel later legt Boekhoorn zijn bod op tafel. Hij had aanvankelijk een hoger bod in gedachten, maar vanwege de nervositeit van Darwent heeft hij er ter plekke honderd miljoen euro vanaf gehaald, vertelt een goed ingevoerde bron. Als de Brit zó graag van HEMA af wil, dan kan Boekhoorn zichzelf misschien wat geld besparen.

Darwent legt daarop zijn vingers op de twee visitekaartjes op tafel en schuift ze terug richting de Nederlanders. Hij mag dan wel nerveus zijn, van een beledigend laag bod op HEMA is hij niet gediend. Snel antwoordt Boekhoorn daarop dat het uiteraard een openingsbod is en dat hij graag met Lion Capital in gesprek blijft. Een uur later staat hij weer buiten en ligt bij Darwent een hoger bod op tafel.

In de weken daarna gaat het snel. Eind september voeren Boekhoorn en Darwent een tweede gesprek, in het DoubleTree Hotel in Amsterdam-Noord, een paar honderd meter verwijderd van het HEMA-hoofdkantoor. Een week later, op 2 oktober, presenteert Boekhoorn zich tijdens een bijeenkomst met de franchisers alvast als de aanstaande eigenaar van HEMA. De directieleden Tjeerd Jegen en Ivo Vliegen zijn daarbij aanwezig. Boekhoorn vertelt dat hij heel graag de nieuwe eigenaar wordt, dat hij uitkijkt naar de samenwerking, maar dat er wat hem betreft nog steeds één voorwaarde is: alle 96 franchisers moeten het zien zitten. 'Als er één niet meedoet met de nieuwe rekenmethode die ik samen met Paul Loeff heb voorgesteld, dan doe ik het niet.'

Boekhoorn blijkt zich geen zorgen te hoeven maken. Na afloop van zijn toespraak krijgt hij van de franchisers een staande ovatie. Hij kan op hun unanieme steun rekenen. Verschillende aanwezigen klampen hem even later geëmotioneerd aan om te vertellen hoe blij ze zijn dat hij zich nu als koper opwerpt. Op dat moment realiseert Boekhoorn zich: Ik kan nu eigenlijk niet meer terug.

Dat is een lastige gedachte, want de deal is op dat moment nog niet helemaal rond – er zijn nog genoeg discussiepunten waarop de overname kan afketsen. Over de exacte verkoopprijs, bijvoorbeeld, hebben Boekhoorn en de Britten nog geen overeenstemming bereikt. Het overnameteam van Boekhoorns bedrijf Ramphastos Investments werkt in de twee weken die volgen de meeste punten uit met de medewerkers van Lion Capital. Een van de eisen die Boekhoorn op tafel legt, is: alle mensen van Lion gaan er op dag één na de overname uit. De Britten stemmen daarmee in. Andrew Jennings en Robert Darwent leggen bij de eerstkomende aandeelhoudersvergadering van HEMA hun functie neer.

Op donderdag 18 oktober ontvangen alle medewerkers op het hoofdkantoor in Amsterdam-Noord een memo: iedereen moet om halfeen 's middags in het Atrium zijn. 'We willen graag belangrijk nieuws met je delen,' staat in de memo. 'Zorg ervoor dat jij en je team aanwezig zijn bij dit moment.'

Omdat een paar journalisten in de vroege ochtend lucht hebben gekregen van de aanstaande overname, besluit de HEMA-directie al om halftien 's ochtends het persbericht naar buiten te brengen: Ramphastos Investments, de investeringsmaatschappij van Marcel Boekhoorn, neemt HEMA over. Later die dag zullen de betrokkenen een persconferentie geven, waarin ze de overname verder toelichten. Er is alleen één probleem: de overname is nog steeds niet helemaal rond. Boekhoorn en de Britten onderhandelen nog over de laatste punten, onder meer over de precieze waarde van de obligaties die in het bedrijf blijven zitten.

Als Tjeerd Jegen om halfeen voor een stampvol Atrium staat, is naast hem geen Marcel Boekhoorn te bekennen. Terwijl honderden medewerkers gespannen op de feestelijke toelichting wachten, staat Boekhoorn buiten, voor de ingang van de parkeergarage. Hij staat te bellen. Aan de andere kant van de lijn zitten Robert Darwent en zijn collega's. Nu het nieuws van de overname al op straat ligt, stellen de Britten zich op elk punt ineens snoeihard op. Ze willen nog steeds dolgraag van HEMA af, maar ze weten ook dat Boekhoorn nu eigenlijk niet meer terug kan. Meer dan een uur lang staat het Atrium vol, terwijl Boekhoorn buiten koortsachtige pogingen doet om de deal rond te krijgen. Tegen kwart voor twee zijn Boekhoorn en Darwent het eindelijk over alle financiële voorwaarden eens. Ze leggen razendsnel vast dat ze de verdere juridische details 'naar eer en geweten' zullen uitwerken.

Een minuut later wandelt Boekhoorn breed lachend het Atrium binnen en klatert het applaus door de zaal. Uiteindelijk zullen Boekhoorn en Darwent om vijf uur 's ochtends, uren na de persconferentie, de hele overname pas definitief ondertekenen.

Om te benadrukken dat het een feestdag is, heeft HEMA twee foodtrucks neergezet buiten het zaaltje waar de persconferentie plaatsvindt, in een hoek van het hoofdkantoor. De verkoopsters hebben tompoezen en broodjes rookworst in de aanbieding. Twee vuilnismannen die toevallig langslopen hebben daar ook wel zin in, maar zij mogen niet. Vanuit het gebouw kijken HEMA-medewerkers vrolijk toe hoe cameraploegen zich richting de perszaal haasten. Binnen staat een gigantische roze tompoes klaar met een plaatje van een panda erop – Boekhoorn maakt meteen wat gratis reclame voor zijn dierentuin.

'Dames en heren, mijn naam is Marcel Boekhoorn, ik ben een Nederlandse ondernemer. Ik volg en bewonder de HEMA al jaren,' zegt de nieuwe eigenaar als hij even later de bomvolle perszaal inkijkt. Hij vertelt dat hij elf jaar geleden ook een bod op HEMA deed, maar daar destijds om werd uitgelachen. 'Lion Capital bood veel meer. En dat hebben we allemaal geweten ook.' Boekhoorn wijst meteen op de 'veel te hoge schuldenlast' waar HEMA volgens hem mee worstelt. 'Die is een direct gevolg van de destijds betaalde koopprijs. [...] Deze loden last zit groei in de weg en belemmert optimale gebruikmaking van de kracht van het oersterke merk HEMA.' Het eerste wat Boekhoorn als eigenaar gaat doen, is daarom de schuld 'drastisch verminderen', belooft hij. Om te beginnen heeft hij bij de overname 100 miljoen euro aan obligaties afgelost. En hij heeft 40 miljoen euro aan vers kapitaal in het bedrijf gestoken. Hoeveel hij voor HEMA betaald heeft, wil hij nog niet zeggen.

Boekhoorn besluit met te zeggen dat hij en zijn medewerkers nooit een bedrijf overnemen om het daarna weer snel door te verkopen. 'Wij werken aan het bouwen van een merk. En wat is er voor een Nederlander nou een mooier merk dan de HEMA?'

Ook directeur Tjeerd Jegen, de man die door Andrew Jennings uit Australië werd opgevist en die drieënhalf jaar lang exact heeft gedaan wat zijn bazen uit Londen van hem vroegen, blijkt er nu ten diepste van overtuigd dat HEMA thuishoort bij een Nederlandse eigenaar. 'Deze overname leidt ertoe dat de Hollandse Eenheidsprijzen Maatschappij Amsterdam, oftewel HEMA, weer honderd procent Nederlands is,' zegt Jegen. 'HEMA weer honderd procent Nederlands: dat is in mijn ogen het beste voor het bedrijf, het beste voor onze klanten, en het beste voor onze medewerkers.'

Bij het Hollandse feestje in Amsterdam-Noord is er één opvallende afwezige. Van verkoper Lion Capital is in geen velden of wegen iemand te bekennen.

Dat de in 2007 overgenomen HEMA voor Robert Darwent en Lyndon Lea geen succesvolle investering is geworden, is duidelijk. De prijs die Boekhoorn heeft betaald, ligt zeker onder de 1 miljard euro die Core Equity in mei 2018 nog wilde betalen. Elf jaar eerder lag de aankoopprijs nog boven de 1,1 miljard. Voor de investeerders is hun inleg in het tweede fonds van Lion Capital in 2007, waarvan HEMA een belangrijk deel uitmaakte, geen verstandige keuze gebleken. Uit gegevens van het pensioenfonds van de Amerikaanse staat Californië, dat destijds 216 miljoen dollar heeft ingelegd, blijkt dat de investering in het Lion-fonds een negatief rendement heeft opgeleverd van min 5,6 procent. De 216 miljoen dollar van Californische ambtenaren is elf jaar later 199 miljoen dollar waard.[7]

Dat Lion Capital HEMA bij de overname zo met schulden heeft overladen, heeft de afgelopen jaren verschillende gevolgen gehad. De HEMA-vrachtwagens reden over Nederlandse wegen, de filialen stonden in winkelstraten die door de gemeente werden schoongehouden, bij een winkeldiefstal kwam de politie in actie. Maar bijdragen aan zulke voorzieningen deed HEMA nauwelijks meer. Op een totale omzet van ongeveer 11 miljard euro betaalde HEMA van 2007 tot 2017 in totaal 31,2 miljoen euro belasting – een belastingdruk van minder dan 0,3 procent. De Nederlandse overheid stemde hier via een *tax ruling* mee in.

Er stroomde aanzienlijk meer geld richting de banken. In elf jaar tijd maakte HEMA een bedrag van 527,4 miljoen euro over aan de banken en andere geldschieters, in de vorm van rentelasten. Dat is meer dan het totale investeringsbudget dat de HEMA-directie in deze periode heeft gehad, want dat bedroeg in totaal 491,3 miljoen euro. Met dat geld moest de directie nieuwe winkels zien te openen in Nederland en in het buitenland, de bestaande winkels onderhouden en de online verkoop op gang houden.[8]

Hoe groot de gevolgen voor het personeel zijn geweest, is ook aan de cijfers af te zien. In 2008 baatte HEMA in Nederland 195 filialen uit (dus los van de franchisers). In totaal werkten daar, gemeten in voltijdbanen, 4.683 mensen. In 2017 waren er 276 filialen. Er waren dus 81 filialen bij gekomen, maar het totale aantal personeelsleden was met ruim zeshonderd mensen gedááld (4.086 voltijdbanen). Gemiddeld doet elk HEMA-filiaal hetzelfde werk nu met negen personeelsleden minder. Wie er nog een baan heeft, moet bereid zijn om doordeweeks en ook in het weekend op onregelmatige tijden te werken.

De enige die na de afgelopen jaren als winnaar uit de strijd komt, is Lion Capital zelf. Dat de investering in HEMA geen financieel succes werd, voelen de Londenaren zelf niet in hun portemonnee. Van HEMA ontving Lion jaarlijks een oversight fee van tussen de 1,5 en 2 miljoen euro. In totaal heeft HEMA op die manier 20,1 miljoen euro naar Lion overgemaakt, zo blijkt uit de jaarverslagen. Daarnaast betaalden de eigen investeerders Lion een jaarlijkse management fee om de bedrijven in het tweede fonds te managen. Voor het managen van HEMA maakten de investeerders jaarlijks 5,8 miljoen euro over.[9] Elf jaar eigenaarschap van HEMA leverde Lion vanuit de eigen investeerders 63,8 miljoen euro op.

Oftewel: de mensen bij Lion Capital verdienden in elf jaar tijd zeker 84 miljoen euro aan hun investering in HEMA. Sinds de overname heeft Lion geen cent aan nieuw kapitaal in HEMA gestoken.

Het winkelconcern uit 1926, ooit begonnen met winkels waar alles uit het assortiment voor een kwartje of vijftig cent te krijgen was, heeft de afgelopen elf jaar in feite gefungeerd als spaarvarken voor partijen uit de financiële wereld. Vanaf de eerste dag dat Lion Capital aan boord kwam, groeide de druk op iedereen die bij HEMA werkte: er moesten kosten bespaard, er gingen werknemers uit. Dat vakbond FNV Bondgenoten drie jaar na de overname ontdekte dat 86 procent van het personeel de werkdruk vond toegenomen, is geen toeval. Dat werknemers klaagden dat ze geen tijd meer hadden om de vakken fatsoenlijk te vullen, ook niet. Ook de directie stond onder grote druk om HEMA snel te laten groeien: in Nederland, op internet, in het buitenland. Maar keer op keer liep de bedrijfsleiding ertegenaan dat het budget dat hiervoor nodig was door de enorme rentelasten simpelweg ontbrak. Zoals Tjeerd Jegen zei, kort nadat hij zijn voorganger bekritiseerd had vanwege het gebrek aan toekomstinvesteringen: 'Het voelt alsof we groeien met de handrem erop.'

De concurrentie drukte in dezelfde jaren vol op het gaspedaal. Toen drie Nederlandse ondernemers in Enkhuizen in 1993 de nieuwe winkelketen Action oprichtten, was HEMA al decennia de onaantastbare koningin van de Nederlandse winkelstraat. Vandaag de dag zijn er wereldwijd 735 HEMA-winkels. Action heeft er meer dan 1100. Bij HEMA kwamen er in 2016 en 2017 respectievelijk 24 en 15 filialen bij. Action groeide in dezelfde jaren met 197 en 243 nieuwe winkels. HEMA heeft het afgelopen decennium 75 winkels geopend in Frankrijk, Action 344. Zeeman, dat inmiddels in Nederland meer kinderkleding verkoopt dan HEMA, groeide het afgelopen decennium van enkele honderden naar bijna 1300 filialen. In Frankrijk staan nu 270 winkels met het geel-blauwe logo. Zonder dat het de buitenwereld echt opviel, is HEMA in elf jaar tijd veranderd van een voorloper in een achterblijver.

De Britse eigenaar die zo stilletjes door de achterdeur vertrekt, laat een bedrijf achter dat nauwelijks groeit, waar klanten klagen over te dure artikelen van te matige kwaliteit, waar het personeel murw is gebeukt na jaren waarin zelfs een doorbetaalde pauze moest worden bevochten, en waarvan de concurrentie sterker is dan ooit. Nieuwe eigenaar Marcel Boekhoorn wacht bepaald geen gemakkelijke uitdaging.

Maar op het hoofdkantoor lijkt niemand zich daar echt druk om te maken, op de dag in oktober waarop de overname bekend wordt gemaakt. Iedereen in Amsterdam-Noord, van de koffiejuffrouw tot de marketingmedewerker, is vooral blij dat HEMA van Lion Capital verlost is. De opluchting is van de gezichten af te scheppen. Het is alsof er een masker is afgevallen: tot een dag eerder moest iedereen doen alsof het prima ging, alsof het met die Britse eigenaar allemaal niet zo erg was. Alsof de HEMA-mensen nu ineens eerlijk mogen zijn over de periode die vanaf vandaag achter ze ligt. HEMA is gered, zeggen verschillende mensen, al zal dat dus de komende jaren moeten blijken.

Ook Marcel Boekhoorn is in een opperbest humeur. Na afloop van de persconferentie, terwijl Tjeerd Jegen aan een hele reeks interviews begint, staat de nieuwe eigenaar wat achteraf met zijn gevolg. Hij vond het een prachtige bijeenkomst, zegt hij, hij geniet van de lof die hem ten deel valt als 'redder' van die oer-Hollandse HEMA. Hij kijkt uit naar de komende jaren, waarin hij zich intensief met HEMA wil gaan bemoeien.

Dan loopt hij naar een van de foodtrucks en bestelt een broodje rookworst.

Verantwoording

'De HEMA is van iedereen,' zeiden veel mensen tegen me tijdens de research voor dit boek. Dat was ook de sfeer op het hoofdkantoor in Amsterdam-Noord, toen ondernemer Marcel Boekhoorn zichzelf half oktober plotseling presenteerde als de nieuwe eigenaar: HEMA is een beetje van alle Nederlanders. Een bedrijf waar mensen als geen ander gevóel bij hebben.

De afgelopen elf jaar was HEMA vooral van het Britse investeringsfonds Lion Capital. Daar zat spanning in: een bedrijf dat voor veel mensen waarde bezat die niet in geld was uit te drukken, was eigendom van een investeerder die alleen geïnteresseerd was in een zo hoog mogelijk rendement.

Voordat ik aan dit boek begon, was mij al duidelijk dat er de afgelopen jaren bij HEMA heel veel gebeurd moest zijn. HEMA worstelde met tegenvallende resultaten en met de eigenaar uit Londen boterde het niet, zoveel was duidelijk – ik schreef er in het voorjaar van 2017 zelf een verhaal over voor het zakenblad *Quote*. Maar toen de directie een halfjaar later officieel bekendmaakte dat HEMA te koop stond, had zich bij mij ook een ander gevoel opgedrongen. Die jaren met Lion Capital als eigenaar waren niet zomaar een ongelukkig huwelijk geweest. Voor heel veel mensen die iets met HEMA van doen hadden, was het een periode geweest die grote indruk maakte. Oude zekerheden gingen verloren: sommigen verloren hun baan, anderen moesten harder werken dan ooit.

Tegelijkertijd stroomden er, vanwege de gigantische bedrijfsschuld waarmee Lion HEMA in 2007 had opgezadeld, elk jaar tientallen miljoenen euro's richting de banken. Hier lag een belangrijk thema onder, dat voor mij reden was om er verder in te duiken: wat gebeurt er eigenlijk precies bij een bedrijf wanneer het in handen komt van een private-equityfonds?

En HEMA mocht dan wel te koop staan, of er zich een goede koper zou aandienen was nog zeer de vraag. Het bedrijf had dramatische jaren achter de rug en draaide nog steeds niet goed. Verschillende concurrenten hadden de ooit zo succesvolle HEMA – 'de best renderende winkelketen van Europa', in de jaren zeventig – in het afgelopen decennium aan alle kanten ingehaald.

Ik wilde weten: hoe was dat mogelijk? Hoe kon het zover komen dat de trotse HEMA, die in ongeveer elk krantenartikel 'oer-Hollands' werd genoemd, de speelbal werd van een relatief onbekende investeringsclub uit Londen? En wat was er de afgelopen jaren achter de schermen allemaal gebeurd?

Dit boek is het resultaat van mijn speurtocht. Het afgelopen jaar sprak ik met meer dan zeventig direct betrokken bronnen, in veel gevallen meerdere keren. In totaal leverde dit vele honderden uren aan interviews op. Ik sprak met (al dan niet voormalige) directieleden, bestuurders, managers, filiaalhouders, franchiseondernemers, advocaten, bankiers en personen die bij een enkele gebeurtenis betrokken waren. Al deze gesprekken vonden plaats op achtergrondbasis. Bij een deel van de geïnterviewden was dat omdat ze ooit geheimhoudingsverklaringen hadden ondertekend, bij een ander deel om ze de ruimte te bieden vrijuit over hun ervaringen te kunnen praten. Ik heb overal in het boek de journalistieke vuistregel gehanteerd dat elk feit door minimaal twee bronnen bevestigd moet zijn. Liefst meer. Mochten er desondanks onjuistheden in de tekst zijn geslopen, dan ben ik daarvoor zelf verantwoordelijk.

Daarnaast heb ik mij bij het schrijven van dit boek gebaseerd op een grote hoeveelheid interne documentatie: financiële analyses, powerpointpresentaties, strategische plannen, correspondentie.

Alle documenten waar ik in de tekst uit citeer, zijn in mijn bezit. Verder heb ik dankbaar gebruikgemaakt van de krantenarchieven, die ik digitaal kon raadplegen via de databanken Delpher en Lexis-Nexis. De boeken die ik bij mijn research heb gebruikt, zijn terug te vinden in de bibliografie. Bij de citaten die ik in de tekst heb gebruikt, is de herkomst terug te vinden in de noten.

Helemaal aan het begin van dit project, in oktober 2017, heb ik contact opgenomen met HEMA. Ik heb verzocht om een interview met de huidige directieleden, met name topman Tjeerd Jegen. In januari 2018 heb ik, naar aanleiding van dit verzoek, op het hoofdkantoor een gesprek gevoerd met HEMA's persvoorlichter en een extern ingehuurd pr-bureau. Toestemming voor een interview met een van de huidige directieleden heb ik daarna echter nooit gekregen. Ook bij Lion Capital heb ik in oktober 2017 een interviewverzoek neergelegd. Na de bevestiging van ontvangst heb ik van de persvoorlichter geen reactie meer ontvangen. Dit najaar heb ik Lion Capital-oprichter Robert Darwent nogmaals gemaild met het verzoek om een interview, ook op dit verzoek volgde geen reactie. Het bestuur van franchisevereniging VAB wenste niet mee te werken aan dit boek en verwees mijn interviewverzoek door naar de afdeling persvoorlichting van HEMA.

Tot slot wil ik op deze plek graag iedereen bedanken die ik het afgelopen jaar voor dit boek heb mogen interviewen. Deze mensen hebben mij hun vertrouwen gegeven en hebben uitgebreid hun ervaringen met HEMA met mij gedeeld. Dat beschouw ik niet als een vanzelfsprekendheid. Het is een cliché, maar daarom niet minder waar: zonder jullie bereidwilligheid was dit boek er niet gekomen. Ik hoop oprecht dat ik jullie vertrouwen met dit boek niet heb beschaamd.

Bij uitgeverij Prometheus bedank ik Mai en Job voor (opnieuw) hun enthousiasme en steun. Ik ben ook dank verschuldigd aan mijn meelezers: Maaike, Martin en Herbert, dankzij jullie inzet is het een beter verhaal geworden. Sorry voor de strakke deadline. Ook de geïnterviewden die, met hun jarenlange kennis van HEMA, een eerdere versie van de tekst van commentaar hebben voorzien: hartelijk bedankt!

Het laatste woord is voor Maaike en Iva. Bedankt dat jullie ook dit tweede boekavontuur met mij hebben willen beleven. Ik hou van jullie.

Amsterdam, november 2018,
Stefan Vermeulen.

Noten

Motto

1 'Iedereen heeft een mening over HEMA', *Financieele Dagblad*, 29 oktober 2011, n.p.

1 Eenheidsprijzen

1 Gebaseerd op beelden uit de collectie *Verzamelde Historische Filmbeelden*, beheerd door EYE Filminstituut Amsterdam. Online beschikbaar:'1926: Rijtoer door Oud Amsterdam, met o.a. Stadhouderskade, Rembrandtplein - oude filmbeelden', *YouTube*, gepubliceerd door Amsterdam - Verzamelde Historische Filmbeelden, 11 okt. 2014, www.youtube.com/watch?v=1rY-cHHUqc4; '1922: De Zeedijk en de Jordaan te Amsterdam - oude filmbeelden', *YouTube*, gepubliceerd door Amsterdam - Verzamelde Historische Filmbeelden, 25 okt. 2017, www.youtube.com/watch?v=gjPqDiQi7JA.
2 Maurice Blessing. 'Het ontstaan van de nationale luchthaven Schiphol', *Historisch Nieuwsblad*, augustus 2003.
3 Fotograaf onbekend. *Winkelstraten. Veel belangstelling voor winkelen in de avonduren op de Nieuwendijk. Nederland, Amsterdam, 1926.* 1926. Fotocollectie Het Leven (1906-1941), *Nationaal Archief.*
4 'De Ruyter-herdenking. De plechtigheid in de Nieuwe Kerk', *Algemeen Handelsblad*, 29 april 1926.
5 Roger Miellet. *Honderd jaar grootwinkelbedrijf in Nederland*, Zwolle, Uitgeverij Catena, 1993, p. 104.
6 Ibid., p. 114.
7 Ibid., p. 98.
8 Ibid., p. 99.
9 Ibid., pp. 102-103.

10 'De "HEMA". Een nieuw verkoopsysteem', *Het Volk*, 4 november 1926.
11 'HEMA als Nederlands cultuurgoed', *Leeuwarder Courant*, 8 september 2001.
12 Miellet, p. 115.
13 Gebaseerd op een van de eerste HEMA-advertenties: 'Eenheidsprijzen!', *Leidsche Courant*, 14 maart 1928.
14 Miellet, pp. 116-117.
15 'Ook de dure mevrouw koopt bij de goedkope winkel', *De Telegraaf*, 9 september 1972.
16 Miellet, p. 117.
17 Miellet, p. 118.
18 Deze passage is gebaseerd op: 'HEMA als Nederlands cultuurgoed', *Leeuwarder Courant*, 8 september 2001; Miellet, pp. 118-124.
19 Henk van Gelder. 'De arisering van de Bijenkorf', NRC *Handelsblad*, 25 februari 1991.
20 Miellet, pp. 118-119.
21 Ileen Montijn. *'t Gonst. 125 jaar de Bijenkorf*, Amsterdam, Magazijn de Bijenkorf BV, 1995, pp. 76-77.
22 'Notulen Algemeene vergadering van inkoopers en filiaalchefs N.V. HEMA, 11 november 1946', Inventaris Koninklijke Bijenkorf Beheer NV, Stadsarchief Amsterdam.
23 Marianne Wilschut. 'HEMA is klaar voor Duitsland', *Trouw*, 23 oktober 2001.
24 Zie hiervoor onder meer: *75 jaar ECHT HEMA BOEKje. 1926-2001*, Amsterdam, HEMA BV., 2001, pp. 24-25; Montijn, p. 78.
25 'Notulen, 11 november 1946', pp. 4-8; Miellet, p. 119.
26 'Resultaten bij de Bijenkorf over het lopende boekjaar tot nu toe bevredigend', *De Tijd*, 24 juni 1958.
27 *75 jaar ECHT HEMA BOEKje*, pp. 46-49.
28 'Directie verzekert: middenstandswarenhuis geen aantasting van zelfstandigheid', *de Volkskrant*, 28 augustus 1958.
29 Personeelsadvertentie in *Het Parool*, 14 februari 1970.
30 'Wethouder Hamm opent 11 mei Blokker-kantoor', *Algemeen Handelsblad*, 6 mei 1970.

2 De architect

1 Rene Bogaarts en Hans Faber. 'Maas boven baas', *de Volkskrant*, 28 januari 1995.
2 'Ook de dure mevrouw koopt bij de goedkope winkel', *De Telegraaf*, 9 september 1972.
3 *75 jaar ECHT HEMA BOEKje*, p. 79.
4 'Arie Maas (KBB): tussen loslaten en strak trekken', *Financieele Dagblad*, 14 januari 1995.
5 'HEMA blijft gangmaker', *de Volkskrant*, 3 april 1980.

6 'HEMA ziet nog dikke groeikansen', *Trouw*, 29 januari 1976.
7 'Hee maar... HEMA-wijn!', *Het Parool*, 13 januari 1978; 'Feestje voor 3 miljoen flessen', *De Telegraaf*, 26 september 1990.
8 Wessel Penning. 'Van Praag valt in slaap en steelt hart van Mulder', *de Volkskrant*, 30 oktober 2010; Bert Hiddema. *Cruijff! De jonge jaren*. Xander Uitgevers BV, 2017.
9 'Robex bouwt in Frankrijk door', *Leidsche Courant*, 8 februari 1977.
10 'Bank neemt voorraden KBB in onderpand', *de Volkskrant*, 28 januari 1983; 'KBB wil aandelen geven voor leningen financiers', *de Volkskrant*, 9 februari 1983.

3 Nachtwacht

1 'KBB wil minder afhankelijk van HEMA worden', *NRC Handelsblad*, 11 april 1988.
2 Rene Bogaarts en Hans Faber. 'Maas boven baas', *de Volkskrant*, 28 januari 1995; 'KBB-voorzitter Maas: eind '94 is de winst weer op peil', *NRC Handelsblad*, 19 februari 1992.
3 Remmelt Otten. 'Maas keert terug om oude liefde KBB te saneren', *NRC Handelsblad*, 29 augustus 1997.
4 Ibid.
5 Remmelt Otten. 'Vendex en KBB proberen zich te weren tegen internationaal geweld', *NRC Handelsblad*, 10 februari 1998.
6 'Arie Maas doet wat hij zijn leven lang niet wilde', *Financieele Dagblad*, 10 februari 1998.

4 Een vervelend briefje

1 'Ook Duitsland moet massaal aan onderbroek van HEMA', *De Telegraaf*, 23 september 2002.
2 Bartjens. 'Snoei voor Groei', *Financieele Dagblad*, 23 januari 2001.
3 De citaten in bovenstaande passage zijn gebaseerd op: '"Hollandse korting" bij Vendex KBB', *NRC Handelsblad*, 16 mei 2002; 'Vendex KBB weigert direct stemrecht', *Financieele Dagblad*, 16 mei 2002; 'Opruiming V&D kost Vendex 50 miljoen', *de Volkskrant*, 16 mei 2002.

5 KKR

1 Max Holl. 'How to kill a company', *The Washington Post*, 23 april 1989.
2 Ibid.
3 Eileen Appelbaum en Rosemary Batt. *Private Equity at Work. When Wall*

Street Manages Main Street, New York, Russell Sage Foundation, 2014, pp. 26-27.

4 George Anders. *Merchants of Debt.* KKR *and the Mortgaging of American Business*, Beard Books, 1992, p. xv.

5 Jean Wanningen. 'Verbijstering met vertraging: het Lehman-moment van Jean Wanningen', *Follow the Money*, 10 september 2018.

6 Appelbaum en Batt, pp. 22-23.

7 Anders, p. 54.

8 Ibid., pp. 217-218.

9 Ibid., pp. 160-161.

10 Ibid., p. 21.

11 Ibid., pp. 161, 197.

12 Ibid., p. 194.

13 Ibid., pp. 218-219.

14 Ibid., pp. 220-221; Josh Kosman. *The Buyout of America. How Private Equity Is Destroying Jobs and Killing the American Economy*, Londen, Penguin Books, 2009, p. 101.

15 Kosman, p. 29.

16 'Amerikaanse investeerder koopt 10 procent Vendex', *Algemeen Nederlands Persbureau*, 7 augustus 2003.

17 'Hammingway', *Quote*, december 2003.

18 Joost de Haas. 'Vendex KBB: First Hundred Days In Crisis', INSEAD case, 2014.

6 Heel veel sterretjes

1 'HEMA is cool, straks ook in Frankrijk', interview Ronald van Zetten, *BN/De Stem*, 26 mei 2005.

2 'Hammingway', *Quote*, december 2003.

3 'Ik kan heel slecht tegen stilstand', interview Ronald van Zetten, *Volkskrant Banen*, 7 november 2006.

4 'Geheim van de HEMA', *De Telegraaf*, 12 februari 2005.

5 'Iedereen heeft een mening over HEMA', *Financieele Dagblad*, 29 oktober 2011.

6 'Een manager zonder gebreken: wie is Ronald van Zetten?', *NRC Handelsblad*, 23 juli 2003.

7 'Iedereen heeft recht op een HEMA', *NRC Handelsblad*, 28 september 2002.

7 Lachen kost niets

1 'Vendex KBB wordt mogelijk verkocht', *Algemeen Nederlands Persbureau*, 5 februari 2004.

2 Nico Goebert. 'Kopers Vendex KBB hebben hun geld er al weer uit', *de Volkskrant*, 21 maart 2007.

3 Joost de Haas. 'Vendex KBB: First Hundred Days In Crisis', INSEAD case, 2014.
4 Ibid.
5 'De ommezwaai bij Vendex KBB. Macht moet je grijpen, weten de investeerders', NRC *Handelsblad*, 9 augustus 2006.
6 Julia Finch. 'Asda boss quits for pastures smaller', *The Guardian*, 12 maart 2005.
7 'De ommezwaai bij Vendex KBB. Macht moet je grijpen, weten de investeerders', NRC *Handelsblad*, 9 augustus 2006.
8 Jaarverslag HEMA 2008.
9 'Lachen maakt het verschil! Topman Tony DeNunzio over de nieuwe filosofie bij Maxeda', NRC *Handelsblad*, 24 juni 2006.
10 Ibid.

8 Het nieuwe nieuwe geld

1 Deze passage is mede gebaseerd op: 'The Lion king of private equity takes pride in his work', *The Telegraph*, 27 juli 2008; 'Roaring back. How Lion Capital recovered its mojo', *Private Equity International*, (2015) 132: n.p.
2 'The Lion king of private equity takes pride in his work', *The Telegraph*, 27 juli 2008.
3 'Suntory agrees to buy Orangina for €2.5bn', *Financial Times*, 22 september 2009.
4 'Lyndon Lea: High stress and sleepless nights for the financier who snapped up Weetabix', *The Independent*, 7 februari 2004.
5 'Roaring back. How Lion Capital recovered its mojo', *Private Equity International*, (2015) 132: n.p.
6 Ibid.
7 'Lion Capital Wall Street Journal Film', *YouTube*, gepubliceerd door Tracc Films, 10 september 2015, www.youtube.com/watch?v=XdRwC-rrQeo.
8 Lauren Goldstein Crowe en Sagra Maceira de Rosen. *The Jimmy Choo Story. Power, Profits and the Pursuit of the Perfect Shoe*, Londen, Bloomsbury, 2009, pp. 159-160.
9 Ibid., p. 162
10 Kosman, pp. 127-128.
11 Zie hiervoor onder andere Kosman, pp. 46-47.
12 Kosman, p. 158.
13 'Het is genoeg! De naakte hebzucht regeert', NRC *Handelsblad*, 2 mei 2005.
14 Kosman, pp. 169-170.
15 Ibid., pp. 36-47.
16 'The new kings of capitalism', *The Economist*, 27 november 2004.
17 Kosman, p. 47.
18 Goldstein Crowe en Maceira de Rosen, pp. 175-176.

9 Eagle

1 'Maxeda zwaait de HEMA uit', *Financieele Dagblad*, 21 maart 2007.
2 'HEMA in de verkoop', *Algemeen Nederlands Persbureau*, 20 maart 2007.
3 'Lion wil groeien en geeft ons een onbeperkt budget om te investeren', *Provinciale Zeeuwse Courant*, 4 juni 2007.
4 'Lion Capital: HEMA in half uur verkocht', *FEM Business*, 9 juni 2007.
5 'HEMA-formule past in vele landen', NRC *Handelsblad*, 6 juni 2007.

10 Créteil

1 'HEMA zucht onder schuld', *Financieele Dagblad*, 6 augustus 2008.
2 Barry Whyte. 'Lion Capital raises $1.35 billion on third fund', *PE Hub Network*, 30 september 2010.
3 Ariejan Korteweg. 'De Franse HEMA is open!', *de Volkskrant*, 23 januari 2009.
4 Blog toenmalig Frankrijk-correspondent Olivier van Beemen: *Parijsblog*. 2005-2010, parijsblog.blogspot.com/2009/01/.
5 Centraal Bureau voor de Statistiek.
6 'Ronald van Zetten trakteert de Fransen nog niet op een tompouce', *FEM Business*, 20 december 2008.
7 Jaarverslagen HEMA 2008 en 2009.
8 Sara Berkeljon. 'HEMA-leverancier wordt fors gekort', *de Volkskrant*, 13 augustus 2008.
9 'Bij HEMA telt tegenwoordig alleen de poen', *Nederlands Dagblad*, 7 augustus 2010.
10 'Ons lievelingsmerk heeft het even niet makkelijk', *NRC.Next*, 4 december 2009.

11 Project Tulp

1 'Nieuwe huisvesting HEMA en VNU Media', *Inside Information*, 15 september 2010.
2 'HEMA wil eigenaar die strategie ondersteunt', *Algemeen Nederlands Persbureau*, 9 september 2010.
3 'Private equity faces fundraising battle', *Financial Times*, 1 januari 2010.
4 'Wild Lion', *Financial Times*, 28 augustus 2010.
5 Nick Curtis. 'The Lion king: Polo-playing money man Lyndon Lea on marriage and why he backed American Apparel's ousted CEO', *London Evening Standard*, 4 augustus 2014.

12 Min drie punt zes

1 Yan Ting Yuen, regisseur. *Het geheim van de* HEMA, In-Soo Productions en VPRO, 2012.
2 'Eigenaar poetst HEMA op', *Financieele Dagblad*, 28 maart 2012.
3 Deze scène is te zien in: Yan Ting Yuen, *Het geheim van de* HEMA.
4 'Notariskantoor verkoopt rookworst uit protest tegen HEMA', *RTL Nieuws*, 31 oktober 2013.

13 De sociopaten van het zakenbankieren

1 *The sport of kings: Polo*, CBS 60 minutes, 26 augustus 2012.
2 Neil Sears en Rupert Steiner. 'The multi-millionaire polo-playing Findus tycoon who loves ponies (but not on a plate)', *Daily Mail*, 8 februari 2013.
3 Charlie Methven en Charles Froggatt. 'Harry saddles up for a polo masterclass from the Argentines', *The Telegraph*, 20 november 2004.
4 'The Cartier Queens Cup 2013 FINAL', *YouTube*, gepubliceerd door The Polo Club, 3 oktober 2013, www.youtube.com/watch?v=9dwOToK8LVM.
5 'Roaring back. How Lion Capital recovered its mojo', *Private Equity International*, (2015) 132: n.p.
6 Rose Jacobs. 'Wagamama sold to private equity group', *Financial Times*, 25 maart 2011.
7 'Suppliers and landlords hung out to dry by failed La Senza', *The Times*, 2 januari 2012.
8 Helia Ebrahimi. 'All Saints chairman Kevin Stanford quits retailer', *The Telegraph*, 9 oktober 2012.
9 Simon Neville. 'Findus criticised for its handling of horsemeat crisis', *The Guardian*, 8 februari 2013.
10 Dan McCrum en Vanessa Friedman. 'Tamara Mellon puts the boot in to buyouts', *Financial Times*, 6 april 2012.
11 Katherine Rushton. 'Jimmy Choo founder Tamara Mellon puts the boot into private equity', *The Telegraph*, 28 september 2013.

14 De Huizen-groep

1 Elena Duggar en Richard Cantor. 'Investor Losses in Modern-Era Sovereign Bond Restructurings', *Moody's Investors Service*, 7 augustus 2012.
2 Jaarverslag HEMA 2013.
3 Gerard Reijn. 'Hevige ruzie tussen HEMA en franchisenemers', *de Volkskrant*, 16 november 2013.
4 'Franchisers dagen de HEMA voor de rechter', *De Stentor*, 21 november 2013.

15 Een cocktail van narigheid

1 Richard van de Crommert. 'HEMA knijpt leveranciers af', *De Telegraaf*, 19 maart 2014.
2 'Standard & Poor's definitions', *Bankers Almanac*, www.bankersalmanac.com/addcon/infobank/credit_ratings/standardandpoors.aspx.
3 'HEMA onder curatele van eigenaar Lion', *Financieele Dagblad*, 14 juni 2014.
4 Barbara Rijlaarsdam. '"Echt HEMA!" werkte niet meer', NRC *Handelsblad*, 16 september 2014.
5 'Persconferentie "HEMA Make-Over": Ronald van Zetten, CEO HEMA', *YouTube*, gepubliceerd door RetailDetail, 22 september 2014, www.youtube.com/watch?v=FBoeeY_EqPg.

16 Ingrepen

1 'Roaring back. How Lion Capital recovered its mojo', *Private Equity International*, (2015) 132: n.p.
2 Kwartaalverslagen HEMA Q4 2014 en Q1 2015.

17 Verheugd en trots

18 De slagers en de geest

1 Jaarverslag Woolworths Group 2011.
2 'I am what I eat: Tjeerd Jegen', *News.com.au*, 12 september 2012.
3 'Who's the real Woolworths villain?', *Sydney Morning Herald*, 11 juli 2016.
4 Madeleine Heffernan. 'Woolies shares take a dive', *Farm Online*, 27 februari 2015.
5 'Will Woolworths Tjeerd Jegen be a flying Dutchman', *Australian Financial Review*, 27 februari 2015.
6 Jill Geoghegan. 'Transformation man: Andrew Jennings' 45 years in retail', *Drapers Online*, 23 november 2017.
7 'Mr. Andrew Jannings', *Gruppo Esponenti Italiani*, 2006, geinewyork.com/about/2006-2/mr-andrew-jannings/.
8 'Andrew Jennings to Join Myer Board', *Women's Wear Daily*, 22 november 2013.
9 Jaarverslag HEMA 2015.
10 Jaarverslag HEMA 2015.
11 Jarl van der Ploeg. 'In de rest van Europa zijn ze wél blij met de HEMA', *de Volkskrant*, 5 december 2015.
12 'Zelfs Jip en Janneke zijn niet langer heilig', *Algemeen Dagblad*, 17 november 2015.

13 'Het is erop of eronder voor HEMA', interview Tjeerd Jegen, NRC *Handelsblad*, 12 november 2016.
14 'HEMA wordt hip en overzichtelijk', *De Telegraaf*, 22 april 2016.
15 Jaarverslag HEMA 2015.
16 'We willen nooit onze eigenheid verliezen', *Management Scope*, juli 2017.
17 'Heisa bij de HEMA', *HP/De Tijd*, 5 december 2017.

19 Een tompoes met een panda

1 'Verder sleutelen lijkt enige optie voor eigenaar HEMA', *Financieele Dagblad*, 7 juni 2018.
2 'De uitverkoop van HEMA', *Quote*, mei 2017.
3 'Heisa bij de HEMA', *HP/De Tijd*, 5 december 2017.
4 'Worstcasescenario voor HEMA', *De Telegraaf*, 7 juni 2018.
5 Harry van Gelder. 'HEMA is franchisers beu', *De Telegraaf*, 16 juli 2018.
6 'Ik ben verslaafd aan deals', *Quote*, maart 2014.
7 'Private Equity Program Fund Performance Review', *CalPERS*, per 31 december 2017, www.calpers.ca.gov/page/investments/asset-classes/private-equity/pep-fund-performance.
8 Deze cijfers zijn gebaseerd op de jaarverslagen van HEMA, 2007-2017.
9 Deze berekening maakte ik in hoofdstuk 10: per jaar betaalden de investeerders, 35 miljoen euro, HEMA vormde een zesde van de totale portefeuille van het tweede Lion-fonds.

Bibliografie

75 jaar ECHT HEMA BOEK*je. 1926-2001*, Amsterdam, HEMA BV., 2001.

Anders, George. *Merchants of Debt.* KKR *and the Mortgaging of American Business*, Beard Books, 1992.

Appelbaum, Eileen, en Rosemary Batt. *Private Equity at Work. When Wall Street Manages Main Street*, New York, Russell Sage Foundation, 2014.

Burrough, Bryan, en John Heylar. *Barbarians at the Gate. The Fall of* RJR *Nabisco*, New York, HarperCollins Publishers, 1990.

Goldstein, Lauren, en Sagra Maceira de Rosen. *The Jimmy Choo Story. Power, Profits and the Pursuit of the Perfect Shoe*, Londen, Bloomsbury, 2009.

Heijden, Teri van der, en Barbara Rijlaarsdam. *Blokker. Hoe het imperium de familie ontglipt*, Amsterdam, Ambo|Anthos, 2018.

Kay, John. *Other People's Money. Masters of the Universe or Servants of the People?* Londen, Profile Books, 2015.

Kosman, Josh. *The Buyout of America. How Private Equity Is Destroying Jobs and Killing the American Economy*, Londen, Penguin Books, 2009.

Miellet, Roger. *Honderd jaar grootwinkelbedrijf in Nederland*, Zwolle, Uitgeverij Catena, 1993.

Montijn, Ileen. *'t Gonst. 125 jaar de Bijenkorf*, Amsterdam, Magazijn de Bijenkorf BV, 1995.

Ramaer, Joost. *De geldpers. De teloorgang van het mediaconcern* PCM, Amsterdam, Uitgeverij Prometheus, 2009.

Smit, Jeroen. *Het drama Ahold*, Amsterdam, Uitgeverij Balans, 2004.

Personenregister